Springer-Lehrbuch

Springer
*Berlin
Heidelberg
New York
Barcelona
Hongkong
London
Mailand
Paris
Singapur
Tokio*

Franz Eisenführ · Thomas Langer
Martin Weber
Herausgeber

Fallstudien zu rationalem Entscheiden

Mit 76 Abbildungen
und 71 Tabellen

Springer

Prof. Dr. Franz Eisenführ
Universität zu Köln
Seminar für Allgemeine Betriebswirtschaftslehre
D-50923 Köln

Dr. Thomas Langer
Prof. Dr. Martin Weber
Universität Mannheim
Lehrstuhl für ABWL, Finanzwirtschaft, insb.
Bankbetriebslehre
D-68131 Mannheim

ISBN-13:978-3-540-41715-6 Springer-Verlag Berlin Heidelberg New York

Die Deutsche Bibliothek – CIP-Einheitsaufnahme
Fallstudien zu rationalem Entscheiden / Hrsg. Franz Eisenführ. – Berlin; Heidelberg; New York; Barcelona; Hongkong; London; Mailand; Paris; Singapur; Tokio: Springer, 2001
 (Springer-Lehrbuch)
 ISBN-13:978-3-540-41715-6   e-ISBN-13:978-3-642-59482-3
 DOI: 10.1007/978-3-642-59482-3

Dieses Werk ist urheberrechtlich geschützt. Die dadurch begründeten Rechte, insbesondere die der Übersetzung, des Nachdrucks, des Vortrags, der Entnahme von Abbildungen und Tabellen, der Funksendung, der Mikroverfilmung oder der Vervielfältigung auf anderen Wegen und der Speicherung in Datenverarbeitungsanlagen, bleiben, auch bei nur auszugsweiser Verwertung, vorbehalten. Eine Vervielfältigung dieses Werkes oder von Teilen dieses Werkes ist auch im Einzelfall nur in den Grenzen der gesetzlichen Bestimmungen des Urheberrechtsgesetzes der Bundesrepublik Deutschland vom 9. September 1965 in der jeweils geltenden Fassung zulässig. Sie ist grundsätzlich vergütungspflichtig. Zuwiderhandlungen unterliegen den Strafbestimmungen des Urheberrechtsgesetzes.

Springer-Verlag Berlin Heidelberg New York
ein Unternehmen der BertelsmannSpringer Science+Business Media GmbH

http://www.springer.de

© Springer-Verlag Berlin Heidelberg 2001

Die Wiedergabe von Gebrauchsnamen, Handelsnamen, Warenbezeichnungen usw. in diesem Werk berechtigt auch ohne besondere Kennzeichnung nicht zu der Annahme, dass solche Namen im Sinne der Warenzeichen- und Markenschutz-Gesetzgebung als frei zu betrachten wären und daher von jedermann benutzt werden dürften.

SPIN 10799180   42/2202-5 4 3 2 1 0 – Gedruckt auf säurefreiem Papier

Vorwort

Dieses Fallstudienbuch stellt eine wichtige Ergänzung zum Lehrbuch „Rationales Entscheiden" dar. Dem interessierten Leser des Lehrbuchs wird damit die Möglichkeit gegeben, die erlernten Methoden anhand von komplexeren Anwendungsbeispielen einzuüben und zu vertiefen. Durch die Fallstudien soll zugleich verdeutlicht werden, wie sich entscheidungstheoretische Konzepte zur Lösung konkreter und praxisrelevanter Problemstellungen einsetzen lassen.

Dieses Buch richtet sich zum einen an Studenten der Entscheidungstheorie, die im vorlesungsbegleitenden Selbststudium oder im Rahmen eines Fallstudienseminars die grundlegenden Konzepte verinnerlichen wollen. Das Buch soll andererseits dem Praktiker Anregungen geben, wie ihm der Einsatz entscheidungsanalytischer Methoden bei der Lösung seiner eigenen angewandten Problemstellungen helfen kann. Hierzu verweisen wir gelegentlich auf kommerzielle Software zur Entscheidungsanalyse, zeigen aber auch, daß man mit selbsterstellten Programmen die Umsetzung der Konzepte unterstützen kann.

Auf der *Internet-Seite* www.rationalesentscheiden.de werden sowohl die Lösungen der zusätzlichen Aufgaben als auch die für das Nachvollziehen der Problemlösung benötigten *Excel-Tabellen* zur Verfügung gestellt.

Wir wollen uns an dieser Stelle bei allen Fallstudienautoren für das große Engagement bedanken, mit dem sie die Entstehung dieses Buches erst möglich gemacht haben. Wir hoffen, daß sich diese Fallstudiensammlung weiterentwickeln wird. Dazu können Sie als Leser beitragen. Wir freuen uns über Ihre Anregungen, die wir beachten und gegebenenfalls auf der genannten Internet-Seite veröffentlichen werden. Besonders begrüßen würden wir es, wenn Sie einen interessanten Anwendungsfall zu einer späteren Auflage dieses Buches beitragen wollen.

Köln und Mannheim, März 2001

Franz Eisenführ Thomas Langer Martin Weber

Inhaltsverzeichnis

Fallstudie A
ELKE DÜSCH

Entscheidung für eine Fremdsprachenausbildung 1

Zielstrukturierung – Generierung und Vorauswahl von Alternativen – Wertfunktionen – Zielgewichtung

Fallstudie B
KRISTIAN FOIT

Planung einer Blutsammelaktion 19

Zielstrukturierung – Alternativengenerierung – Multiattributive Wertfunktionen – Zielgewichtung

Fallstudie C
NIKLAS SIEBENMORGEN

Investitionsentscheidungen unter Unsicherheit:
Risikoanalyse und Realoptionen 35

Sensitivitätsanalyse – Monte-Carlo-Simulation – Realoptionen

Fallstudie D
LARS NORDEN

Gewährung und Gestaltung einer Fremdfinanzierung –
Entscheidungen in der Kreditpraxis 49

Multiattributive Wertfunktion – Wahrscheinlichkeitsgenerierung – Sensitivitätsanalyse

Fallstudie E
THOMAS HOFFMANN

Kosten-Nutzwert-Analyse zur Unterstützung medizinischer
Entscheidungsprobleme 69

Entscheidungsbaum – Kosten-Nutzwert-Analyse – Bayes-Theorem – Dominanzanalyse – Multiattributive Nutzentheorie – Sensitivitätsanalyse

Fallstudie F
MARC KASTNER

Nutzenanalyse der betrieblichen Berufsausbildung 89

Zielstrukturierung – Alternativengenerierung – Wahrscheinlichkeitsmessung – Ermittlung der Nutzenfunktion – Multiplikatives Modell – Sensitivitätsanalyse

Fallstudie G

CARLO KRAEMER

Pharmakoökonomische Analyse von Onychomycose-Behandlungen 117

Unvollständige Information – Sensitivitätsanalyse – Tornadodiagramm – Erwartungswertdominanz – Stochastische Dominanz – Simulation – Strukturierung

Fallstudie H

FRANZ EISENFÜHR

Berufungsliste für eine Professur 133

Zielstrukturierung – Multiattributive Wertfunktion – Zielgewichtung – Wahrscheinlichkeitsmessung – Sensitivitätsanalyse – Additive Nutzenfunktion – Gruppenentscheidung

Fallstudie I

ALEXANDER KLOS

Die Vergabe der Fußballweltmeisterschaft 2006 153

Generierung eines Zielsystems – Aggregation individueller Präferenzen

Fallstudie J

MARKUS GLASER

**Behavioral Financial Engineering:
Entwicklung von Finanzinnovationen unter Berücksichtigung deskriptiver Entscheidungstheorien** 167

Präskriptive vs. deskriptive Entscheidungstheorie – Erwartungsnutzentheorie – Prospekt-Theorie – Wertfunktion – Wahrscheinlichkeitsgewichtungsfunktion – Parameterbestimmung – Framing-Effekte – Mental Accounting – Behavioral Finance

Fallstudie K

THOMAS LANGER

Contingent Valuation – der Fall der Exxon Valdez 191

Bewertung von Zahlungsreihen – Zeitpräferenz – Sensitivitätsanalyse – Deskriptive Entscheidungstheorie – Befragungstechniken

Literaturverzeichnis 213

FALLSTUDIE A

ELKE DÜSCH

Entscheidung für eine Fremdsprachenausbildung

Stichwörter: Zielstrukturierung – Generierung und Vorauswahl von Alternativen – Wertfunktionen – Zielgewichtung

1. Das Entscheidungsproblem

1.1 Ausgangssituation

Sabine S., 19 Jahre, Schülerin aus Köln, möchte eine Ausbildung im Bereich „Fremdsprachen" beginnen. Sie wird voraussichtlich ihr Abitur im Sommer mit der Gesamtnote 1,3 abschließen. Sie würde gerne in Köln bleiben, ist aber auch bereit, in eine andere Stadt zu ziehen. Die Ausbildung will sie unbedingt noch in diesem Herbst beginnen. Prinzipiell ist Sabine durchaus für alle Ausbildungsalternativen offen, verspricht sich aber von einem Studium bessere Berufsaussichten und ein höheres Prestige. Um ihre Berufsaussichten weiter zu verbessern, glaubt sie, dass eine Kombination einer geläufigeren Fremdsprache mit einer eher exotischen günstig sein könnte. Die Länge der Ausbildung spielt insofern eine Rolle, als sie möglichst schnell finanziell auf eigenen Füßen stehen möchte. Allerdings sind die Eltern bereit, in einem gewissen Rahmen, zusätzlich zu den Lebenshaltungskosten, Kosten für die Ausbildung an einem Institut zu übernehmen.

Sabine informiert sich nun, welche Ausbildungsmöglichkeiten es gibt und wie ihre späteren beruflichen Aussichten sind. Da diese Entscheidung für sie sehr wichtig ist, will sie sie nicht „aus dem hohlen Bauch" treffen oder sich auf gute Ratschläge anderer Leute verlassen. Die gewonnenen Informationen möchte sie auf eine möglichst rationale Art verarbeiten, so dass sie das Gefühl hat, eine fundierte Entscheidung zu treffen.

1.2 Die Vorgehensweise

Sabine trifft sich mit ihren Freunden und bald entbrennt eine Diskussion. Während zwei ihrer Freunde die Entscheidungsfindung in einen sukzessiven Prozess unterteilen wollen, indem sie die Präferenzen bezüglich der Berufswahl, der zu lernenden Sprachen und schließlich des Ausbildungsortes in der Reihenfolge ihrer Wichtigkeit für Sabine anordnen, sehen die anderen Freunde in einer simultanen Entscheidung bezüglich aller wichtigen Kriterien den korrekten Weg. Ziel der ersten Gruppe ist es, die Entscheidung in Teilentscheidungen zu zerlegen, um so das Problem transparenter zu machen. Diese Vorgehensweise hat den Vorteil, dass sich die Anzahl der irrelevanten Alternativen bezüglich der zu wählenden Sprachen und des zu wählenden Ortes durch die Festlegung auf einen Ausbildungsberuf verringern und somit die Konzentration auf die relevanten Alternativen erleichtert wird. Sie begründen die mehrstufige Vorgehensweise damit, dass Sabine in allererster Linie an einem guten Beruf interessiert sei, die Sprachen lediglich Mittel zum Zweck darstellten und die Auswahl des Ortes noch weniger wichtig sei als die ersten beiden Entscheidungen. Letztlich blieben bei der Auswahl der Sprachen und des Ausbildungsortes mit Sicherheit noch genügend interessante Alternativen übrig. Da Sabine bestätigt, dass diese Reihenfolge ihren Präferenzen der Wichtigkeit nach geordnet entspricht, sehen die Freunde dieses Vorgehen als vorteilhaft und hilfreich an.

Die andere Gruppe läßt diese Argumentation nicht gelten. Schließlich seien alle Ziele und Präferenzen von Sabine zu sammeln und zu berücksichtigen. Die zweite Gruppe sieht die Gefahr, dass aufgrund des gewählten Kontextes die Ausprägungen der Alternativen vernachlässigt bzw. erst im späteren Entscheidungsprozess berücksichtigt werden, die sinnvollerweise gemeinsam betrachtet und gewichtet werden sollten. Die Argumentation überzeugt auch die andere Gruppe, so dass Sabine als Alternativenmenge die einzelnen Ausbildungsberufe mit den zu wählenden Sprachen und den Orten, an denen sie angeboten werden, von Anfang an präsentiert werden.

1.3 Die Umweltbedingungen

Handelt es sich bei Sabines Entscheidung um eine Entscheidung unter Sicherheit oder unter Unsicherheit, d.h. können die Rahmenbedingungen, innerhalb derer sie ihre Ausbildung wählen soll, als sicher vorhanden angesehen werden oder sind die konkreten Bedingungen eher als unsicher einzustufen? Auch bei dieser Frage ist die Gruppe gespalten. Die einen argumentieren, dass Sabines Entscheidung auf jeden Fall eine Entscheidung unter Unsicherheit ist, da sie viele der Ausprägungen der Alternativen nicht genau kennt. So kann sie die Höhe ihres späteren Einkommens nur näherungsweise anhand der heutigen Daten prognostizieren. Ebenso kann sie bei verschiedenen Unternehmen mit ein und derselben Ausbildung unterschiedlich interessante berufliche Tätigkeiten ausüben. An diesem Punkt greift die andere Gruppe ein. Natürlich ist jede Entscheidung insofern eine Entscheidung unter Unsicherheit, als niemand in die Zukunft schauen kann. Dennoch sollte es möglich sein, durch intensive Recherchen hinreichend gute Informationen zu bekommen, um die Entscheidung auf einer sicheren Basis zu treffen.

2. Die Generierung des Zielsystems

2.1 Ein erster Zielkatalog

Für eine rationale Entscheidung muss sich Sabine über ihre Ziele im Klaren sein. Sie schaut sich die derzeitige Lage auf dem Arbeitsmarkt anhand von Arbeitslosen- und Einkommensstatistiken an und macht sich Gedanken über die zukünftige Entwicklung der Fremdsprachen. Da ihr Selbständigkeit und ein hohes Einkommen wichtig sind, nimmt sie diese Ziele in ihren Zielkatalog auf. Dann stellt sie einen Vergleich der vorliegenden Alternativen an. Beim Vergleich der Fremdsprachenberufe stellt sie fest, dass ihr der Kontakt zu Menschen bei der Ausübung der Arbeit wichtig ist, sowie ein gewisser intellektueller Anspruch bei der Erfüllung der Tätigkeiten. Mit der Berufswahl sind für Sabine auch übergreifende Ziele wichtig. Sabine ist sehr ehrgeizig. Ihr wird klar, dass ihre Berufswahl nicht nur für ihr Einkommen und für eine gewisse

Arbeitsplatzsicherheit relevant ist, sondern auch ihren gesellschaftlichen Status mitbestimmt. Daher ist ihr auch das Prestige des Berufes wichtig. Sie möchte die Dauer ihrer Ausbildung möglichst kurz halten, um selbst rasch selbständig zu werden und ihre Eltern finanziell nicht zu sehr zu belasten, was ihre Lebenshaltungskosten während der Ausbildung angeht. Die Kosten für die Ausbildung (z.B. durch Schulgeld) sollen ebenfalls möglichst minimiert werden.

Zunächst werden alle Ziele gesammelt, die Sabine für sich generiert hat. Dies sind im folgenden:

- Arbeitsmarktchancen,
- Hohes Einkommen,
- Kontakt zu Menschen,
- Intellektueller Anspruch,
- Prestige des Berufs,
- Kurze Ausbildungsdauer,
- Niedrige finanzielle Belastung ihrer Eltern,
- Rasche finanzielle Selbständigkeit.

Andere Ziele, die für Sabine bereits von vorne herein feststanden, waren:

- Ausbildung möglichst in Köln,
- Ausbildung in einer Großstadt,
- Nähe zu den Eltern während der Ausbildung,
- Viele Freizeitmöglichkeiten während der Ausbildung,
- Wahl einer exotischen Fremdsprache,
- Abwechslungsreiche Tätigkeit,
- Hohe Verantwortung im Beruf.

2.2 Eliminierung von Instrumentalzielen

Anschließend muss geprüft werden, ob in dem Zielkatalog Instrumentalziele enthalten sind, die nur Mittel zum Zweck sind und besser eliminiert werden sollten. Die Eliminierung von Instrumentalzielen ist notwendig, um Doppelzählungen zu vermeiden, weil ansonsten einzelne Ziele zu hoch gewichtet werden und dadurch die Entscheidung verzerren. Der Kausalzusammenhang zwischen einem Instrumentalziel und einem Fundamentalziel kann außerdem nicht immer eindeutig bestimmt werden. So muss sich Sabine jetzt bei jedem Ziel fragen, ob sie es verfolgt, um ein anderes Ziel zu erreichen oder ob sie es um seiner selbst willen verfolgt.

Ihr wird schnell klar, dass die kurze Ausbildungsdauer für sie nur ein Mittel dazu ist, die finanzielle Belastung ihrer Eltern wegen möglichen Schulgeldes gering zu halten und selbst möglichst rasch auf finanziell eigenen Füßen zu stehen, und die Vorteilhaftigkeit der Kürze der Ausbildung sich umkehren kann, wenn die kurze Ausbildung aufgrund des Schulgeldes höhere Kosten verursacht als ein Studium, das zwar länger dauert, bei dem aber lediglich die Lebenshaltungskosten zu Buche schlagen.

2.3 Anforderungen an das Zielsystem

Nach Beseitigung der Instrumentalziele soll ein Zielsystem gebildet werden, das verschiedenen Anforderungen zu genügen hat:

- *Vollständigkeit:* Sabine schaut sich alle ihre Ziele nochmals im Hinblick darauf an, ob sie alle wichtigen Ziele berücksichtigt hat.
- *Redundanzfreiheit:* Bei allen Zielen ist darauf zu achten, dass sie sich nicht überschneiden. Beispielsweise überschneiden sich die Ziele „Großstadt" und „Viele Freizeitmöglichkeiten", da das zweite Ziel im ersten enthalten ist. Ebenso kann das Ziel „Köln" gestrichen werden kann, da es lediglich für Sabines Präferenz für Großstadt und Nähe zum Elternwohnort steht.
- *Messbarkeit:* Mit Messbarkeit ist die genaue Einschätzung der Zielvariablen gemeint. So kann die Zielvariable „Kosten der Ausbildung" als Höhe und Dauer der finanziellen Belastung operationalisiert und in DM gemessen werden.
- *Unabhängigkeit:* Damit ist Präferenzunabhängigkeit gemeint, die gegeben sein muss, um das additive Wertmodell anwenden zu können.
- *Einfachheit:* Damit ist das Streichen von Zielen, die bei allen Alternativen die gleiche Ausprägung haben, oder auch das Zusammenfassen von Zielen gemeint.

2.4 Sabines Zielsystem

Als fundamentale Zielvariablen stehen für Sabine nach einigem Nachdenken fest:

- die möglichst geringe Entfernung des Ausbildungsortes zum Elternhaus,
- die Größe des Ausbildungsortes (möglichst groß),
- die (möglichst geringe) Belastung der Eltern durch die Kosten der Ausbildung,
- die (möglichst interessanten) Ausbildungsinhalte,
- das spätere Einkommen im Beruf (möglichst hoch),
- das möglichst hohe Prestige des Berufs.

Abbildung 1 zeigt die Zielhierarchie.

2.5 Operationalisierung der Ziele

Das Oberziel lautet „Wahl der optimalen Ausbildung". Dieses wird in mehrere Unterziele zerlegt:

1. Die „Wahl des geeigneten Ausbildungsortes" kann in die beiden Variablen „Möglichst nahe bei den Eltern" und „Möglichst großer Ausbildungsort" unterteilt werden. Diese können anhand der Attribute „Entfernung in km" für die erste Variable und „Anzahl der Einwohner" für die zweite Variable operationalisiert werden.
2. Das Ziel „Kosten der Ausbildung" kann bestimmt werden durch die monatlichen Lebenshaltungskosten, die je nach Ortswahl variieren, sowie eventuell anfallendes Schulgeld in Verbindung mit der Dauer der Ausbildung.
3. Das dritte Ziel besteht in „möglichst interessanten Ausbildungsinhalten". Hilfestellung zur Operationalisierung geben die Lehrpläne der schulischen Ausbildungen bzw. die Vorlesungsverzeichnisse der Fachhochschulen bzw. Universitäten.
4. Bezüglich ihrer späteren Berufstätigkeit steht für sie als weiteres Ziel die „Selbstverwirklichung im Beruf" fest. Deren Ausprägungen möchte sie anhand der „Blätter zur Berufskunde", Gespräche mit Experten und Informationen über den Arbeitsmarkt operationalisieren und die verschiedenen Berufsmöglichkeiten auf einer zehnstufigen Skala auf der Basis der erhaltenen Informationen einstufen.

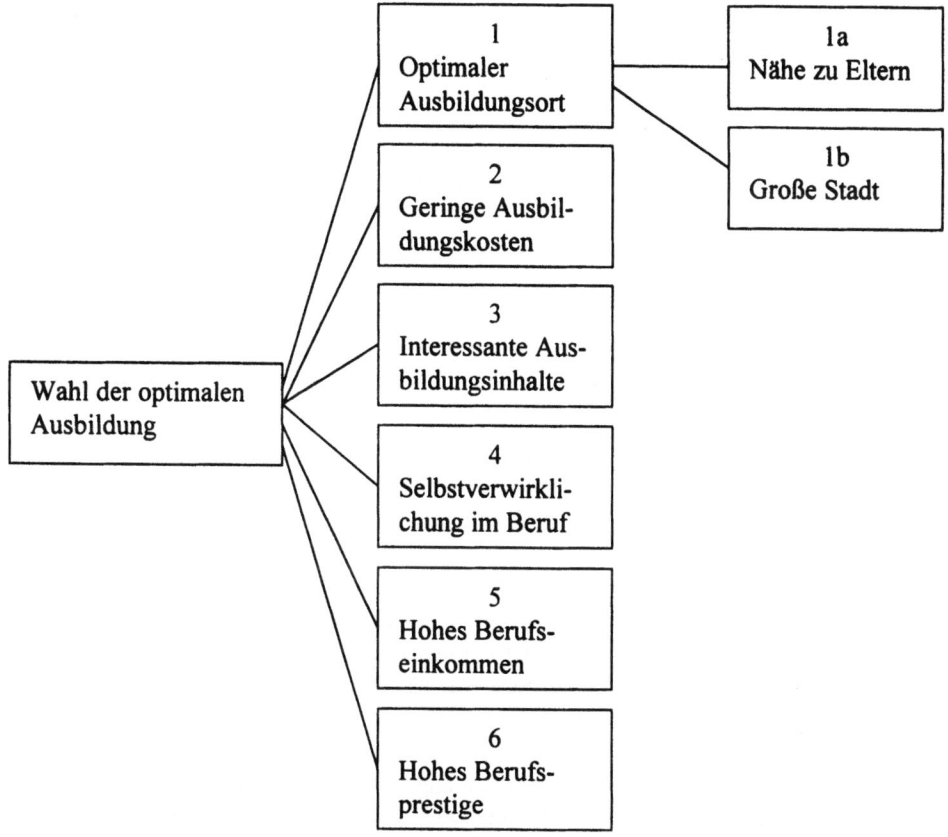

Abb. 1: Die Zielhierarchie

5. Sabine strebt als weiteres Ziel ein „möglichst hohes Einkommen" an. Die Höhe des späteren Einkommens kann durch Einkommensstatistiken, die Sabine und ihre Freunde im Internet finden, prognostiziert werden. Dazu verwendet man die Mittelwerte der einzelnen Berufsgruppen, da eine genaue Schätzung aufgrund unterschiedlicher Branchen, innerhalb derer die Berufe ausgeübt werden, nicht möglich ist.
6. Das Ziel „Prestige" läßt sich anhand des Ansehens der einzelnen Berufe, das mittels Marktforschungsanalysen ermittelt wurde, operationalisieren.

3. Generierung und Vorauswahl von Alternativen

Nachdem Sabine das Zielsystem festgelegt hat, kümmert sie sich nun um die potentiellen Ausbildungsmöglichkeiten. Dazu wendet sie sich an die Berufsberatung des Arbeitsamtes, das Berufsinformationszentrum (BIZ). Zusätzlich erkundigt sie sich auch in Buchhandlungen nach einschlägiger Literatur und surft im Internet, um dort weitere Ausbildungsmöglichkeiten zu finden. Zunächst trifft sie eine Vorauswahl der Alternativen, die sie gefunden hat. Ihre Freunde helfen ihr dabei und ermitteln mit ihr gemeinsam die Restriktionen, die Sabine zu beachten hat und durch die mehrere Alternativen von vorne herein nicht in Frage kommen.

Die Restriktionen sind zeitlicher und finanzieller Art. Zunächst möchte sie auf jeden Fall ihre Ausbildung im Herbst dieses Jahres beginnen. Daher fallen für sie bereits eine Alternative wie Fremdsprachenkauffrau weg, da sie sich mindestens ein Jahr vorher hätte bewerben müssen, um einen Ausbildungsplatz in diesem Beruf zu bekommen. Dasselbe gilt für die betriebliche Ausbildung zur Fremdsprachenkorrespondentin bzw. -sekretärin. Eine finanzielle Restriktion für Sabine liegt in der Finanzierung sowohl des Lebensunterhalts als auch des eventuell anfallenden Schulgeldes. Ihre Eltern haben ihr inzwischen mitgeteilt, dass die Ausbildung mittels einer Hypothek, die die Eltern auf das Haus aufgenommen haben, finanziert wird. Dieses Haus ist als Sabines Erbe vorgesehen, daher finanziert sich Sabine ihre Ausbildung indirekt selbst. Dennoch ist als Restriktion zu beachten, dass ihre Eltern ihr jährlich ein Budget von ca. 18.000 DM zur Verfügung stellen können.

Während die Freunde so zusammensitzen und über Sabines Zukunft nachdenken, schweifen sie zwischendurch ab und schwelgen in sentimentalen Erinnerungen über die gemeinsam erlebte Schulzeit. Als Matthias sie wieder an das Austauschjahr im 10. Schuljahr in einer ländlichen Gegend in Minnesota erinnert, wird Sabine schlagartig klar, dass eine weitere Restriktion beachtet werden muss. In dem Austauschjahr wurde ihr bewußt, dass sie den Trubel und die Abwechslung der Großstadt braucht. Sabine hatte sich damals geschworen, nie wieder in einer Kleinstadt zu leben. Damit fallen für Sabine Alternativen wie z.B. in Flensburg (ca. 85.000 Einwohner) an der FH im Studiengang Dolmetschen bzw. Übersetzen weg. Sabine möchte in einer Großstadt wohnen und ist nicht bereit zu pendeln. Bei der Auswahl der Orte anhand der Einwohnerzahl zeigt sich die Problematik der Anwendung von Restriktionen. Sabine setzt die Zahl 100.000 Einwohner fest. Da solche Zahlen lediglich Anhaltspunkte zu einer (groben) Vorauswahl sind, sollten die Städte, die knapp unter dieser Grenze liegen, bezüglich der Ausprägungen in den anderen Zielvariablen betrachtet werden, so dass sie möglicherweise trotz einer Einwohnerzahl unter 100.000 in der Alternativenmenge verbleiben.

Sabine hat durchaus klare Vorstellungen von ihrer späteren Berufstätigkeit, die die Wahl ihrer Ausbildung beeinflussen. Die Bedingungen, die mindestens erfüllt sein müssen, bezeichnet man als Anspruchsniveaus, die es nun zu ermitteln gilt. Die Alternativen, die diese nicht mindestens erfüllen, fallen aus der Betrachtung heraus. Die Ermittlung und Anwendung dieser Anspruchsniveaus ist mit der Gefahr verbunden, dass Alternativen ausgeschlossen werden, die einem Anspruchsniveau nur minimal nicht genügen, dafür aber in anderen Ausprägungen Alternativen überlegen sind. Deshalb wird Sabine zunächst nur die Berufe herausstreichen, die für sie keinesfalls in Frage kommen, seien auch die Ausprägungen in den anderen Zielvariablen noch so gut. Sie kann bei der Durchsicht der noch verbleibenden Alternativen sofort Lehrtätigkeiten sowohl in einer öffentlichen Schule mit Kindern und Jugendlichen als auch in einer Sprachenschule mit Kursen für Erwachsene ausschließen, da diese Tätigkeit eine pädagogische Eignung und eine Berufung verlangt. Eine Ausbildung oder ein Studium mit dem Berufsziel Sprachlehrerin kommt für sie daher nicht in Frage.

Bei der Durchsicht der in Frage kommenden Studiengänge legt Sabine Wert auf Studiengänge, die anwendungsorientiert sind. Studiengänge wie Sprachwissenschaften oder das Erlernen der sog. alten Sprachen, wie Altgriechisch oder Lateinisch, interessieren Sabine nicht. Diese werden ebenfalls aus der Liste der Ausbildungsmöglichkeiten gestrichen. Berufe, die peripher mit Fremdsprachen zu tun haben, wie Kapitänin auf großer Fahrt oder Animateurin, fallen für sie weg. Es kommen für sie nur Berufe in Frage, in denen die Fremdsprachen nicht nur während der eigentlichen Berufstätigkeit zusätzlich erforderlich sind, sondern im Vordergrund stehen. Außerdem soll die Kommunikation in einer fremden Sprache auch eine fachliche Grundlage haben, d.h. sich auf den wirtschaftlichen, technischen oder künstlerischen Bereich beziehen. Ferner soll es sich um einen Ausbildungsberuf handeln, in dem die sprachliche Ausbildung im Vordergrund steht und nicht als berufsbegleitende Zusatzqualifikation angeboten wird. Daher fallen für sie auch die betriebswirtschaftlichen Studiengänge, in denen Pflichtveranstaltungen in Fremdsprachen absolviert werden müssen, als Alternativen weg.

Für Sabine ist völlig klar, dass sie Köln als Ausbildungsort präferiert und deshalb bei äquivalenten Ausbildungsmöglichkeiten immer die Alternative in Köln bevorzugt, so dass z.B. bezüglich der Schulen für Fremdsprachenkorrespondentinnen und -sekretärinnen ausschließlich Köln als Ausbildungsort verbleibt.

Schließlich hat Sabine eine Auswahl an Ausbildungsmöglichkeiten getroffen, die nun, nachdem diese ihren Restriktionen und Anspruchsniveaus genügt haben, auf den Zielerreichungsgrad der einzelnen Variablen hin untersucht werden sollen. Die Berufe sind, zunächst einmal unabhängig von ihrer Ausbildung, den zu wählenden Sprachen, der Art der Ausbildung etc., die folgenden:

- Fremdsprachenkorrespondentin,
- Fremdsprachensekretärin,
- Dolmetscher (FH oder Uni),
- Übersetzer (FH oder Uni).

Der Unterschied zwischen den Ausbildungen zur Dolmetscherin oder Übersetzerin liegt darin, dass Übersetzer hauptsächlich schriftliche Übersetzungen anfertigen, wohingegen Dolmetscher für mündliche Übersetzungen eingesetzt werden. Die folgende Tabelle gibt einen Überblick über die vorhandenen Alternativen. Die Alternativen, die Sabines Anspruchsniveaus und Restriktionen nicht genügten, sind in dieser Tabelle nicht mehr dargestellt.

Nr.	Abschluss	Ausbildungs-institut	Ort
1	Diplom-Übersetzerin	Uni	Düsseldorf
2	Diplom-Übersetzerin	FH	Köln
3	Diplom-Übersetzerin	FH	München
4	Diplom-Dolmetscherin	FH	Köln
5	Diplom-Übersetzerin	Uni	Saarbrücken
6	Diplom-Dolmetscherin	Uni	Saarbrücken
7	Diplom-Übersetzerin	Uni	Heidelberg
8	Diplom-Dolmetscherin	Uni	Heidelberg
9	Fremdsprachensekretärin (IHK)	Schule	Köln
10	Fremdsprachenkorrespondentin (IHK)	Schule	Köln

Tab. 1: Darstellung der Alternativen

4. Die multiattributive Wertfunktion

Nun gilt es anhand des aufgestellten Zielsystems die oben genannten Alternativen zu vergleichen. Die Vorgehensweise ist die folgende: Für die Attribute jedes Ziels werden die konkreten Ausprägungen jeder Alternative ermittelt. Für jedes Ziel wird eine Einzelwertfunktion bestimmt. Ferner sind die relativen Gewichte der Ziele zu ermitteln.

4.1 Das Ziel „Optimaler Ausbildungsort"

Die Ausprägungen des Ziels „Wahl des optimalen Ausbildungsortes" sind für Sabine durch die Attribute „Nähe zu den Eltern", gemessen in Kilometern, und „Größe der Stadt", gemessen in der Einwohnerzahl, zu bestimmen.

Ausbildungsort	Entfernung in km	Anzahl der Einwohner
Köln	–	1.014.910
Heidelberg	275	140.000
Düsseldorf	41	567.396
München	631	1.241.272
Saarbrücken	269	195.943

Tab. 2: Die Ausbildungsorte mit der Entfernung zu Köln und Anzahl der Einwohner

Die Ausprägungen der Entfernung zu Köln, gemessen in Kilometern, können auf der Bandbreite (0; 631) linear normiert werden, wobei es sich um eine monoton fallende Funktion handelt. Dies drückt Sabines Präferenz aus, dass ihr die Ausbildungsorte am liebsten sind, die Köln am nächsten liegen.

$$v_{1a}(x_{1a}) = 1 - \frac{x_{1a}}{631} \quad \text{mit } 0 \leq x_{1a} \leq 631$$

Für die Größe der Stadt stellt die Anzahl der Einwohner das adäquate Attribut dar.

$$v_{1b}(x_{1b}) = \frac{1}{1.101.000} x_{1b} - \frac{140}{1.101} \quad \text{mit } 140.000 \leq x_{1b} \leq 1.241.000$$

Die Funktion ist monoton steigend, d.h. je höher die Einwohnerzahl, desto höher wird dies wertgeschätzt. Die Funktion ist linear.

Da die Entfernung zu Köln und die Größe der Stadt Unterziele des Ziels „Wahl des geeigneten Ausbildungsortes" sind, möchte Sabine die Bewertungen aggregieren und zu diesem Zweck die relativen Gewichte der beiden Unterziele bestimmen. Dazu verwendet sie das Trade-off-Verfahren. Die Gewichtsbestimmung nach dem Trade-off-Verfahren bedeutet, die Austauschraten zwischen zwei Zielgrößen zu ermitteln, zwischen denen die Entscheiderin Sabine indifferent ist. Nun müssen jeweils Alternativenpaare gesucht werden, die sich in den beiden Attributen unterscheiden und von Sabine als gleichwertig angesehen werden. Aus einer Indifferenzaussage zwischen den Alternativen kann dann daraus geschlossen werden, wie stark Sabine die betreffenden Attribute gewichtet. Sabine muss die Austauschraten zwischen diesen beiden Attributen bestimmen. Dabei gilt es zu ermitteln, bei welcher Ausprägung des Attributes „Nähe zu den

Eltern" im Vergleich zur Ausprägung des Attributes „Größe der Stadt" Sabine indifferent ist. Sabine ist bezüglich dieser Ausprägungen indifferent:

(400 km, 500.000 Einwohner) ist gleichwertig (600 km, 1.000.000 Einwohner)

Damit ergibt sich die folgende Gewichtung:

$$w_{1a}v_{1a}(400 \text{ km}) + w_{1b}v_{1b}(500.000 \text{ Einwohner}) =$$
$$w_{1a}v_{1a}(600 \text{ km}) + w_{1b}v_{1b}(1.000.000 \text{ Einwohner})$$

$$w_{1a} = \frac{v_{1b}(1.000.000) - v_{1b}(500.000)}{v_{1a}(400) - v_{1a}(600)} \cdot w_{1b} = \frac{0,454}{0,317} \cdot w_{1b} = 1,432 \cdot w_{1b}$$

Da $w_{1a} + w_{1b} = 1$, folgt:

$$1,432 \, w_{1b} + w_{1b} = 1$$
$$w_{1b} = 0,411; \, w_{1a} = 0,588.$$

Nachdem die Zielgewichte bestimmt worden sind, können die Werte der Ausprägungen für das Ziel „Wahl des geeigneten Ausbildungsortes" errechnet werden.

Ausbildungsort	$v_{1a}(x_{1a})$	$v_{1b}(x_{1b})$	$v_1(x_1)$
Köln	1	0,793	0,914
Heidelberg	0,564	0	0,332
Düsseldorf	0,935	0,388	0,709
München	0	1	0,411
Saarbrücken	0,574	0,051	0,358

Tab. 3: Werte der Ausprägungen der Alternativen bezüglich des Ausbildungsortes

4.2 Das Ziel „Minimale Kosten der Ausbildung"

Gegenüber dem Verbleiben in der elterlichen Wohnung in Köln entstehen bei auswärtiger Unterbringung schätzungsweise 1.000 DM Mehrkosten pro Monat für Miete, Fahrtkosten, Ernährung usw. Theoretisch könnten die Eltern Sabines Zimmer vermieten, wenn sie auswärts studiert. Dies möchte die Mutter jedoch nicht tun, zumal Sabine so oft wie möglich zu Besuch kommen soll.

An einer Uni oder Fachhochschule sind 400 DM Studiengebühren, bei der IHK 4.000 DM Schulgeld pro Jahr zu entrichten. Die Kosten der Ausbildung sind in der Tabelle 4 zusammengestellt.

Die Bewertung der Ausbildungskosten scheint Sabine jedoch sehr problematisch. Zum einen dauern die Ausbildungsgänge unterschiedlich lang. Die Jahreskosten müssten also mit den Dauern multipliziert werden. Dabei wären vielleicht sogar Zinsen zu berücksichtigen, doch hat Sabine keine Ahnung, welcher Zinssatz dabei anzusetzen wäre. Zum zweiten ist zu bedenken, dass eine kürzere Ausbildung einen früheren Berufseinstieg und somit mehr Einkommen bedeutet. Jedes Jahr, das man über die Mindestausbildungszeit von zwei Jahren hinaus studiert, kostet entgangenes Gehalt. Das heißt, dass die Ausbildungskosten nicht für sich allein relevant sind, sondern im Zusammenhang mit der Zielsetzung „Möglichst hohes Gehalt" betrachtet werden müssten.

Nr.	Ausbildung	K_L	K_S	K	Dauer
1	Diplom-Ü (Uni D)	12.000	400	12.400	4,5
2	Diplom-Ü (FH K)	–	400	400	4
3	Diplom-Ü (FH M)	12.000	400	12.400	4
4	Diplom-D (FH K)	–	400	400	4
5	Diplom-Ü (Uni SB)	12.000	400	12.400	4,5
6	Diplom-D (Uni SB)	12.000	400	12.400	4,5
7	Diplom-Ü (Uni HD)	12.000	400	12.400	4,5
8	Diplom-D (Uni HD)	12.000	400	12.400	4,5
9	FS-Sekr.(IHK K)	–	4.000	4.000	2
10	FS-Korr. (IHK K)	–	4.000	4.000	2

Tab. 4: Jährliche Kosten in DM (K_L = Lebenshaltungskosten, K_S = Studiengebühr)

Vorerst noch ohne Idee, wie das zu bewerkstelligen wäre, verschiebt Sabine diesen Punkt und wendet sich zunächst dem Ziel „Möglichst interessante Ausbildungsinhalte" zu.

4.3 Das Ziel „Möglichst interessante Ausbildungsinhalte"

Die Ausbildungen zur Übersetzerin schätzt Sabine auf einer Skala von 0 bis 10 bei 5 ein. Positiv bewertet sie die Vielfalt der angebotenen Fächer, wie Recht, Wirtschaft und Technik. Im Vergleich zu der Ausbildung als Dolmetscherin ist die Sprechausbildung weniger ausgeprägt und wird daher von Sabine schlechter bewertet. Die Ausbildungen an der FH München sowie an der Uni Düsseldorf bewertet Sabine ebenfalls etwas schwächer, da in München der Schwerpunkt Technik und in Düsseldorf Literatur angeboten wird. Die Dolmetscherstudiengänge werden von Sabine mit 8 bewertet, da diese innerhalb der Ausbildung weiter gefächert sind. Die Ausbildung zur Fremdsprachenkorrespondentin liegt bezüglich dieses Oberziels besser als die Ausbildung zur Fremdsprachensekretärin, da der Bereich „Übersetzung" und „Dolmetschen" innerhalb der ersten Ausbildung stärker betont wird. So wird die erste Ausbildung mit 2 Punkten und die letztere mit 1 Punkt bewertet, was die Inhalte der Ausbildung angeht.

$$v_3(x_3) = 1/7\, x_3 - 1/7 \text{ mit } 1 \leq x_3 \leq 8$$

Nr.	Alternative	Punkte x_3	$v_3(x_3)$
1	Dipl-Ü (Uni D)	5	4/7
2	Dipl.-Ü (FH K)	5	4/7
3	Dipl.-Ü (FH M)	4	3/7
4	Dipl.-D (FH K)	8	1
5	Dipl.-Ü (Uni SB)	5	4/7
6	Dipl.-D (Uni SB)	8	1
7	Dipl.-Ü (Uni HD)	5	4/7
8	Dipl.-D (Uni HD)	8	1
9	FS-Sekr. (IHK K)	1	0
10	FS-Korr. (IHK K)	2	1/7

Tab. 5: Werte des Ziels „Interessante Inhalte"

4.4 Das Ziel „Möglichst viel Selbstverwirklichung im Beruf"

Für das Unterziel „Selbstverwirklichung im Beruf" gibt Sabine auf einer Skala von 0 bis 10 ihre Einschätzung darüber ab, über welche Ausbildung dieses Ziel später im Beruf verwirklicht werden kann. Diese Einschätzung basiert auf der Lektüre der „Blätter zur Berufskunde", die vom Arbeitsamt ausgegeben werden. In ihnen werden die Berufe, wie sie nach der Ausbildung inhaltlich gestaltet sind, beschrieben. Sabine möchte sich auf diese neutrale Quelle verlassen, da sie bereits häufiger davon gehört hat, dass die Institute, die Ausbildungen anbieten, nicht nur die Ausbildung selbst in höchsten Tönen loben, sondern auch die spätere Berufstätigkeit, die aufgrund dieser Ausbildung möglich ist, rosiger darstellen als es in der Realität später aussieht.

Bezüglich dieses Ziels schneiden die Studiengänge zur Dolmetscherin am besten ab; Sabine bewertet diese auf der Skala mit einer 9. Den Beruf der Übersetzerin bewertet sie mit einer 7. Die Berufe der Fremdsprachensekretärin und -korrespondentin werden ähnlich eingeschätzt. So erhalten beide Berufe die 4 auf der Skala.

$$v_4(x_4) = 0{,}2\, x_4 - 0{,}8 \quad \text{mit } 4 \leq x_4 \leq 9$$

Nr.	Alternative	Punkte x_4	$v_4(x_4)$
1	Dipl-Ü (Uni D)	7	0,6
2	Dipl.-Ü (FH K)	7	0,6
3	Dipl.-Ü (FH M)	7	0,6
4	Dipl.-D (FH K)	9	1
5	Dipl.-Ü (Uni SB)	7	0,6
6	Dipl.-D (Uni SB)	9	1
7	Dipl.-Ü (Uni HD)	7	0,6
8	Dipl.-D (Uni HD)	9	1
9	FS-Sekr. (IHK K)	4	0
10	FS-Korr. (IHK K)	4	0

Tab. 6: Werte des Ziels „Selbstverwirklichung"

4.5 Das Ziel „Möglichst hohes Einkommen"

Bezüglich der Ermittlung des Einkommens weiß Markus Rat. Er hat beim Surfen im Internet in einem Online-Magazin Statistiken gefunden, die die Bruttojahreseinkommen verschiedener akademischer und nichtakademischer Berufe auflisten. Markus sucht die Daten für die interessierenden Berufe heraus und kommt zu dieser Tabelle:

Beruf	Bruttojahres-einkommen in DM
Fremdsprachensekretärin (IHK)	50.000
Fremdsprachenkorrespondentin (IHK)	50.000
Diplom-Übersetzerin (FH)	65.000
Diplom-Dolmetscherin (FH)	65.000
Diplom-Übersetzerin (Uni)	81.000
Diplom-Dolmetscherin (Uni)	81.000

Tab. 7: Bruttojahreseinkommen der Berufe.

Sabine fragt sich, wie sie die Ausbildungskosten und die späteren Einkommen zusammenfassen soll. Theoretisch korrekt wäre es vielleicht, den gesamten Zahlungsstrom, den eine Ausbildungsentscheidung auslöst, über das ganze Leben zu betrachten. Sabine hält es aber für utopisch, Prognosen bis an ihr Lebensende zu stellen. Wer weiß, wie lange sie überhaupt berufstätig sein wird? Vielleicht hängt sie in zehn Jahren den Job an den Nagel und widmet sich nur noch der Familie, oder sie sattelt auf einen neuen Beruf um. Überschaubar scheint ihr allenfalls ein Zeitraum von zehn Jahren, und sie stellt sich die Kosten und Einkommen für diesen Zeitraum zusammen.

	Uni	FH Köln	FH München	IHK Köln
Ausbildungskosten p.a.	–12.400	–400	–12.400	–4.000
Ausbildungsdauer	4,5 Jahre	4 Jahre	4 Jahre	2 Jahre
Einkommen p.a.	81.000	65.000	65.000	50.000
Einkommensdauer	5,5 Jahre	6 Jahre	6 Jahre	8 Jahre
Nettoeinkommen	389.700	388.400	340.400	392.000

Tab. 8: Ausbildungskosten und Einkommen für zehn Jahre

Sabine fragt sich erneut, ob sie spätere Zahlungen durch Diskontieren mit früheren Zahlungen gleichnamig machen soll. Sie weiß jedoch nicht, welcher Zins dafür relevant sein könnte, da sie weder Kredit aufnehmen noch nennenswert Ersparnisse anlegen wird. Sie wird ihr Einkommen für den Konsum brauchen. Ein Abzinsen könnte allenfalls Ausdruck einer Zeitpräferenz sein. Doch empfindet sie Konsum in zehn Jahren als keineswegs weniger bedeutungsvoll als früheren Konsum. So entscheidet sie sich dafür, die Zahlungen einfach zu addieren.

Sie multipliziert Ausbildungskosten mit Ausbildungsjahren und Einkommen mit Berufsjahren innerhalb des Zehnjahreszeitraums und subtrahiert die Ausbildungskosten von den Einkommen. Das ergibt die Zeile „Nettoeinkommen" in Tabelle 9.

Da der Unterschied zwischen der niedrigsten und der höchsten Einkommenssumme nicht besonders gravierend ist, hält sie eine linear steigende Wertfunktion für angemessen:

$$v_5(x_5) = -5{,}6667 + 0{,}0167\, x_5 \quad \text{mit } 340 \leq x_5 \leq 400 \quad \text{(in 1.000 DM)}$$

Beruf	Nettoeinkommen in TDM x_5	$v_5(x_5)$
Fremdsprachensekretärin (IHK)	392,0	0,867
Fremdsprachenkorrespondentin (IHK)	392,0	0,867
Diplom-Übersetzerin (FH Köln)	388,4	0,807
Diplom-Dolmetscherin (FH Köln)	388,4	0,807
Diplom-Übersetzerin (FH München)	340,4	0,007
Diplom-Übersetzerin (Uni)	389,7	0,828
Diplom-Dolmetscherin (Uni)	389,7	0,828

Tab. 9: Netto-Zehnjahreseinkommen und Wert der Alternativen

Das Ziel 2 „Möglichst geringe Ausbildungskosten" ist damit überflüssig geworden.

4.6 Das Ziel „Möglichst hohes Prestige"

Bei der Ermittlung der konkreten Ausprägungen der einzelnen Alternativen für das Ziel „Hohes Prestige" läuft eine Teilnehmerin aus der Gruppe zur Hochform auf. Mechthild studiert Soziologie. Sie hat im letzten Semester ein Hauptseminar zum Thema „Sozioökonomischer Status und berufliches Prestige" besucht und gibt Sabine den Tip, dass es verschiedene Skalen gibt, die aufgrund von empirischen Untersuchungen entwickelt wurden, um das Ansehen verschiedener Berufe in der Bevölkerung erfassen und messen zu können. Mechthild erklärt der Gruppe, dass sich für die Erfassung der beruflichen Tätigkeit die „Internationale Klassifikation der Berufe" (International Standard Classification of Occupations „ISCO") in der Fassung von 1968 am besten eignet. Diese Klassifikation wurde unter der Leitung des Internationalen Arbeitsamtes (International Labour Organisation „ILO") von einer multinational zusammengesetzten Expertenkommission entwickelt. Auf diese Klassifikation werden drei verschiedene Skalen des sozioökonomischen Status bzw. des Berufsprestiges aufgesetzt. Unter anderem gehört die internationale Berufsprestigeskala (Standard International Occupational Prestige Scale (SIOPS) von Donald Treiman von 1977/79 dazu.

Mechthild plädiert für die Verwendung der Ergebnisse, die anhand dieser Skala gewonnen wurden, da sie über einen längeren Zeitraum mit wiederholten Messungen in über 50 verschiedenen Ländern angewendet wurde und als valide und reliabel gilt. Die Ergebnisse zeigten, dass die Prestigeordnung der Berufe innerhalb der Länder unabhängig von der jeweils befragten Bevölkerungsgruppe oder dem Erhebungszeitpunkt relativ stabil ist und dass die relative Stellung der Berufe nach ihrem sozialen Prestige im großen und ganzen unabhängig vom betrachteten Land ist.

Die Gruppe ist einverstanden mit der vorgeschlagenen Skala und überlegt sich, wie diese nun für Sabines Problem anwendbar ist.

Die Treiman-Skala hat ein Minimum von 14 Punkten für die Gruppe der land- und tierwirtschaftlichen Arbeitskräfte und ein Maximum von 78 Punkten für die Berufsgruppen der Ärzte und Hochschullehrer.

Beruf	Absolute Werte der SIOPS x_6	$v_6(x_6)$
FS-Korrespondentin	44	0
FS-Sekretärin	44	0
Dolmetscherin (FH)	62	1
Übersetzerin (FH)	62	1
Dolmetscherin (Uni)	62	1
Übersetzerin (Uni)	62	1

Tab. 10: Prestige der einzelnen Berufe

Da nur zwei Ausprägungen des Prestiges vorliegen, nimmt die Wertfunktion nur die Werte null und eins an.

5. Zusammenfassende Bewertung der Alternativen

In der folgenden Tabelle 11 werden die zehn Ausbildungsalternativen mit den ermittelten Werten ihrer Zielausprägungen dargestellt. Diese müssen jetzt mittels Gewichten aggregiert werden.

Nr.	Alternative	$v_1(x_1)$	$v_2(x_2)$ entfällt	$v_3(x_3)$	$v_4(x_4)$	$v_5(x_5)$	$v_6(x_6)$
1	Dipl-Ü (Uni D)	0,709	–	4/7	0,6	0,828	1
2	Dipl.-Ü (FH K)	0,914	–	4/7	0,6	0,807	1
3	Dipl.-Ü (FH M)	0,411	–	3/7	0,6	0,007	1
4	Dipl.-D (FH K)	0,914	–	1	1	0,807	1
5	Dipl.-Ü (Uni SB)	0,358	–	4/7	0,6	0,828	1
6	Dipl.-D (Uni SB)	0,358	–	1	1	0,828	1
7	Dipl.-Ü (Uni HD)	0,332	–	4/7	0,6	0,828	1
8	Dipl.-D (Uni HD)	0,332	–	1	1	0,828	1
9	FS-Sekr. (IHK K)	0,914	–	0	0	0,867	0
10	FS-Korr. (IHK K)	0,914	–	1/7	0	0,867	0

Tab. 11: Übersicht über die Einzel-Attributwerte der Alternativen

5.1 Die Voraussetzungen der Anwendung des additiven Modells

Zunächst muss die wechselseitige Präferenzunabhängigkeit zwischen den Zielen als Voraussetzung zur Anwendung des additiven Modells geprüft werden. Diese Bedingung ist erfüllt, wenn jede Teilmenge dieser Attribute präferenzunabhängig von der jeweiligen Komplementärmenge ist. Als Beispiel müßte Sabine die Teilmenge „Einkommen" und „Kosten" von der Restmenge „Wahl des Ortes" präferenzunabhängig empfinden. Sabine wird diesbezüglich befragt. Sie präferiert die Ausbildung mit den Ausprägungen {„Ort Köln", „Einkommen in Höhe von 350.000 DM"} gegenüber einer Ausbildung mit den Ausprägungen {„Ort Saarbrücken", „Einkommen in Höhe von 400.000 DM"} bei jeweils gleichem hohen Prestigewert. Die gleiche Präferenz empfindet sie auch, wenn in beiden Fällen der Prestigewert niedrig ist. Somit ist die Kombination der Attribute {Ort, Einkommen} einfach präferenzunabhängig von dem Attribut Prestige.

Analoge Prüfungen führt Sabine auch mit anderen Merkmalskombinationen durch. Sie kommt zu dem Ergebnis, dass die wechselseitige Präferenzunabhängigkeit hinlänglich gut erfüllt ist, um ihre Präferenzen durch ein additives Bewertungsmodell zu repräsentieren.

5.2 Das additive Modell

Das additive Modell bestimmt den Wert der Alternative a durch die Summe der mit den Zielgewichten w_r multiplizierten Attributwerte $v_r(a_r)$:

$$v(a) = \sum_r w_r \cdot v_r(a_r)$$

Dabei sind die $w_r > 0$ und es gilt $\sum w_r = 1$.

Mit a_r ist die Ausprägung des Attributs X_r bei Alternative a gemeint, mit $v_r(a_r)$ der dieser Ausprägung durch die Einzelwertfunktion v_r zugeordnete Wert.

5.3 Die Gewichtung der Attribute anhand des Swing-Verfahrens

Ihre Mitstreiter schlagen Sabine das Swing-Verfahren wegen seiner Einfachheit vor. Sabine soll sich in die Situation versetzen, dass ihr die schlechteste definierte Alternative zur Verfügung steht. Sie kann nun frei wählbar ein Attribut auf dessen besten Wert festsetzen und die anderen Attribute auf dem schlechtesten Wert lassen. Dasjenige Attribut, das sie am „dringendsten" verbessern will, bei dem der „Swing" von der schlechtesten auf die beste Ausprägung die höchste Priorität hat, erhält das größte Gewicht. Nun muss Sabine alle Attribute danach anordnen, in welcher Reihenfolge der Präferenz sie diese auf ihren Maximalwert erhöhen möchte.

Nachdem eine Rangfolge der Attribute in Bezug auf ihr relatives Gewicht aufgestellt worden ist, erhält das wichtigste Attribut 100 Punkte. Dann werden die übrigen Attribute bewertet, so dass nicht nur ihre Rangfolge, sondern auch die Wertunterschiede zwischen ihnen wiedergegeben werden. Daran anschließend werden die Zielgewichte durch Normierung der Bewertungen errechnet.

Für Sabine sieht die extrem schlechte Alternative folgendermaßen aus:

a = (Ort: Heidelberg,
Ausbildungskosten: entfällt,
Ausbildungsinhalte: FS-Sekretärin,
Selbstverwirklichung: IHK-Abschluss,
Zehnjahres-Nettoeinkommen: 340.000 DM,
Prestige: IHK-Berufe)

Sie fragt sich jetzt, in welchem Attribut sie am liebsten auf den besten Wert wechseln möchte. An erster Stelle steht bei ihr der Ausbildungsort. Ziel 1 hat also das größte Gewicht. An zweiter Stelle folgen die „interessanten Ausbildungsinhalte", also Ziel 3. Die Tabelle gibt die Rangfolge der Wichtigkeit der Attribute und die ihnen zugewiesenen Punktzahlen.

Rang	Ziel	Punkte
1	1: Ort	100
2	3: Ausbildungsinhalt	80
3	5: Nettoeinkommen	70
4	6: Prestige	60
5	4: Selbstverwirklichung	30

Tab. 12: Bewertung der fünf „Swings"

Hieraus lassen sich die folgenden Gewichte errechnen:

$$w_1 = 100 / (100 + 80 + 70 + 60 + 30) = 100 / 340 = 0{,}294$$
$$w_3 = 80 / 340 = 0{,}235$$
$$w_4 = 30 / 340 = 0{,}088$$
$$w_5 = 70 / 340 = 0{,}206$$
$$w_6 = 60 / 340 = 0{,}176$$

6. Die Bewertung der Alternativen

Nunmehr kann Sabine für jede Alternative einen Gesamtwert ausrechnen. Das Ergebnis ist in Tabelle 13 enthalten.

Alternative	$v(x)$
1 DÜ Uni Düsseldorf	0,742
2 DÜ FH Köln	0,798
3 FH München	0,452
4 DD FH Köln	0,934
5 DÜ Uni Saarbrücken	0,605
6 DD Uni Saarbrücken	0,775
7 DÜ Uni Heidelberg	0,598
8 DD Uni Heidelberg	0,767
9 FS-S IHK Köln	0,447
10 FS-K IHK Köln	0,481

Tab. 13: Die Gesamtbewertung der Alternativen

Optimal ist auf der Basis von Sabines Präferenzen und Informationen die Ausbildung zur Diplom-Dolmetscherin an der Fachhochschule Köln, zweitbeste Lösung die Ausbildung zur Diplom-Übersetzerin an demselben Institut. An dritter bis siebter Stelle folgen die universitären Studiengänge, danach die IHK-Ausbildungsgänge. An letzter Stelle steht die Fachhochschule München.

Um nachzuvollziehen, wie diese Ergebnisse zustande kommen, eignet sich ein Diagramm, in dem die Zusammensetzung der Gesamtwerte aus gewichteten Attributsbewertungen ersichtlich ist. Das Microsoft Excel-Diagramm aus Abbildung 2 zeigt die Teilwerte in Form von Balkenstücken. Sie sind von links nach rechts in aufsteigender Reihenfolge der Ziele angeordnet; das am weitesten links befindliche Balkenstück ist also die Wertung für den Ausbildungsort, das am weitesten rechts befindliche die Wertung für das Berufsprestige.

Die Kölner Fachhochschul-Studiengänge schlagen die auswärtigen Universitäts-Studiengänge wegen Sabines starker Bevorzugung des Standortes Köln. Die IHK-Ausbildung in Köln kann wegen geringer Bewertung ihrer Ausbildungsinhalte und ihres Prestiges nicht mithalten. Die Fachhochschule München hingegen wird wegen ihrer im Vergleich zu Köln hohen Ausbildungskosten zusätzlich zur weiten Entfernung von der Heimat abgewertet.

Sabine hält die Analyse noch nicht für abgeschlossen. Sie fragt sich, ob sie es mit ihrer Gewichtung des Ausbildungsortes – im Hinblick auf die Heimatnähe und Größe der Stadt – nicht etwas übertrieben hat, und nimmt sich vor, die relative Gewichtung der Attribute demnächst mit dem Tradeoff-Verfahren zu überprüfen.

Entscheidung für eine Fremdsprachenausbildung

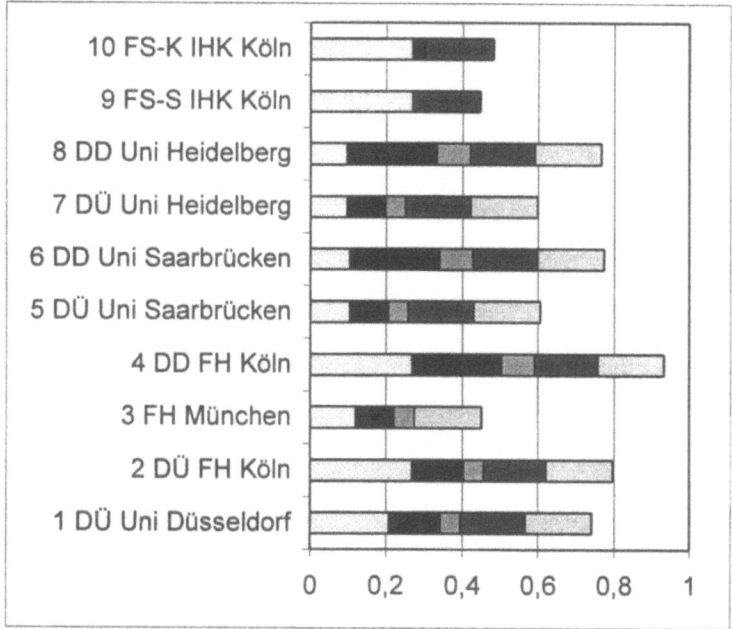

Abb. 2: Zusammensetzung der Werte der Alternativen

FALLSTUDIE B

KRISTIAN FOIT

Planung einer Blutsammelaktion

Stichwörter: Zielstrukturierung – Alternativengenerierung – Multiattributive Wertfunktionen – Zielgewichtung

1. Das Entscheidungsproblem

Der Verein Humanitäre Hilfe (HH) ist ein gemeinnütziger Verein, dessen Aufgabe u.a. in der Sicherstellung der Blutversorgung von öffentlichen Einrichtungen besteht. Dabei nutzt HH bisher zwei Möglichkeiten der Blutsammlung: Zum einen setzt der Verein feste Teams ein, welche täglich an verschiedenen Orten in speziell eingerichteten Bussen Blut sammeln, zum anderen finden in Gesundheitsämtern wöchentlich organisierte Blutspendetage statt.

Nach einer Naturkatastrophe und der daraus entstehenden akuten Notlage will der Verein eine zusätzliche Blutsammelaktion durchführen, um durch im Katastrophengebiet dringend benötigte Blutkonserven Leben zu retten. Der verantwortliche Gebietsleiter Heinrich Lazarus wird daraufhin mit der Organisation und Durchführung einer solchen Aktion beauftragt.

Um bei der Entscheidungsfindung Unterstützung zu erhalten, bezieht Lazarus seinen entscheidungstheoretisch versierten Assistenten Oliver Medicus in die Beratungen mit ein.

2. Problemstrukturierung

Da es sich bei der Entscheidung über eine Blutspendeaktion um eine komplexe Situation handelt, schlägt Medicus Lazarus vor, die Situation in einzelne Teilaspekte zu zerlegen, da auf diese Weise die Problembearbeitung vereinfacht wird. Bei einer Dekomposition werden Ziele und Präferenzen des Entscheiders, mögliche Alternativen, Umwelteinflüsse und die Wirkungen von Aktionen und Umwelteinflüssen einzeln modelliert.

Im ersten Schritt besprechen Lazarus und Medicus die entscheidungsrelevanten Zielvariablen, die sie im Rahmen der Blutspendeaktion verfolgen.

Vor dem Hintergrund des allgemein geringen Blutangebots und in Verbindung mit dem Katastrophenfall steht im Rahmen der humanitären Zielsetzung unter quantitativen Gesichtspunkten das Sammeln von möglichst vielen Spenden im Vordergrund. Um dieses Fundamentalziel zu erreichen, sollten möglichst viele Menschen von einer geplanten Aktion angesprochen werden, damit die Anzahl der Spendewilligen erhöht wird. Ziel muß es demnach sein, die Attraktivität der Aktion zu erhöhen. Als weiteres (Instrumental)-Ziel ist in diesem Zusammenhang eine hohe Abfertigungskapazität zu sehen, denn nur so kann der durch psychologische Effekte bedingte erhöhte Spenderandrang bewältigt werden. Es kann davon ausgegangen werden, daß in den ersten Tagen nach der Katastrophe die Anzahl der Spendenwilligen am höchsten ist.

Unter qualitativen Gesichtspunkten, so bemerkt Medicus, muß Lazarus darauf achten, daß auch die Blutqualität gewahrt bleibt. Es muß bei der Projektplanung und Organisation gewährleistet sein, daß die Sicherheits- und Hygienebestimmungen hinsichtlich der Blutspenden eingehalten werden. Dazu gehören neben den rechtlichen Rahmenbedingungen auch Überlegungen bezüglich des Ablaufes einer Blutspende und hinsichtlich des Ausschlusses eventueller Risikogruppen durch geeignete Vortests.

Während Medicus die Maximierung der Blutqualität als eigenständiges Fundamentalziel sieht, ist Lazarus davon überzeugt, daß es nicht um seiner selbst willen verfolgt wird, sondern nur ein Instrumentalziel zur Erreichung der „Maximierung der Blutmenge" darstellt. Nach einer Diskussion einigen sich beide darauf, daß die humanitären Zielvorstellungen unter der Formulierung „Maximierung geeigneter Blutspenden" subsummiert werden können. Dabei kann die Zielausprägung durch das natürliche Attribut „Blutmenge in Litern" bzw. „Anzahl der Blutspenden" ausgedrückt werden.

Obwohl es sich bei der Blutsammelaktion um einen Akt mit humanitärem Charakter handelt, sind sich beide darüber einig, daß auch die mit der Aktion aufzuwendenden Kosten beachtet werden müssen. Aus diesem Grund formulieren sie „möglichst geringe Kosten der Aktion" als weiteres Fundamentalziel.

Bei den Überlegungen hinsichtlich der Zielerreichung besprechen die beiden zunächst die üblichen Alternativen der Blutsammlung.

Zum einen setzt der Verein feste Teams ein, welche täglich an verschiedenen Orten in speziell eingerichteten Bussen Blut sammeln, zum anderen findet im Gesundheitsamt wöchentlich ein von einem Krankenhaus organisierter Blutspendetag statt. Zu diesem Zwecke verfügt das Gesundheitsamt über die entsprechende Infrastruktur für eine Blutentnahme.

Lazarus und Medicus bezweifeln, daß über diese üblichen Möglichkeiten die durch die Katastrophe bedingten benötigten Blutmengen akquiriert werden können und suchen demnach nach neuen Maßnahmen. Potentielle Handlungsalternativen unterscheiden sich in folgenden Dimensionen.

1. Anfangszeitpunkt und Dauer der Aktion
2. Standort der Sammelstelle
3. Einsatz von Räumlichkeiten und Personal
4. Werbungsaktionen.

In dem folgenden Mittel-Ziel-Netzwerk (Abbildung 1) werden die Kausalzusammenhänge hinsichtlich der Wirkungen von Maßnahmen auf die Zielerreichung veranschaulicht. Die Rauten stellen dabei Fundamentalziele, die Ellipsen Instrumentalziele und die Vierecke Maßnahmen dar.

Bei den Überlegungen wird schnell klar, dass die üblichen Standorte für Blutspenden, wie das Gesundheitsamt und Kliniken, weder in Bezug auf die Zentralität des Standorts noch die Attraktivität zufriedenstellend sind. So kommt die Idee auf, für die Spendensammlung Container zu verwenden, die auf einem zentralen Platz aufgestellt werden können. Sie haben im Vergleich zu den bestehenden

Planung einer Blutsammelaktion

Räumlichkeiten einen hohen Aufmerksamkeitswert. Dabei vergleichen Medicus und Lazarus die Aufstellmöglichkeiten und kommen zu den Entschluß, daß nur der Marktplatz aufgrund der Größe in Frage kommt.

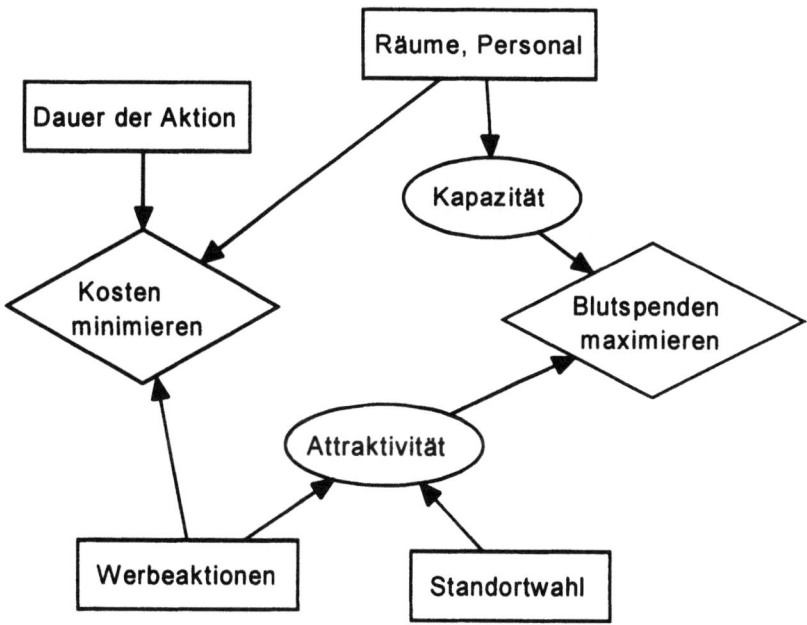

Abb. 1: Mittel-Ziel-Netzwerk (erstellt mit TreeAge *DATA* ™ 3.5)

Im Hinblick auf die Container beauftragt Lazarus seinen Assistenten Daten zusammenzutragen und erhält als Resultat der Recherche folgende Ergebnisse: Durch Nutzung eines Containers könnten 200 Spender pro Tag behandelt werden. Allerdings benötigen die Container eine Vorlaufzeit von zwei Tagen, sind also erst ab dem dritten Tag nach der Katastrophe einsetzbar. Bezüglich der Mietzeit gibt es die Einschränkung, daß die Containerfirma als minimalen Mietzeitraum eine Woche angibt, so daß man die Container nur wochenweise mieten kann. Als Konsequenz dieser Vorgabe kann es u. U. dazu kommen, daß Container über einen Zeitraum z. B. zum Ende einer Woche, wenn die Spendenbereitschaft nachläßt, nicht mehr voll ausgelastet sind bzw. völlig leer stehen. Ein Container kostet 5.800 DM in der Woche.

Die Entscheidung stellt sich demnach für Lazarus so dar, daß er darüber zu entscheiden hat, wie viele Container und Personal er wie lange vorhalten will.

Ausschlaggebend für den Erfolg ist die Spendenbereitschaft der Bevölkerung. Lazarus geht davon aus, daß diese durch Werbemaßnahmen erhöht werden kann. Er denkt an Plakate, Anzeigen, Handzettel und eine Verlosung. Er zieht in Betracht, entweder eine einmalige Aktion gleich zu Beginn oder zusätzlich nach einer Woche noch eine zweite Aktion zu starten.

Natürlich ist die Spendenbereitschaft der Bevölkerung schwer einzuschätzen. Man verfügt jedoch über Erfahrungen aus früheren Jahren und von anderen Städten und Hilfsorganisationen. Lazarus und Medicus entwickeln gemeinsam je eine Schätzung des Spendenangebots im Zeitablauf für den Fall ohne Werbung bzw. mit einer oder zwei Werbeaktionen.

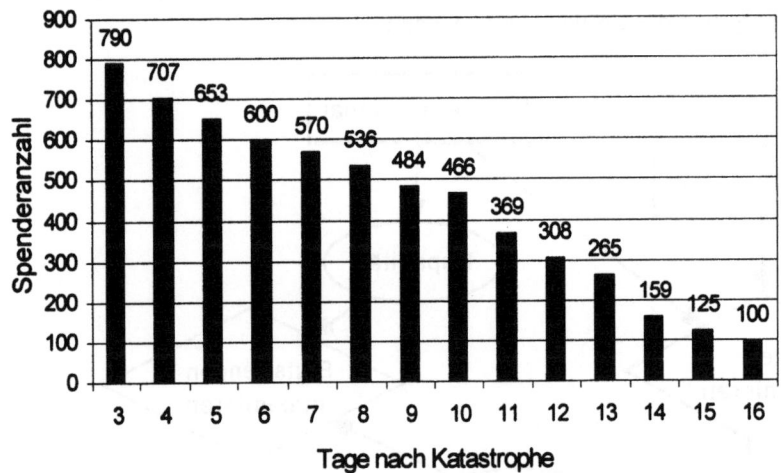

Abb. 2: Prognostizierte Anzahl der Blutspender ohne Werbemaßnahmen

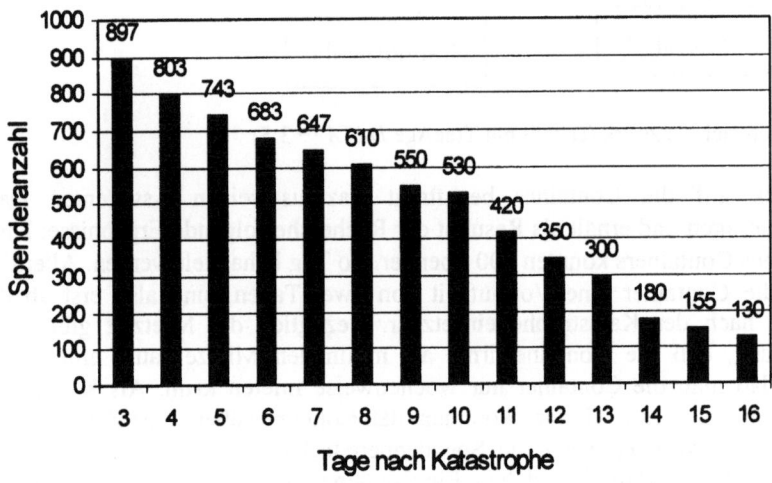

Abb. 3: Prognostizierte Anzahl der Blutspender bei einmaliger Werbung

Planung einer Blutsammelaktion

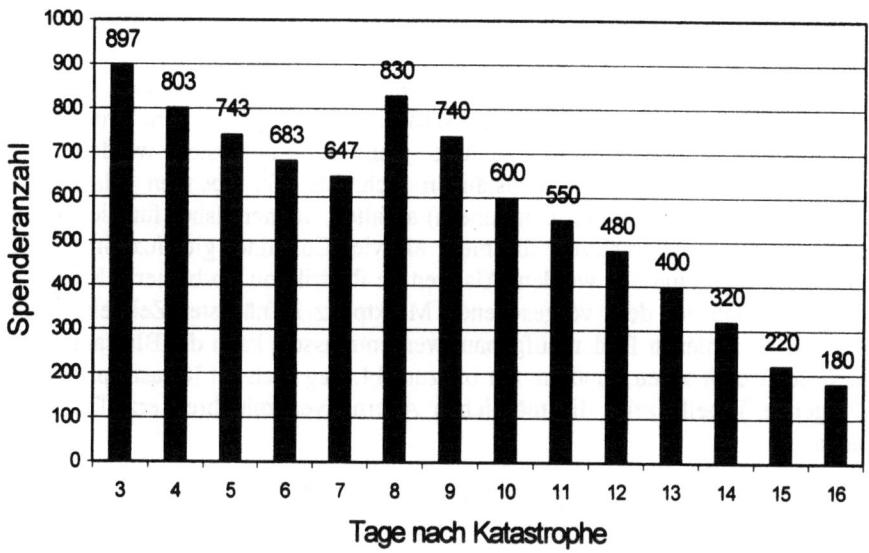

Abb. 4: Prognostizierte Anzahl der Blutspender bei zweimaliger Werbung

Tage nach Katastrophe	Spendenanzahl ohne Werbung	Spendenanzahl bei einmaliger Werbeaktion	Spendenanzahl bei zweimaliger Werbeaktion
3	790	897	897
4	707	803	803
5	653	743	743
6	600	683	683
7	570	647	647
8	536	610	830
9	484	550	740
10	466	530	600
11	369	420	550
12	308	350	480
13	265	300	400
14	159	180	320
15	125	155	220
16	100	130	180

Da die Container nur wochenweise gemietet werden können, unterteilt Lazarus den Planungszeitraum in zwei Perioden. Periode 1 ist als Woche 1 (Tag 3-9 nach der Katastrophe), Periode 2 ist als Woche 2 (Tag 10-16 nach der Katastrophe) definiert. Die Alternativen lassen sich als Containeranzahlkombinationen in den beiden Wochen, verbunden mit den Werbemaßnahmen darstellen. Um den Zusammenhang zu verdeutlichen, wird bei der Darstellung der Alternativen als Index die Anzahl der

Container in der jeweiligen Woche gewählt. Alternative A_{32} bedeutet demnach, daß in der ersten Woche 3 Container und in der zweiten Woche 2 Container aufgestellt werden.

Medicus bemerkt, daß einige Alternativen ausgeschlossen werden können, da Räumlichkeitenrestriktionen beachtet werden müssen. Auf dem vorgesehenen Marktplatz können maximal vier Container gleichzeitig aufgestellt werden. Obwohl an den Tagen 3 und 8 unter Umständen mehr als 800 Spenden (als maximale Abfertigungskapazität von vier Containern) anfallen, können daher für die folgenden Überlegungen alle Alternativen, die mehr als vier Container gleichzeitig erfordern, unmittelbar ausgeschlossen werden. Als weitere Restriktion, so bemerkt Medicus, ist zu beachten, daß auf dem vorgesehenen Marktplatz in nächster Zeit ein Stadtfest stattfindet. Weil hierfür Buden aufgebaut werden müssen, kann die Blutsammelaktion nicht volle zwei Wochen, sondern nur bis zum 14. Tag nach der Katastrophe laufen.

Folgende Tabelle zeigt die möglichen Alternativen mit ihren erzielbaren Blutspenden:

Alternative	Periode 1 (Tag 3 – 9)	Periode 2 (Tag 10-14)	Blutspenden Keine Werbung	Blutspenden 1 Werbeaktion	Blutspenden 2 Werbeaktionen
A_{10}	1 C		1.400	1.400	1.400
A_{11}	1 C	1 C	2.359	2.380	2.400
A_{12}	1 C	2 C	2.902	3.030	3.320
A_{13}	1 C	3 C	2.968	3.180	3.750
A_{20}	2 C		2.800	2.800	2.800
A_{21}	2 C	1 C	3.759	3.780	3.800
A_{22}	2 C	2 C	4.302	4.430	4.720
A_{23}	2 C	3 C	4.368	4.580	5.150
A_{30}	3 C		3.990	4.150	4.200
A_{31}	3 C	1 C	4.949	5.130	5.200
A_{32}	3 C	2 C	5.492	5.780	6.120
A_{33}	3 C	3 C	5.558	5.930	6.550
A_{40}	4 C		4.340	4.833	5.213
A_{41}	4 C	1 C	5.299	5.813	6.213
A_{42}	4 C	2 C	5.842	6.463	7.133
A_{43}	4 C	3 C	5.908	6.613	7.563

Dabei ergeben sich die Werte als Summe der Blutspenden über die einzelnen Tage. Container 1 kann 200 Spenden /Tag bearbeiten. Da dieser über die gesamte Dauer der ersten Periode ausgelastet ist, beträgt das Spendenaufkommen für diesen Container 1.400 Spenden bei Alternative A_{10}. Alternative A_{11} (für den Fall ohne Werbe-Aktivitäten) läßt sich durch die Summe der Alternative A_{10} zuzüglich der durch Container 1 in den Tage 10–14 gesammelten Blutspenden darstellen. Die Tage 3–13 erbringen jeweils über 200 Spenden, also ist Container 1 ausgelastet. Tag 14 erbringt 159 Spenden. Als Ergebnis erhält man für diese Alternative 2.359 Spenden.

Abbildung 5 verdeutlicht die Auslastung der einzelnen Container für den Fall ohne Werbeaktivitäten.

Planung einer Blutsammelaktion

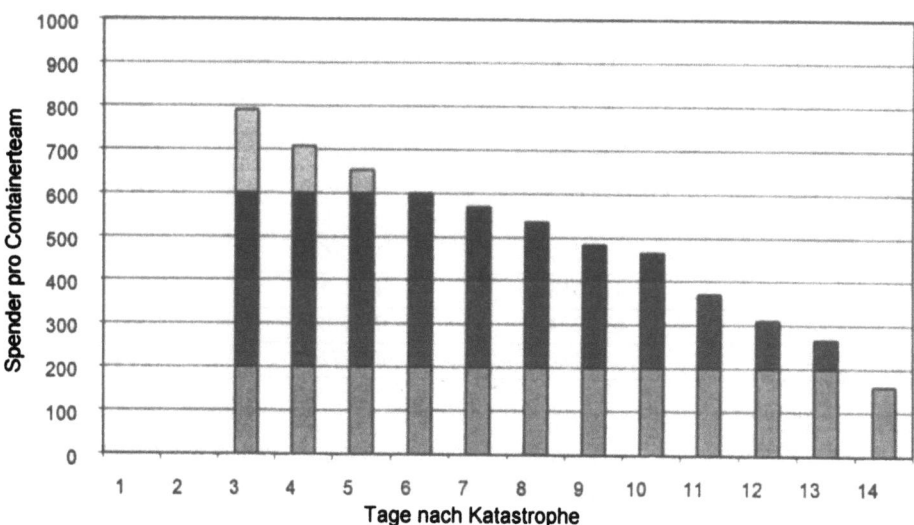

Abb. 5: Spenderaufkommen unterteilt nach Container-Teams

Als *Kostenbestandteile* identifizieren die Entscheidungsträger zum einen die stückabhängigen variablen Kosten und errechnen hierfür einen Wert von 85 DM. Darin sind die Kosten für das medizinische Material (Einwegkanüle, Blutspendebeutel, Verbandmaterial), für bereitgestellte Erfrischungen und die Kosten der Blutuntersuchung (Syphilis, Hepatitis, ...) enthalten.

Als weiterer Kostenfaktor sind die zeitabhängigen Raumkosten zu betrachten, welche durch die Container verursacht werden. Dabei kann der Gebietsleiter auf die erfragten Daten zurückgreifen. Die Kosten belaufen sich auf 5.800 DM pro Container für eine Woche. Als weitere Kostenkomponente gehen die Personalkosten in die Berechnung ein. Ein Blutsammelteam besteht aus einem Arzt, drei Krankenschwestern, vier Helfern und mehreren ehrenamtlichen Helfern. Bei den Ärzten sind keine zusätzlichen Kosten zu veranschlagen, da die Organisation über einen Pool von Einsatzkräften verfügt. Allerdings ist es nicht sicher, ob die Helfer und Krankenschwestern in ausreichendem Maße aus den eigenen Reihen gedeckt werden können. Somit kalkuliert der Einsatzleiter damit, daß er zusätzliche Hilfskräfte einstellen muß. Diese sind täglich kündbar und umfassen zwei Krankenschwestern und vier studentische Hilfskräfte (Medizinstudenten) pro Team. Bei einem durchschnittlichen Stundensatz von 55 DM pro Krankenschwester und 18 DM für Studenten ergeben sich tagesabhängige Kosten von 1.456 DM.

Die letzte Kostenkomponente ergibt sich durch die Aufwendungen für die Werbemaßnahmen. Lazarus kalkuliert mit 7.000 DM für eine einmalige Werbeaktion. Dabei sollen Plakatierungen und die Erstellung und Verteilung von Flugzetteln durchgeführt werden. Des weiteren wird versucht, die Attraktivität durch eine Tombola zu erhöhen. Für eine zweimalige Werbeaktion kalkuliert Lazarus mit 13.000 DM. Es ergibt sich folgende Kostenfunktion:

K = Blutspenden · 85 DM + Containerwochen · 5.800 DM
  + Einsatztage · 1.456 DM + Werbekosten

Die folgende Tabelle zeigt die Kosten der Alternativen.

Alternativen	Kosten Keine Werbung	Kosten 1 Werbeaktion	Kosten 2 Werbeaktionen
A_{10}	134.992	141.992	147.992
A_{11}	229.587	238.372	246.072
A_{12}	287.366	305.246	337.352
A_{13}	300.232	326.708	384.070
A_{20}	269.984	276.984	282.984
A_{21}	364.579	373.364	381.064
A_{22}	422.358	440.238	472.344
A_{23}	435.224	461.700	519.062
A_{30}	387.126	407.726	417.976
A_{31}	481.721	504.106	516.056
A_{32}	539.500	570.980	607.336
A_{33}	552.366	592.442	654.054
A_{40}	427.044	480.317	520.073
A_{41}	521.639	576.697	618.153
A_{42}	579.418	643.571	709.433
A_{43}	592.284	665.033	756.151

Für Alternative A_{10} ergeben sich Kosten von 134.992 DM ohne Werbeaktivitäten. Es fallen 1.400 Spenden zu 85 DM (= 119.000 DM) variablen Kosten an, die von einem Container (=5.800 DM) in der ersten Periode (Tag 3-9 nach der Katastrophe) gesammelt werden. Darüber hinaus entstehen Personalkosten in Höhe von 1.456 DM pro Tag/Team. Da Alternative A_{10} sieben Tage läuft, ergeben sich Personalkosten in Höhe von 10.192 DM. Bei diesen Berechnungen ist bereits berücksichtigt, daß einige Container an einzelnen Tagen gar nicht benötigt werden. Diese Container bleiben dann geschlossen, es entstehen also auch keine Personalkosten.

3. Bewertung der Alternativen

Lazarus macht die Entscheidung über die Form der Durchführung der Blutspendeaktion von der resultierenden Blutmenge und den Kosten der verschiedenen Alternativen abhängig. Zu diesem Zweck stellt er für die Alternativen und ihre Varianten (A = Keine Werbung, B = eine Werbeaktion, C = zwei Werbeaktionen) die erwartete Blutmenge und die Kosten in folgender Tabelle zusammen.

Alternativen		Blutspenden	Kosten
A_{10}	A	1.400	134.992 DM
	B	1.400	141.992 DM
	C	1.400	147.992 DM
A_{11}	A	2.359	229.587 DM
	B	2.380	238.372 DM
	C	2.400	246.072 DM
A_{12}	A	2.902	287.366 DM
	B	3.030.	305.246 DM
	C	3.320	337.352 DM

A_{13}	A	2.968	300.232 DM
	B	3.180	326.708 DM
	C	3.750	384.070 DM
A_{20}	A	2.800	269.984 DM
	B	2.800	276.984 DM
	C	2.800	282.984 DM
A_{21}	A	3.759	364.579 DM
	B	3.780	373.364 DM
	C	3.800	381.064 DM
A_{22}	A	4.302	422.358 DM
	B	4.430	440.238 DM
	C	4.720	472.344 DM
A_{23}	A	4.368	435.224 DM
	B	4.580	461.700 DM
	C	5.150	519.062 DM
A_{30}	A	3.990	387.126 DM
	B	4.150	407.726 DM
	C	4.200	417.976 DM
A_{31}	A	4.949	481.727 DM
	B	5.130	504.106 DM
	C	5.200	516.056 DM
A_{32}	A	5.492	539.500 DM
	B	5.780	570.980 DM
	C	6.120	607.336 DM
A_{33}	A	5.558	552.366 DM
	B	5.930	592.442 DM
	C	6.550	654.054 DM
A_{40}	A	4.340	427.044 DM
	B	4.833	480.317 DM
	C	5.213	520.073 DM
A_{41}	A	5.299	521.639 DM
	B	5.813	576.697 DM
	C	6.213	618.153 DM
A_{42}	A	5.842	579.418 DM
	B	6.463	643.571 DM
	C	7.133	709.433 DM
A_{43}	A	5.908	592.284 DM
	B	6.613	665.033 DM
	C	7.563	756.151 DM

Minimale Stückkosten

Lazarus hat sich in letzter Zeit mit der Idee der Cost-effectiveness beschäftigt, die im Gesundheitswesen eine große Rolle spielt. Cost-effectiveness ist der Quotient aus Kosten und Wirkung einer Maßnahme. Bei der Auswahl zwischen Alternativen, die auf die gleiche Wirkung zielen, sollte man diejenige mit dem geringsten Quotienten wählen. Der Kehrwert der Cost-effectiveness sind die Kosten pro Wirkungseinheit. Man erzielt die höchste Kostenwirksamkeit, wenn man die Alternative mit den niedrigsten Kosten pro Blutspende wählt.

Die folgende Tabelle enthält die Kosten pro Blutspende. Ohne Werbeaktion erweisen sich Alternativen A_{10} und A_{20}, bei einer einmaligen Werbekampagne Alternative A_{30} und bei einer zweimaligen Werbeaktion Alternative A_{32} als optimale Alternative. Die niedrigsten Stückkosten haben jedoch Alternativen $A_{10}A$ und $A_{20}A$ mit 96,42 DM. Allerdings erbringt Alternative $A_{20}A$ bei gleicher Kosteneffektivität mehr Blutspenden und wird aus diesem Grund vorgezogen. Unter dem Gesichtspunkt maximaler Cost-effectiveness sind also eine Woche lang zwei Container zu nutzen. Es wird keine Werbung durchgeführt. Der Ertrag beläuft sich auf 2.800 Blutspenden, die Kosten auf 269.984 DM.

Alternativen	Stückkosten Keine Werbung A	Stückkosten 1 Werbeaktion B	Stückkkosten 2 Werbeaktionen C
A_{10}	**96,42**	101,42	105,71
A_{11}	97,33	100,15	102,53
A_{12}	99,02	100,74	101,61
A_{13}	101,16	102,74	102,42
A_{20}	**96,42**	98,92	101,07
A_{21}	96,99	98,77	100,28
A_{22}	98,18	99,38	100,07
A_{23}	99,64	100,81	100,79
A_{30}	97,02	**98,25**	99,52
A_{31}	97,34	98,27	99,24
A_{32}	98,23	98,79	**99,24**
A_{33}	99,38	99,91	99,85
A_{40}	98,40	99,38	99,76
A_{41}	98,44	99,21	99,49
A_{42}	99,18	99,58	99,46
A_{43}	100,25	100,56	99,98

Bewertung mittels einer multiattributiven Wertfunktion

Oliver Medicus äußert grundsätzliche Bedenken gegen die von seinem Chef favorisierte Bewertung der Alternativen. Er sieht nicht ein, daß man auf hunderte oder gar tausende möglicher Blutkonserven verzichten sollte, nur weil sich dadurch die Kosten pro Stück etwas erhöhen.

Er schlägt eine Bewertung der Alternativen mittels einer *Wertfunktion* vor, in die sowohl Blutspendenertrag wie Kosten eingehen. Diese sollte additiv aus einer Wertfunktion über Blutspenden und einer über Kosten zusammengesetzt werden. Eine solche Wertfunktion würde die wirklichen Präferenzen der Entscheider in der konkreten Situation ausdrücken.

Lazarus willigt in das Experiment seines akademisch gebildeten Assistenten ein und läßt sich die Antworten entlocken, die zu folgender Wertfunktion über die Spendenmenge x führen (Abbildung 6):

$$v(x) = 1{,}091 - 1{,}9107\, e^{-0{,}0004\, x} \quad \text{für } 1.400 \leq x \leq 7.600$$

Die Ermittlung wurde mit Hilfe der Halbierungsmethode durchgeführt. Die schlechteste Ausprägung der Blutmenge ist 1.400, der beste Wert ist 7.600 Blutspenden. Danach befragte Medicus Lazarus nach der subjektiv wertmäßigen Mitte des Ausprägungsintervalls und erhielt als Antwort 2.900 Spenden. Dieser Ausprägung wird der Wert 0,5 zugeordnet. Lazarus bewertet also den Übergang von 1.400 Spenden zu 2.900 Spenden gleich dem Übergang von 2.900 Spenden zu 7.600 Spenden. Analog wurde die wertmäßige Mitte zwischen 1.400 und 2.900 sowie zwischen 2.900 und 7.600 abgefragt. Die resultierenden Stützstellen ließen sich durch die angegebene Exponentialfunktion gut annähern.

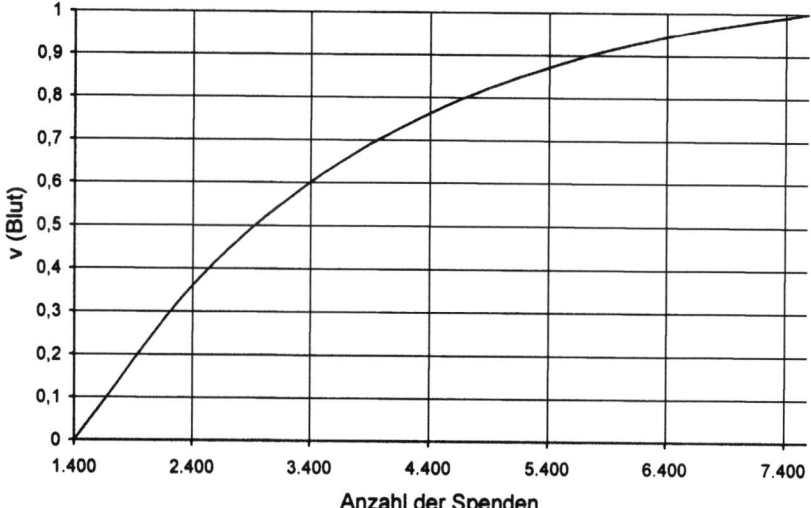

Abb. 6: Wertfunktion über Blutspenden

Bei den Kosten y ist man sich einig, daß die Wertfunktion linear verläuft:

$$v(y) = -0{,}000001587\, y + 1{,}20634 \quad \text{für } 130.000 \le y \le 760.000$$

Das additive Bewertungsmodell bestimmt den Gesamtwert einer Alternative a durch

$$V(a) = \sum w_r \cdot v_r(a_r),$$

wobei $v_r(a_r)$ der auf 0 bis 1 normierten Einzelwertfunktion über das Attribut r entspricht und w_r die Skalierungskonstante bzw. Gewicht des Attributs darstellt.
Die Skalierungskonstanten w_r können durch das Trade-off-Verfahren ermittelt werden. Hierbei werden die Zielgewichte aus Austauschraten zwischen jeweils zwei Attributen hergeleitet. Es werden demnach Alternativenpaare gesucht, die sich in den zwei Attributen unterscheiden und vom Entscheidungsträger als gleichwertig eingeschätzt werden.

Dabei wird die Austauschrate sukzessiv ermittelt, d. h. man beginnt die Befragung mit den extremen Ausprägungen der Attribute und grenzt anschließend die Ausprägungen so ein, daß der Entscheidungsträger indifferent wird.

Im ersten Schritt befragte der Assistent den Gebietsleiter, ob er Alternative

a (1.400 Blutspenden, 130.000 DM Kosten)

der Alternative

b (7.563 Blutspenden, 760.000 DM Kosten)

vorziehe. Lazarus verneinte dies, er zog die Alternative mit den meisten Spenden und höchsten Kosten vor. Um Indifferenz zwischen den Alternativen herzustellen, mußte also die Alternative b verschlechtert werden. Der Assistent verringerte nun sukzessive die Blutspendenanzahl und wiederholt die Befragung.

Schließlich war Lazarus indifferent zwischen dem Alternativenpaar

(1.400 Blutspenden, 130.000 DM Kosten) ~
(3.100 Blutspenden, 760.000 DM Kosten).

Durch diese Aussage läßt sich folgende Gleichung aufstellen:

$$w_X \cdot v_X(1.400) + (1-w_X) \cdot v_Y(130.000) = w_X \cdot v_X(3.100) + (1-w_X) \cdot v_Y(760.000)$$

Einsetzen der Werte ergibt:

$$(1 - w_X) = 0{,}538\, w_X$$

$$w_X = 0{,}65 \text{ und } w_Y = (1 - w_X) = 0{,}35$$

Damit gilt:

$$V(x, y) = 0{,}65\,(1{,}091 - 1{,}9107\, e^{-0{,}0004\, x}) + 0{,}35\,(-0{,}000001587\, y + 1{,}20634).$$

Mit dieser Wertfunktion bewertet der Assistent die Alternativen (siehe folgende Tabelle). Dabei ermittelt Medicus zunächst die Werte der einzelnen Blutmengen und Kosten je Alternative durch Einsetzen der gesammelten Blutspenden bzw. Kosten in die jeweilige Wertfunktion. Danach erhält er den Gesamtwert der Alternative durch Aufsummierung der gewichteten Bewertungen.

Alternativen	Wert Alternative Keine Werbeaktion A	Wert Alternative 1 Werbeaktion B	Wert Alternative 2 Werbeaktionen C
A_{10}	0,347	0,343	0,340
A_{11}	0,520	0,520	0,519
A_{12}	0,583	0,592	0,615
A_{13}	0,586	0,602	0,641
A_{20}	0,576	0,572	0,569
A_{21}	0,653	0,650	0,648

Planung einer Blutsammelaktion

A_{22}	0,675	0,676	0,681
A_{23}	0,673	0,676	0,685
A_{30}	0,665	0,669	0,668
A_{31}	0,692	0,692	0,690
A_{32}	**0,69365**	0,691	0,687
A_{33}	0,690	0,686	0,678
A_{40}	0,675	0,685	0,688
A_{41}	0,692	0,690	0,685
A_{42}	0,690	0,680	0,666
A_{43}	0,685	0,674	0,651

Nunmehr erscheint Alternative $A_{32}A$ als optimal. Sie liefert 5.492 Blutspenden zu Kosten von 539.500 DM. In der ersten Periode werden drei Container, in der zweiten Periode zwei Container mit dem entsprechenden Personal benötigt. Werbemaßnahmen werden nicht ergriffen.

Lazarus möchte wissen, wie die ursprünglich von ihm ins Auge gefaßte kosteneffektivste Lösung $A_{20}A$ mit 2.800 Blutspenden und Kosten von 269.984 DM nach dieser Bewertung abschneidet. In der Tabelle weist sie einen Wert von 0,576 auf. Die Lösung $A_{32}A$ liefert zusätzliche 2.692 Blutspenden mit zusätzlichen Kosten von 269.516 DM. Pro zusätzliche Spende macht das durchschnittlich 100,12 DM aus. Lazarus hat das Gefühl, daß der zusätzliche Ertrag diesen Preis wert ist.

Medicus möchte seinem Chef das Konzept der Nutzenmaximierung durch eine Graphik verständlich machen und zeichnet ein Diagramm, an dessen Achsen das Spendenaufkommen und die Kosten gemessen werden (Abb. 7). Jede Alternative ist durch einen Punkt in dem Diagramm repräsentiert, die Wertfunktion durch eine Schar von Indifferenzkurven.

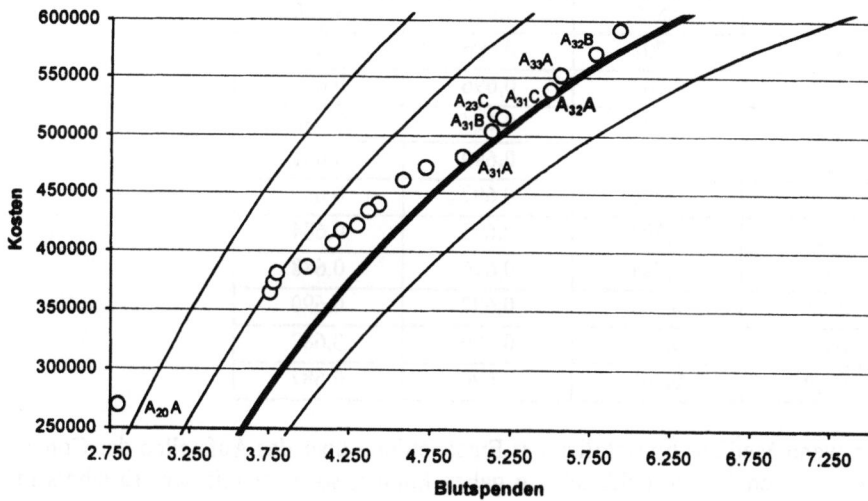

Abb. 7: Die Alternativen und Indifferenzkurven

Um eine Indifferenzkurvenschar zu ermitteln, wird die Bewertungsgleichung nach den Kosten aufgelöst. Verschiedene Wertniveaus werden durch Variation von V dargestellt. Ein höheres Nutzenniveau wird durch eine weiter rechts liegende Indifferenzkurve erreicht.

Für ein gegebenes Wertniveau von z. B. $V(x, y) = 0{,}4$ nimmt der Entscheider für 3.600 Blutspenden 669.382 DM Kosten in Kauf, bei einem Wertniveau von $V(x, y) = 0{,}5$ für dieselbe Anzahl von Spenden nur noch 511.528 DM.

Die optimale Alternative ergibt sich nun als Tangentialpunkt der Alternativenmenge mit einer möglichst weit rechts liegenden Indifferenzkurve, weil auf diese Weise Nutzenmaximierung erreicht wird.

Auch wenn sich einige Alternativen in ihrem Wert nur sehr geringfügig von $A_{32}A$ unterscheiden, muß Lazarus einräumen, daß seine ursprüngliche Wahl, die kosteneffiziente Alternative $A_{20}A$, nicht in Frage kommt.

Lazarus sieht anhand der Ergebnisse und der Graphik, daß die Entscheidung zwischen den Alternativen sehr eng ist und Medicus macht ihn darauf aufmerksam, daß bei kleinen Veränderungen bezüglich der Wertfunktion oder der Gewichte sich auch z. B. Alternative $A_{31}A$ oder $A_{31}B$ als optimale Wahl herausstellen könnte.

Bezüglich der Bewertung der Blutmenge ist Lazarus sich sicher und schließt eine veränderte Wertfunktion aus. Unsicher ist er allerdings darüber, ob seine Indifferenzblutmenge, die er zur Gewichtsbestimmung angegeben hat, nicht vielleicht doch etwas höher oder niedriger als die zunächst genannten 3.100 Spenden ist, und gibt diesbezüglich das Intervall von 2.850 – 3.150 Blutspenden an. Medicus führt eine Sensitivitätsanalyse durch und kann daraufhin Lazarus im Hinblick auf die Wahl der optimalen Alternative beruhigen. In dem vom Gebietsleiter genannten Intervall erweist sich Alternative $A_{32}A$ als immer vorteilhaft (siehe nachfolgende Tabelle). Für Lazarus bleibt das Aufstellen von drei Containern in der ersten und zwei Containern in der zweiten Woche die optimale Alternative.

Alternativen	Indifferenzblutmenge		
	2.850	3.000	3.150
$A_{31}A$	0,702	0,696	0,690
$A_{31}B$	0,703	0,696	0,690
$A_{31}C$	0,702	0,694	0,688
$A_{32}A$	0,707	0,699	0,691
$A_{32}B$	0,706	0,697	0,689
$A_{32}C$	0,704	0,693	0,684
$A_{33}A$	0,704	0,696	0,688
$A_{41}A$	0,705	0,697	0,690
$A_{41}B$	0,705	0,696	0,687
$A_{42}A$	0,705	0,696	0,687

Auch wenn Medicus hinsichtlich der Entscheidung über das Aufstellen der Container Lazarus entscheidende Hilfestellung geben konnte, so ist er mit dem Ergebnis nicht ganz zufrieden. Beim nochmaligen Nachdenken kommt ihm der Gedanke, daß eine Vergrößerung der Alternativenmenge durch eine Überlegung hinsichtlich des

Abbruchzeitraums der Aktion erreicht werden könne, da verschiedene Container an einigen Tagen nicht ausgelastet werden (das Spendenaufkommen liegt dann unter 200 Spenden pro Container). Vor dem Hintergrund der hohen tagesabhängigen Personalkosten möchte er sich vergewissern, ob Lazarus sich durch einen früheren Abbruch besser stellen könnte.

Zunächst rechnet Medicus eine Verkürzung von 14 auf 13 Tage für die Alternative $A_{31}A$ durch, da am 14. Tag der Container der zweiten Woche nicht mehr voll ausgelastet wird. Durch die Verkürzung würden nur noch 4.790 Spenden (= 4.949 – 159 Spenden) gesammelt, welche Kosten in Höhe von nur noch 466.750 DM (481.721 DM – 85 DM variable Kosten · 159 Spenden – 1.456 DM Personalkosten) verursachen. Durch Einsetzen dieser Werte in die Bewertungsgleichung ergibt sich ein Wert von 0,6839 im Vergleich zu 0,692 bei voller Länge der Aktion. Für Lazarus lohnt sich die Verlängerung um den 14. Tag.

Da durch den Einsatz der Werbemaßnahmen die Container besser ausgelastet sind, lohnt sich auch bei den Alternativen $A_{31}B$ und C eine Verkürzung der Aktion nicht.

Auch bezüglich der Alternativen, bei der zwei Container in der zweiten Woche eingesetzt werden, rechnet Medicus eine Verkürzung mit ein.

Bei Alternative $A_{32}A$ würde Container 2 der zweiten Woche einen Tag früher geschlossen, da er nicht mehr ausgelastet ist. Container 2 würde damit an Tag 13 geschlossen. Damit verzichtet Lazarus auf 65 zusätzliche Blutspenden und erhält nur noch 5.427 Blutspenden, die 532.519 DM (539.500 – 85 DM variable Kosten · 65 Spenden – 1.456 DM Personalkosten) verursachen. Durch das Einsetzen in die Bewertungsfunktion ergibt sich, daß Lazarus durch den Verzicht auf diese 65 Spenden einen Wertzuwachs von 0,000241 (0,69365 bei voller Länge im Vergleich zu 0,69389 bei einer Schließung des Containers) generiert. Eine Nutzenoptimierung könnte also durch die vorzeitige Schließung des zweiten Containers erreicht werden.

Eine weitere Verkürzung des zweiten Containers um einen Tag auf 12 Tage lohnt sich dagegen nicht. Hier würde Lazarus auf 108 zusätzliche Spenden verzichten, welche eine Kostenersparnis von 10.636 DM erbringen. In diesem Fall würde Lazarus auf einen Nutzen von 0,000347 (0,69389 bei 13 Tagen im Vergleich zu 0,69354 bei Schließung des zweiten Containers nach 12 Tagen) verzichten.

Auch bei der Alternative $A_{32}B$ würde sich eine vorzeitige Schließung des zweiten Containers in der zweiten Woche anbieten. Durch das Verkürzen der Aktion könnte Lazarus einen Nutzenzuwachs von 0,0005 erreichen. Dabei würde er im Vergleich zur vollen Laufzeit von 13 Tagen auf 100 Spenden verzichten und dabei Kosten in Höhe von 9.956 DM sparen. Bei einer früheren Schließung würde dann der Wert der Alternative von 0,6911 auf 0,6916 steigen. Eine weitere Verkürzung von 12 auf 11 Tage lohnt sich dagegen nicht mehr.

An der optimalen Alternative ändert sich jedoch nichts. Das Aufstellen von drei Containern in der ersten und zwei Containern in der zweiten Woche erweist sich weiterhin als optimale Alternative. Damit steht die Entscheidung, die Lazarus jetzt unmittelbar zu treffen hat, fest.

Wenn die Aktion im Gange ist, wird man sehen, wie die Spenderanzahl sich tatsächlich entwickelt. Die Frage, wann Container geschlossen werden, weil das erwartete zusätzliche Spendenaufkommen die zusätzlichen Kosten nicht mehr lohnt, wird sich dann erneut stellen und mit Hilfe der Wertfunktion beantwortet werden können.

Alternative von 0,6911 auf 0,6916 steigen. Eine weitere Verkürzung von 12 auf 11 Tage lohnt sich dagegen nicht mehr.

An der optimalen Alternative ändert sich jedoch nichts. Das Aufstellen von drei Containern in der ersten und zwei Containern in der zweiten Woche erweist sich weiterhin als optimale Alternative. Damit steht die Entscheidung, die Lazarus jetzt unmittelbar zu treffen hat, fest.

Wenn die Aktion im Gange ist, wird man sehen, wie die Spenderanzahl sich tatsächlich entwickelt. Die Frage, wann Container geschlossen werden, weil das erwartete zusätzliche Spendenaufkommen die zusätzlichen Kosten nicht mehr lohnt, wird sich dann erneut stellen und mit Hilfe der Wertfunktion beantwortet werden können.

FALLSTUDIE C

NIKLAS SIEBENMORGEN

Investitionsentscheidungen unter Unsicherheit: Risikoanalyse und Realoptionen

Stichwörter: Sensitivitätsanalyse – Monte-Carlo-Simulation – Realoptionen

1. Einleitung

Gerade Entscheidungen über Großprojekte gehören aufgrund ihrer enormen und langfristigen Auswirkungen auf die Ertragslage des Unternehmens zu den komplexesten betrieblichen Entscheidungen. Deshalb sind besonders auf diesem Gebiet Entscheidungsmechanismen sehr hilfreich, obwohl diese niemals alleinige Begründung für eine Annahme oder Ablehnung einer solch wichtigen strategischen Entscheidung sein dürfen.

Ziel des ersten Teils dieser Studie ist es, anhand eines konkreten, vereinfachten Beispiels eines Investitionsprojekts die Technik der Risikoanalyse darzustellen. Dabei werden die Sensitivitätsanalyse und die Monte-Carlo-Simulation beispielhaft als mögliche Techniken erläutert.

Im zweiten Teil werden dann dynamische Aspekte in das Modell integriert, die die Berücksichtigung von sogenannten Realoptionen bei der Investitionsentscheidung zulassen. Dabei wird das aus der Optionspreistheorie bekannte Binomialmodell verwendet, um die zeitliche Struktur des Problems zu modellieren. Es wird zu erkennen sein, daß Realoptionen nicht nur – wie allgemein bekannt – die Vorteilhaftigkeit einer Investition insofern beeinflussen, als sie den erwarteten Wert einer Investition erhöhen, sondern sie reduzieren auch deren Risiko und sollten deshalb bei einer Investitionsentscheidung auch formal mit berücksichtigt werden.

2. Risikoanalyse

Ein Automobilunternehmen steht vor der Entscheidung, neben seinem bisherigen, hauptsächlich auf große Limousinen ausgerichteten Sortiment nun auch einen Kleinwagen anzubieten, um die Produktpalette abzurunden. Bevor diese weitreichende Entscheidung getroffen wird, müssen zahlreiche Voraussetzungen und Argumente geprüft werden, wie z.B.

- strategische Gesichtspunkte: Inwieweit paßt das neue Modell in die bisherige Produktpalette, welche weitergehenden Zukunftschancen eröffnen sich? Wie ändert sich das Image des Unternehmens? Inwieweit paßt die Investition in das Gesamtportfolio des Unternehmens?
- Marketing-Gesichtspunkte: Welche Chancen hat der geplante Kleinwagen gegenüber schon angebotenen Modellen; welche Käufergruppen soll er ansprechen?
- Steuerliche Aspekte
- Finanzielle Aspekte: Wie rentabel, wie riskant ist die Investition?

Die im folgenden beschriebene Fallstudie beschäftigt sich mit den finanziellen Aspekten einer Investitionsentscheidung. Sie soll aufzeigen, wie die Frage nach der Vorteilhaftigkeit einer großen Investition unter Risiko behandelt werden kann.

3. Beispielmodell

Erster Schritt, um eine Analyse der Investition vorzunehmen, ist die Erstellung eines Modells, das die geplante Investition abbilden soll. Das hier verwendete Beispielmodell besteht aus drei Phasen. Da der neue Kleinwagen bereits als Prototyp vorliegt, beschränkt sich die erste Phase, die Planungsphase, auf die Planung des eigens für die Produktion dieses Modells zu errichtenden Werks. In der Konstruktionsphase soll dieses Werk gebaut und die Anlagen für die Produktion installiert werden. In der Betriebsphase wird das Auto tatsächlich produziert. Das Modell ist natürlich stark vereinfacht, kann aber ohne Probleme beliebig detailliert gestaltet werden. Aus dieser Struktur ergeben sich die unten angegebenen Einflußfaktoren für den Erfolg des Projekts. Die in der Tabelle angegebenen Punktschätzungen wurden durch eine sogenannte „Expertenbefragung" ermittelt, bei der Fachleute, wie z.B. Ingenieure oder Architekten, realistische Schätzungen für die Einflußfaktoren abgeben sollen.

		Punktschätzung
Planungsphase	Dauer	6 Monate
	Gesamtkosten	10.000.000 Euro
Konstruktionsphase	Dauer	10 Monate
	Gesamtkosten	50.000.000 Euro
Betriebsphase	Nutzungsdauer	24 Monate
	Absatz pro Monat	15.000
	Preis	10.000 Euro
	Variable Kosten	9.000 Euro
	Fixkosten pro Monat	5.000.000 Euro
Allgemeine Daten	Diskontierungszins	5 %

Legt man zunächst die Punktschätzungen zugrunde, ergibt sich – wie bei einer Investitionsentscheidung unter Sicherheit – folgender Zahlungsstrom[1] (Cashflow):

Monate	1-6	7-16	17-40
Cashflow	–1.666.666 Euro	–5.000.000 Euro	+10.000.000 Euro

Aus diesem läßt sich mit Hilfe des Diskontierungszinses von 5% ein Kapitalwert, der hier als die relevante Zielgröße der Investition dienen soll, von +25.943.300 Euro berechnen.

Dieser Wert ist aber aus zweierlei Gründen nicht aussagekräftig:

- Erstens ist die so ermittelte Ertragskennziffer in der Regel kein erwartungstreuer Schätzer für die Zielgröße Kapitalwert und unterliegt somit möglichen Verzerrungen.

---

[1] Während der Planungsphase und der Konstruktionsphase sollen die Gesamtkosten gleichmäßig über die Dauer des jeweiligen Projektabschnitts verteilt sein.

- Zweitens sagt dieser Wert nichts über das zugrundeliegende Risiko der Investition aus und erlaubt somit noch keine Entscheidungsempfehlung.

Im folgenden werden zwei mögliche Techniken der Risikoanlyse, die Sensitivitätsanalyse und die Monte-Carlo-Simulation, vorgestellt.

4. Sensitivitätsanalyse

Die Sensitivitätsanalyse ist ein erstes einfaches Verfahren, um das Risiko einer Investition abzuschätzen. Allerdings beschränkt sich die Aussagekraft der Ergebnisse eher auf die Erkenntnis, wie wichtig einzelne Einflußfaktoren sind, als daß eine Kennzahl für das Gesamtrisiko des Projekts ermittelt werden könnte. Dieses Ergebnis ist aber als wichtige Vorbereitung für andere Verfahren der Risikoanalyse zu werten.

Als Beispiel für eine Sensitivitätsanalyse sei hier die Methode der kritischen Werte durchgeführt. Beim eindimensionalen Vorgehen wird dabei jeweils ein Einflußfaktor so bestimmt, daß der Kapitalwert null ist, während alle anderen Einflußfaktoren mit der oben aufgeführten Punktschätzung belegt sind. Die folgende Tabelle listet für alle Einflußfaktoren die kritischen Werte auf, bei denen – ceteris paribus – das Projekt vom Erfolg zum Mißerfolg „umkippt".

		Punktschätzung
Planungsphase	Dauer	33-34 Monate
	Gesamtkosten	40.667.700 Euro
Konstruktionsphase	Dauer	10-11 Monate
	Gesamtkosten	95.024.200 Euro
Betriebsphase	Nutzungsdauer	10-11 Monate
	Absatz pro Monat	10.896
	Preis	9.726 Euro
	Variable Kosten	9.274 Euro
	Fixkosten pro Monat	9.104.100 Euro
Allgemeine Daten	Diskontierungszins	8,42 %

Die Werte zeigen, daß gerade Preis und variable Kosten sehr ertragssensitive Größen zu sein scheinen.

Die zweidimensionale Sensitivitätsanalyse variiert zwei Einflußfaktoren. Das zweidimensionale Vorgehen könnte für die Faktoren „Preis" und „Absatz" sinnvoll sein, um die Preisgestaltung optimal beeinflussen zu können. Abbildung 1 zeigt die Menge der kritischen Werte in Form einer Linie, die den vorteilhaften (+) von dem nicht vorteilhaften (–) Bereich trennt.

Die Punktschätzung liegt im vorteilhaften Bereich (positiver Kapitalwert).

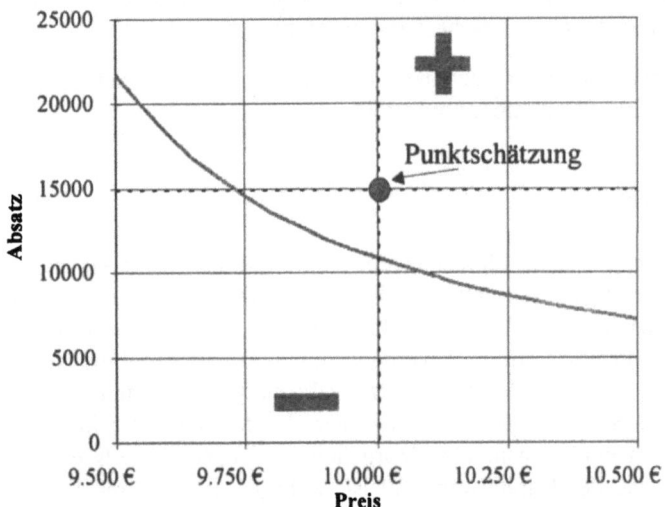

Abb. 1: Methode der kritischen Werte, 2-dimensionales Beispiel

Die Sensitivitätsanalyse erlaubt lediglich einen ersten Einblick, wie robust der Investitionserfolg bei den gegebenen Schätzungen ist. Es gehen aber noch in keiner Weise vermutete Wahrscheinlichkeitsverteilungen der Einflußfaktoren ein, welche erst eine genauere Untersuchung des Investitionsrisikos erlauben.

5. Risikosimulation

Um eine Risikosimulation durchzuführen, sind drei Schritte notwendig:

1. Zunächst muß ein formales Modell entwickelt werden, das das zu analysierende Großprojekt durch ein System von Gleichungen beschreibt, welches die Einflußfaktoren in den Cashflow der Investition transformiert. Daraus läßt sich dann eine Zielgröße (üblicherweise der Kapitalwert) für das Projekt berechnen.
2. Für alle Einflußfaktoren sind Wahrscheinlichkeitsverteilungen festzulegen, die entweder durch historische Daten geschätzt oder mittels subjektiver Verteilungsannahmen ermittelt werden. Wieviel Aufwand dabei getrieben wird, diese Verteilungen zu ermitteln, sollte zunächst durch eine Sensitätsanalyse abgewogen werden.
3. In mehreren Durchläufen zieht ein Zufallszahlengenerator entsprechend den festgelegten Verteilungen Stichproben aller Einflußfaktoren; anhand dieser Ausprägungen wird mittels des Projektmodells die vorher zu bestimmende Zielgröße[2] berechnet und ausgewertet. So läßt sich durch oftmaliges Wiederholen ein simuliertes Risikoprofil oder zumindest eine wichtige statistische Kennzahl der Zielgröße berechnen.

---

[2] Es sind durchaus auch mehrere (konkurrierende) Zielgrößen denkbar.

Investitionsentscheidungen unter Unsicherheit: Risikoanalyse und Realoptionen

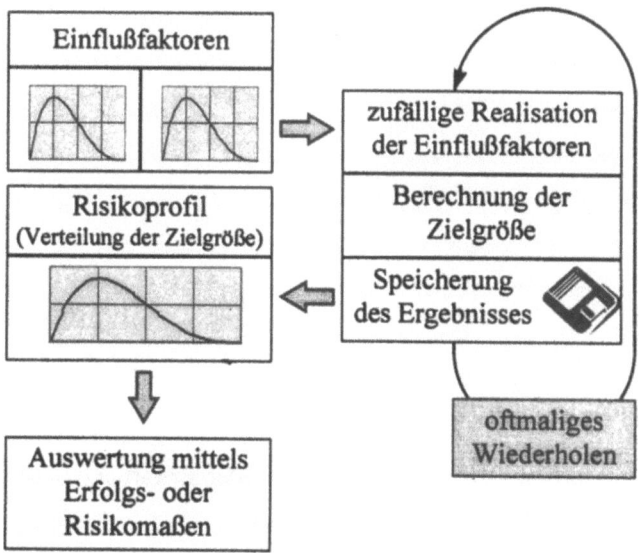

Abb. 2: Risikosimulation

Die Risikosimulation erlaubt es, aus gegebenen Wahrscheinlichkeitsverteilungen der Einflußfaktoren ein Risikoprofil zu berechnen, ohne nach der analytisch korrekten Lösung suchen zu müssen. Die Frage zu erörtern, wie die Wahrscheinlichkeitsverteilungen z.B. mittels Expertenbefragungen stabil ermittelt werden können, würde hier zu weit führen. Diese seien im hier beschriebenen Beispiel wie folgt gegeben. Folgende Faktoren werden als betaverteilt angenommen, mit den Parametern:

		Untergrenze	Obergrenze	Modalwert
Planungsphase	Dauer	5	8	6
Konstruktionsphase	Dauer	8	15	10
Betriebsphase	Nutzungsdauer	18	36	24
Allg. Daten	Diskontierungszins	4,50%	7,00%	5,00%

Die Dichtefunktion einer betaverteilten Zufallszahl t mit den Parametern α, β, ug (Untergrenze) und og (Obergrenze) lautet:

$$f(t) = \begin{cases} \dfrac{(t-ug)^\alpha (og-t)^\beta}{(og-ug)^{\alpha+\beta+1} B(\alpha+1,\beta+1)}, & \text{falls } ug \leq t \leq og \\ 0 & \text{sonst} \end{cases}$$

Dabei ist B die sogenannte Betafunktion, die sich aus der Gammafunktion Γ errechnen läßt.

Die Betaverteilung zeichnet sich dadurch aus, daß sie nur zwischen der Untergrenze ug und der Obergrenze og eine positive Dichte hat, desweiteren unimodal, d.h. eingipflig und stetig ist.

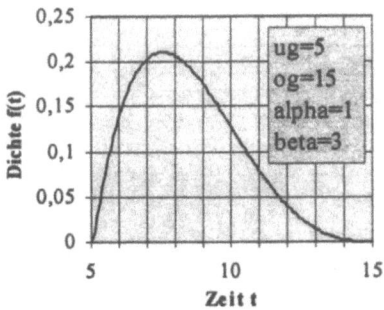

Abb. 3: Beispiel Betaverteilung

Aus dieser Dichte lassen sich der Modalwert m, der Erwartungswert $E(X)$ und die Varianz $Var(X)$ ermitteln:

$$m = \frac{\beta \cdot ug + \alpha \cdot og}{\alpha + \beta} \qquad E(X) = \frac{(\beta+1) \cdot ug + (\alpha+1) \cdot og}{\alpha + \beta + 2}$$

$$Var(X) = \frac{(\alpha+1) \cdot (\beta+1)}{(\alpha+\beta+2)^2 \cdot (\alpha+\beta+3)} \cdot (og - ug)^2$$

Da sich die Parameter α und β nur schwer bestimmen lassen, wird zur Vereinfachung oft α+β=4 festgesetzt, was insbesondere bei vielen realen Vorgangsdauer-Verteilungen annähernd erfüllt ist.

Unter dieser Voraussetzung kann man sich zur Bestimmung der Verteilung auf die einfacher durchzuführende Schätzung der Obergrenze og, der Untergrenze ug und des Modalwerts m beschränken, denn Erwartungswert und Varianz ergeben sich dann auch mittels:

$$E(X) = \frac{ug + 4m + og}{6} \quad \text{und}$$

$$Var(X) = \frac{(og - ug)^2}{28} - \frac{(ug + og - 2m)^2}{63}$$

Die übrigen Faktoren seien normalverteilt:

T€ = Tausend Euro		Erwartungswert	Standardabw.
Planungsphase	Gesamtkosten	10.000 T€	2.000 T€
Konstruktionsphase	Gesamtkosten	50.000 T€	15.000 T€
Betriebsphase	Absatz pro Monat	1.500	2.000
	Preis	10.000 Euro	200 Euro
	Variable Kosten	9.000 Euro	200 Euro
	Fixkosten pro Monat	5.000 Euro	1.000 Euro

Wertet man diese Annahmen über eine Risikosimulation (mit jeweils 30.000 Simulationsläufen) aus, so ergibt sich folgendes Risikoprofil:

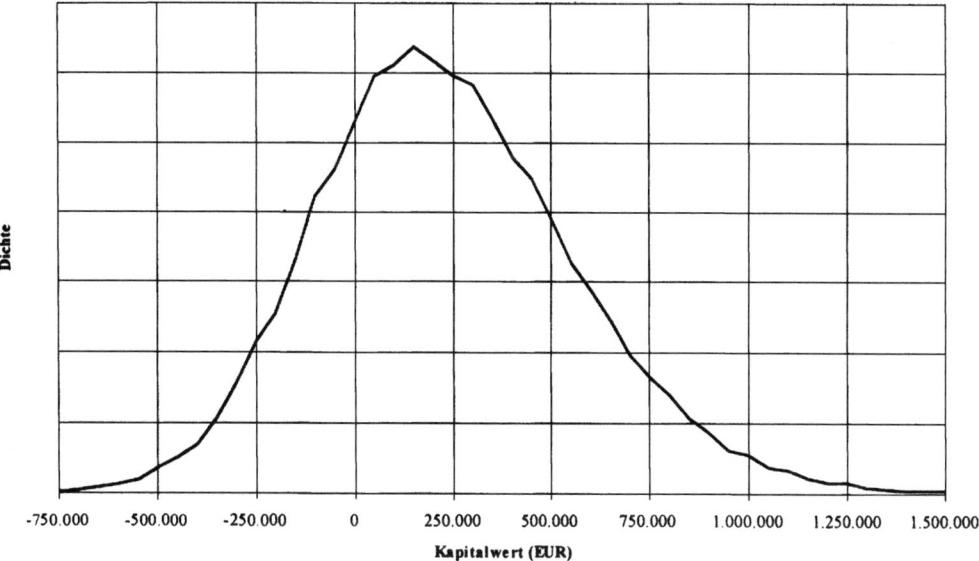

Abb. 4: Simuliertes Risikoprofil (30.000 Simulationsläufe)

6. Auswertung

Für den erwarteten Kapitalwert (NPV = Net Present Value) ergibt sich:

$$E(NPV) = 236.000 \text{ Euro}$$

Um eine Investitionsentscheidung vorbereiten zu können, wird in der Praxis gerne auf Risikokennzahlen wie z.B. die Standardabweichung zurückgegriffen. Für die oben durchgeführte Simulation ergibt sich als Standardabweichung:

$$Stdw(NPV) = 331.373$$

Rational ist es, eine Nutzenfunktion zu bestimmen und mittels dieser Nutzenfunktion die beiden Alternativen „Investition durchführen" und „Investition nicht durchführen" zu vergleichen. Angenommen sei folgende Nutzenfunktion:

$$u(x) = -e^{\frac{-x}{1.000.000}}$$

Es ergibt sich für die Alternative „Investition nicht durchführen" ein Nutzenwert von −1 und für die aus der Risikosimulation erzeugten Daten ergibt sich für die Alternative „Investition durchführen" ein Erwartungsnutzen von −0,833 (Sicherheitsäquivalent = +182.722 Euro). Somit ist die Investition vorteilhaft.

7. Realoptionen

7.1 Einführung

Ein wichtiges Entscheidungskriterium während der Planungsphase eines Großprojektes sollte sein, inwieweit während des Projektes flexibel auf neue Situationen reagiert werden kann. Diese zeitliche Flexibilität kann mit Hilfe der sogenannten Realoptionen modelliert und somit auch ansatzweise bewertet werden.

Realoptionen zu berücksichtigen bedeutet, ein besonderes Modell zu verwenden, das die zeitliche Flexibilität der Entscheider mitberücksichtigt und beginnt demnach bereits in der Phase der Modellbildung.

7.2 Was sind Realoptionen?

Die bisher beschriebenen Verfahren gehen von zu Beginn des Projektes festgelegten, zu diesem Zeitpunkt optimalen, aber nicht mehr revidierbaren Handlungsentscheidungen aus und bewerten den (unsicheren) Zahlungsstrom, der sich aufgrund dieser Handlungen ergibt. Bei diesem Verfahren bleibt völlig außer Acht, daß das Management aber während des Projektes Entscheidungen anpassen oder ändern kann, d.h. das Recht oder die Option hat, den geplanten Projektverlauf zu ändern, nachdem zusätzliche Informationen verfügbar wurden.

Beispiele dieser Handlungsspielräume, die Realoptionen genannt werden, sind:

- **Verschiebung des Projektstarts (Verzögerungs-Realoption)**
  Sind noch zu wenig Informationen vorhanden, um die Erfolgschancen eines Projektes richtig einschätzen zu können, kann das Management den Projektstart in vielen Fällen verzögern, um noch keine endgültige Entscheidung fällen zu müssen. Diese Option wird als Verzögerungs-Realoption bezeichnet.

- **Verkürzen/Verlängern der Projektdauer**
  Nach den einzelnen Phasen eines Projektes zeichnet sich deutlicher ab, ob das Projekt ein Erfolg oder Mißerfolg werden kann. Auch hieraus läßt sich eine Realoption ableiten: das Recht der Entscheidungsträger, die Dauer des Projekts zu beeinflussen.

- **Projektaufgabe und evtl. Wiederaufnahme (Ausstiegs- bzw. Stillegungs-Realoption)**
  Das Management hat das Recht, ein Projekt abzubrechen und somit bei Unrentabilität weitere Kosten einzusparen.
  Darüber hinaus besteht aber auch die Möglichkeit, die Investition nur vorübergehend stillzulegen, um sich somit die Option einer Weiterführung des Projekts zu erhalten. Diese Alternative ist vorzuziehen, falls eine Wiederaufnahme wahrscheinlich ist und außerdem billiger als ein Neustart des Projekts ist.

- **Ausdehnen/Kürzen der Kapazität (Wachstums- bzw. Schrumpfungs-Realoption)**
  Größere Kapazitäten erhöhen die economies of scale, während kleinere Kapazitäten die Flexibilität erhalten und das Risiko begrenzen. Die Wachstums- bzw. Schrumpfungs-Realoption beschreibt das Recht, im Laufe einer Investition die Kapazität der dann erkennbaren Marktnachfrage anzupassen.

Investitionsentscheidungen unter Unsicherheit: Risikoanalyse und Realoptionen 43

- **Anderweitige Nutzung der Investition (Switch-Realoption)**
  Erweist sich eine Investition als wenig gewinnbringend, gibt es aber die Möglichkeit, das investierte Kapital ohne größeren Aufwand anderweitig sinnvoller zu nutzen, so spricht man von der Switch-Realoption. Dieses Recht beschreibt die Möglichkeit des Managements, das ursprünglich definierte Projektziel vollständig zu revidieren, ohne das Projekt abzubrechen.
  So wäre die Umstellungsmöglichkeit einer Produktionsanlage auf andere Produktklassen ein Beispiel für diese Art der zeitlichen Flexibilität.

Die folgenden Beispiele werden zeigen, wie man Realoptionen in ein Modell abbilden kann. Die so ermittelten Ergebnisse belegen, daß Realoptionen entscheidungsrelevant sind – entscheidungsrelevant aus zweierlei Gründen:

1. Realoptionen wirken sich *werterhöhend* auf eine Investition aus. Dies ergibt sich aus ihrem Optionscharakter: Sie stellen ein (kostenloses) Recht der Unternehmung dar, Entscheidungen während des Projektes zu revidieren und müssen somit einen positiven Wert besitzen.
2. Darüber hinaus werden die Berechnungen zeigen, daß sie auch bei der Risikoanalyse von Großprojekten mitzuberücksichtigen sind, da sie einen stark *risikoreduzierenden* Effekt haben können und somit auch aus diesem Grund entscheidungsrelevant sind.

Die Optionspreistheorie bietet zahlreiche Möglichkeiten, Optionen aller Art zu bewerten. Ein bekanntes Bewertungsmodell, das sich auch zur Bewertung von Realoptionen ausnutzen läßt, ist das diskrete Binomialmodell, das hier verwendet werden soll.

7.3 Modellierung einer Ausstiegs-Realoption

7.3.1 Modellbeschreibung

Das Automobilunternehmen prüft, neben dem geplanten Kleinwagen ein noch kleineres Stadtauto zu produzieren. Aufgrund der schon geschehenen Vorbereitungen und Marktstudien werden für die Überprüfung der Rentabilität und des Risikos dieses Projekts lediglich die Herstellkosten k als unsicher angenommen. Die Planungsphase für das Werk ist bereits abgeschlossen. Monatlich sollen 5000 Autos produziert werden, die zum Preis von 10.000 Euro d Monate lang verkauft werden können. Desweiteren sei der risikolose Zins 1% pro Monat. Um das Projekt zu realisieren, müssen b Monate lang Investitionsbeträge in Höhe von 1.000.000 Euro aufgebracht werden.

Die Variable „Herstellkosten" wird nun über einen Binomialbaum modelliert, der ausgehend von einem Zustand entweder einen Schritt nach oben erlaubt, der mit Wahrscheinlichkeit p eintritt und die Kosten um den Faktor u (>1) erhöht oder einen Schritt nach unten zuläßt, der mit Wahrscheinlichkeit $(1-p)$ eintritt und die Kosten senkt, indem sie mit dem Faktor $(1/u)$ multipliziert werden.

7.3.2 Vereinfachtes Beispiel

Um zunächst das Prinzip der Realoption zu erklären, sei nachfolgendes einfaches Beispiel beschrieben, das lediglich von einer Verkaufsdauer von einem Monat und einer Bauphase von zwei Monaten ausgeht.

Einheiten: $x = 5.000$
Verkaufspreis: $v = 10.000$ Euro
Anfängliche Kostenschätzung: $k = 9.000$ Euro
Verkaufsdauer: $d = 1$ Monat
Zinssatz: $i = 1\%$ pro Monat
Bauphase: $b = 2$ Monate
Investitionskosten: $I = 1.000.000$ Euro pro Monat
Wahrscheinlichkeit: $p = 0,5$
Faktor: $u = 1,1$

Der Baum der Herstellkosten sieht demnach wie folgt aus:

Entwicklung der Herstellkosten   *Gewinn aus Produktion*

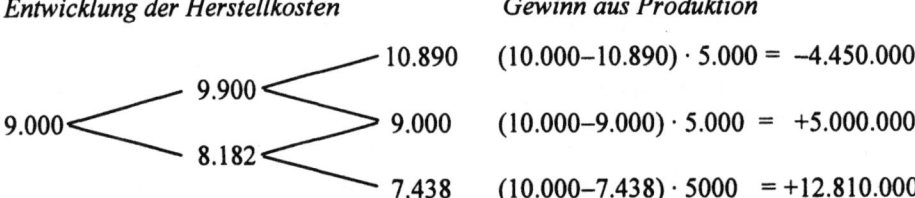

(10.000−10.890) · 5.000 = −4.450.000
(10.000−9.000) · 5.000 = +5.000.000
(10.000−7.438) · 5000 = +12.810.000

Läßt man die Realoption „Möglichkeit des Ausstiegs" unbeachtet, so ergibt sich als Erwartungswert für den Produktionsgewinn:

0,25 · 12.810.000 + 0,5 · 5.000.000 + 0,25 · (−4.450.000) = 4.590.000 Euro

Addiert man die Investitionsausgaben hinzu und diskontiert den so ermittelten Zahlungsstrom (−1.000.000, −1.000.000, +4.590.000), ergibt sich als Erwartungswert für den Kapitalwert 2.509.500 Euro.

Die Ausstiegs-Realoption ist das Recht, jederzeit aus dem Projekt auszusteigen. Da für den mit der Wahrscheinlichkeit 25% belegten Fall, daß die Herstellkosten 10.890 Euro betragen, eine Produktion nicht rentabel ist, wird in diesem Fall die Realoption ausgeübt, d.h. das Projekt abgebrochen. Dadurch verbessert sich der Kapitalwert genau um das diskontierte Produkt $0,25 · 4.450.000$ Euro $/ 1,01^2 = 1.090.600$ Euro (=Wert der Realoption) und steigt auf 3.600.100 Euro.

7.3.3 Bewertung und Risikorelevanz

Genau nach dem Prinzip, wie es für den zweistufigen Binomialbaum gezeigt wurde, läßt sich auch das tatsächliche, komplexere Problem mit einer Bauphase von 10 Monaten und einer Verkaufsphase von 60 Monaten lösen. Es wird sich zeigen, daß Realoptionen nicht nur den Wert einer Investition erhöhen, sondern auch das Risiko reduzieren, indem sie zwar das „upside potential" erhalten, das „downside risk" aber beseitigen. Die veränderten Parameter lauten:

Anfängliche Kostenschätzung: $k = 9.250$ Euro
Verkaufsdauer: $d = 60$ Monate
Bauphase: $b = 10$ Monate
Investitionskosten: $I = 10.000.000$ Euro pro Monat
Wahrscheinlichkeit: $p = 0,5$
Faktor: $u = 1,02$

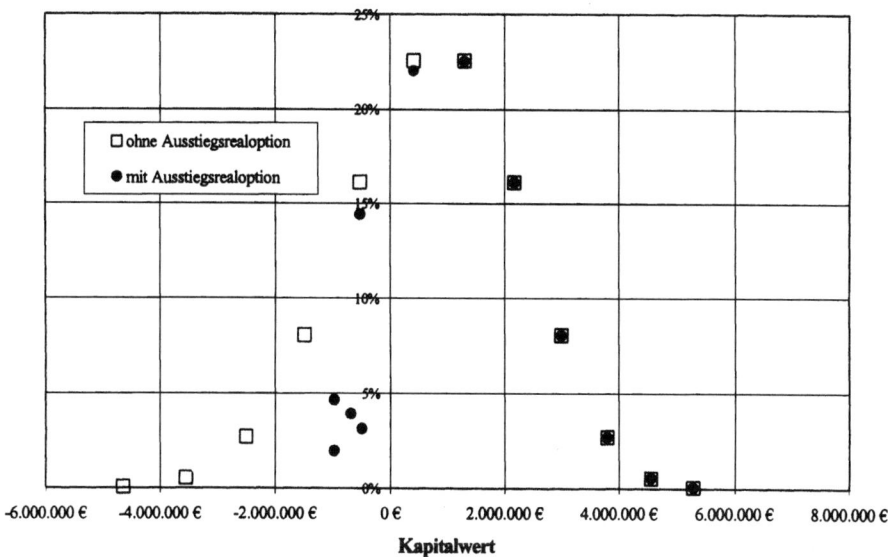

Abb. 5: Wahrscheinlichkeitsverteilung der Ausstiegs-Realoption

Abbildung 5 zeigt die Ergebnisse und deren Wahrscheinlichkeiten, die sich aus diesem 10-stufigen Baum ergeben – sowohl für den Fall der Berücksichtigung der Realoptionen als auch für den Fall, daß sie nicht berücksichtigt werden. Abbildung 6 zeigt die kumulierte Wahrscheinlichkeitsverteilung.

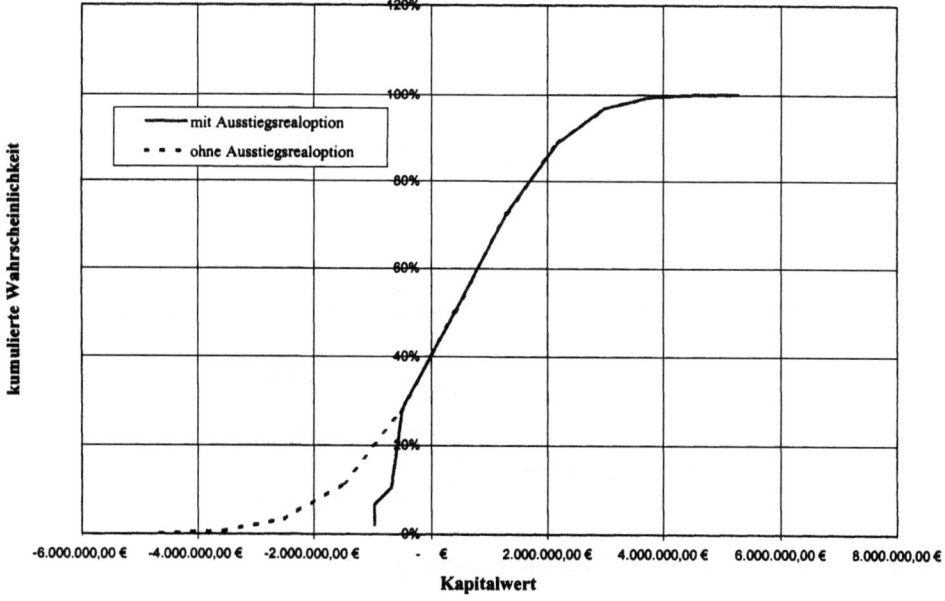

Abb. 6: Kumulierte Wahrscheinlichkeiten der Ausstiegsrealoption

Der erwartete Kapitalwert ohne Berücksichtigung der Ausstiegsrealoption beträgt 814.224 Euro. Wird die Realoption berücksichtigt, steigt der erwartete Kapitalwert um 108.724 (= Wert der Realoption) auf 922.948 Euro.

Die Sicherheitsäquivalente zeigen ebenfalls sehr schön, wie wichtig die Berücksichtigung von Realoptionen sein kann. Das Sicherheitsäquivalent einer Verteilung von Kapitalwerten beschreibt denjenigen sicheren Kapitalwert, der denselben Nutzen stiftet wie die Verteilung der Kapitalwerte. Dafür ist natürlich eine Nutzenfunktion anzunehmen und wir greifen dafür wieder auf die bereits oben eingeführte Funktion zurück. Es ergibt sich bei dieser Nutzenfunktion, daß die Investition – ohne Berücksichtigung der Ausstiegsrealoption – ein Sicherheitsäquivalent von −359.007 Euro aufweist, also den gleichen Nutzen stiftet wie ein sicherer Verlust von 359.007 Euro. Wird die Realoption aber berücksichtigt, ändert sich die Verteilung – wie die Abbildungen zeigen – und das Sicherheitsäquivalent steigt auf 253.249 Euro. Die Berücksichtigung der Realoption ändert also die Bewertung der Investition fundamental.

7.4 Modellierung einer Verzögerungs-Realoption

7.4.1 Vereinfachtes Beispiel

Ausgehend von derselben Problemstellung und den gleichen Parametern wie im ersten Modell soll hier das Recht modelliert werden, den Projektstart hinauszögern zu können. Wieder seien die variablen Stückkosten k über einen Binomialbaum modelliert und die übrigen Parameter wie in dem einfachen Beispiel oben belegt. Als zusätzliche Restriktion sei gegeben, daß der Projektstart maximal zwei Monate verzögert werden darf. Für jeden der sechs Baumzustände läßt sich ein erwarteter Gewinn berechnen, falls genau in diesem Zustand das Projekt begonnen wird. Beispielsweise ergibt sich der erwartete Kapitalwert im Zustand in $t=2$ nach zweimaligem Kostenanstieg auf 10.890:

$$E(NPV) = \frac{-1.000.000}{1{,}01^2} + \frac{-1.000.000}{1{,}01^3} +$$

$$+ \frac{5.000 \cdot (0{,}25 \cdot (10.000 - 13.177) + 0{,}5 \cdot (10.000 - 10.890) + 0{,}25 \cdot (10.000 - 9.000))}{1{,}01^4}$$

$$= -6.704.015$$

Erwarteter Kapitalwert $E(NPV)$ bei Projektbeginn in den jeweiligen Zuständen:

```
                            -6.704.015
              -1.922.858  <
+2.509.440  <               +2.459.994
              +6.491.368  <
                            +10.033.555
```

Die Handlungsstrategie in $t=2$ läßt sich sofort angeben:

Investitionsentscheidungen unter Unsicherheit: Risikoanalyse und Realoptionen 47

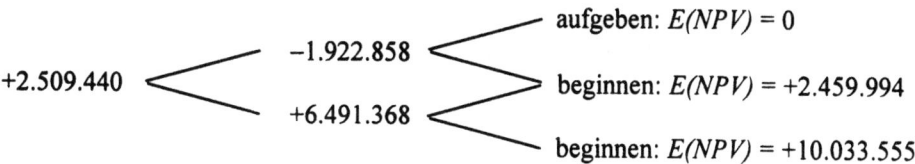

Daraus folgt, daß in $t=1$, falls die Herstellungskosten gestiegen sind, besser gewartet wird, um somit eine 50%ige Chance auf den Zustand „Beginnen mit erwartetem Kapitalwert von 2.459.994" zu haben. Im Falle der Kostensenkung sollte sofort begonnen werden, da der erwartete Kapitalwert bei weiterer Verzögerung des Projektes (0,5 · 2.459.994 + 0,5 · 10.033.555 = 6.246.775) kleiner ist als bei sofortigem Beginn.

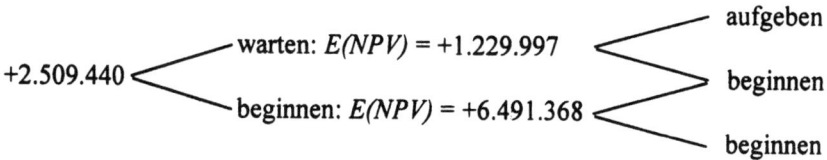

Somit macht es Sinn, in $t=0$ zu warten, da das Mittel der erwarteten Kapitalwerte in den beiden Zuständen in $t=1$ (3.860.683 Euro) den erwarteten Kapitalwert bei sofortigem Beginn in $t=0$ um 1.351.243 Euro (= Wert der Verzögerungsrealoption) übersteigt:

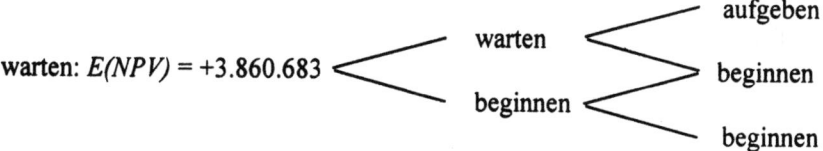

Auch dieses Beispiel zeigt also, daß Realoptionen den Wert der Investition erhöhen.

7.4.2 Bewertung und Risikorelevanz

Die Auswertung der tatsächlichen Parameter läßt die Ertrags- und Risikoeffekte dieser Realoption erkennen.

Einheiten:	$x = 5.000$
Verkaufspreis:	$v = 10.000$ Euro
Anfängliche Kostenschätzung:	$k = 9.250$ Euro
Verkaufsdauer:	$d = 60$ Monate
Zinssatz:	$i = 1\%$ pro Monat
Bauphase:	$b = 10$ Monate
Investitionskosten:	$I = 10.000.000$ Euro pro Monat
Wahrscheinlichkeit:	$p = 0,5$
Faktor:	$u = 1,02$

Es ergibt sich damit das Risikoprofil in Abbildung 7. Ein Vergleich sowohl der Erwartungswerte als auch der Sicherheitsäquivalente zeigt wieder große Unterschiede zwischen den beiden Modellvarianten: Die Berücksichtigung der Verzögerungsrealoption erhöht den erwarteten Kapitalwert von 814.224 Euro auf 1.054.371 Euro, also um 240.147 Euro (= Wert der Realoption). Auch das Sicherheitsäquivalent steigt wieder beträchtlich von –359.007 Euro auf +120.313 Euro um 479.320 Euro.

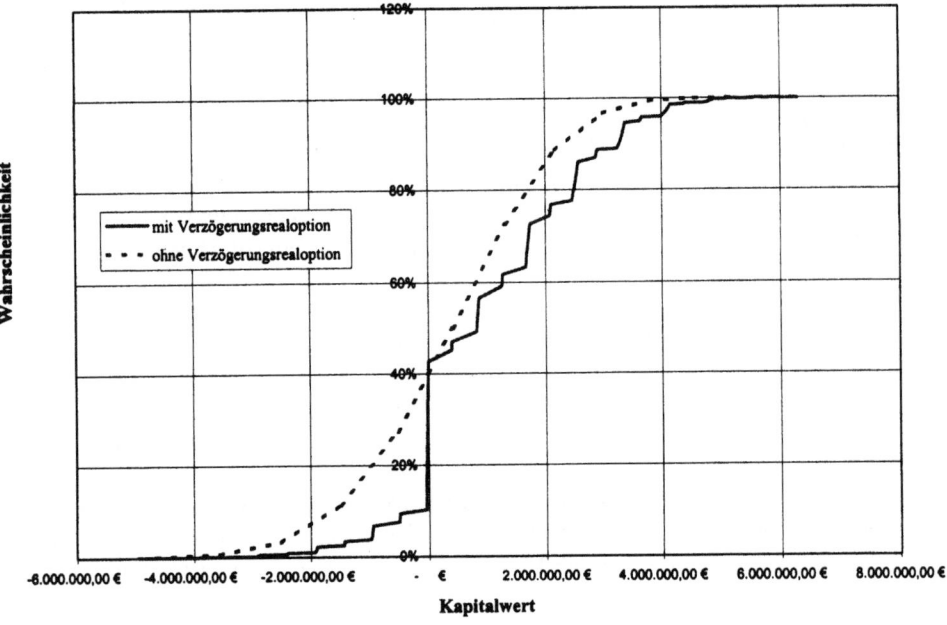

Abb. 7: Kumulierte Wahrscheinlichkeiten der Verzögerungs-Realoption

8. Fazit

Entscheidende Erkenntnis aus den dargestellten Risikoprofilen ist, daß Realoptionen nicht nur den Wert einer Investition erhöhen, sondern auch das Investitionsrisiko reduzieren können. Grund für diese Risikoreduzierung ist im Falle der Ausstiegsrealoption das Recht, gerade die schlechten Fälle, in denen der Kapitalwert negativ würde, wegzulassen; im Falle der Verzögerungsrealoption ist es die Möglichkeit, bei schlechter Marktentwicklung abzuwarten oder das Projekt ganz aufzugeben. Insgesamt verändert die Modellierung der Realoptionen das Risikoprofil, also die Verteilung des Investitionskapitalwerts, und kann deshalb die Entscheidung für oder gegen die Investition maßgebend verändern. Die Beispiele haben deutlich gezeigt, daß – wenn man eine Nutzenfunktion zur Evaluation der Investition benutzt – die unterschiedlichen Modellansätze zu unterschiedlichen Handlungsempfehlungen führen können. Bei Berücksichtigung der Realoptionen ergab sich ein positives Sicherheitsäquivalent, d.h. die Investition wurde wie ein sicherer Gewinn bewertet und wäre somit dem Management zu empfehlen. Ohne die Realoptionen jedoch blieben die Sicherheitsäquivalente unter null, d.h. sie bewerteten die Investition genauso gut wie einen sicheren Verlust.

Die Modellierung gerade bei großen Vorhaben kann also die spätere Handlungsempfehlung empfindlich verändern. Deshalb sollte zu Beginn einer solchen Analyse ausreichend Zeit verwendet werden, um die entscheidenden Einflußgrößen, aber auch die wichtigen Realoptionen zu identifizieren, um sie dann sinnvoll berücksichtigen zu können.

FALLSTUDIE D

LARS NORDEN

Gewährung und Gestaltung einer Fremdfinanzierung – Entscheidungen in der Kreditpraxis

Stichwörter: Multiattributive Wertfunktion – Wahrscheinlichkeitsgenerierung – Sensitivitätsanalyse

1. Einleitung

Im Kreditgeschäft haben Banken weitreichende Entscheidungen unter Unsicherheit zu treffen. Typische Beispiele hierfür sind: An wen sollen Kredite vergeben bzw. nicht vergeben werden? Soll eine Bank selbst Kapital verleihen oder eine Kapitalmarktfinanzierung vermitteln? Wie werden die Konditionen einer Finanzierung gestaltet?

Im Rahmen dieser Fallstudie werden die Entscheidungen über Gewährung und Gestaltung einer Fremdfinanzierung nacheinander thematisiert.[1] Im ersten Schritt wird die grundsätzliche Entscheidung über die *Gewährung einer Fremdfinanzierung* der W-Bank AG an die I-AG dargestellt. Dafür wird zunächst die I-AG porträtiert und erklärt, in welchem Zusammenhang der Finanzierungsbedarf steht. Danach wird gezeigt, wie die W-Bank AG ihr internes Ratingsystem, welches einer multiattributiven Wertfunktion entspricht, zur Entscheidungsunterstützung verwendet. Die Zwischenergebnisse dieser Kreditanalyse werden anschließend mit Hilfe einer Kreditvorlage dokumentiert.

Im zweiten Schritt ist über die *Gestaltung der Fremdfinanzierung* zu entscheiden. Dabei werden Aussagen zu Zielen, Alternativen, Zuständen und Konsequenzen gemacht, um die Situation möglichst vollständig und eindeutig zu beschreiben. Die relevanten Entscheidungsparameter werden identifiziert, geschätzt und ein Lösungsweg mit Hilfe eines Entscheidungsbaumes vorgeschlagen. Die Robustheit der optimalen Lösung wird anschließend mit Hilfe einer Sensitivitätsanalyse überprüft.

Nach der Lektüre dieser Fallstudie sollte deutlich geworden sein, daß die Einhaltung einer gewissen „prozeduralen Rationalität" Entscheidungen im Kreditgeschäft verbessern kann.

2. Die wirtschaftliche Situation der I-AG

Die I-AG ist europäischer Marktführer in der industriellen Herstellung von Auto- und Gerätebatterien und hat ihren Firmensitz und Börsennotierung in Deutschland. Die

---

[1] In der Praxis handelt es sich allerdings um ein simultanes und interaktives Entscheidungsproblem. Die sequentielle Darstellung geschieht aus Gründen der Übersichtlichkeit. Ferner wird angenommen, daß die Bank eine Individualentscheidung über ein aus ihrer Sicht optimales und verbindliches Finanzierungsangebot zu treffen hat. Auf eine Interaktion mit dem Kreditnehmer wird daher in dieser Fallstudie nicht eingegangen.

Batterien werden an Einzelhandelsketten, die Automobilindustrie und die Mineralölindustrie (Vertrieb über das Tankstellennetz) verkauft. In beiden Geschäftsfeldern ist die derzeitige Marktsituation angespannt. Die Gründe hierfür sind: 1. Der zunehmende Kostendruck bei den Abnehmern schlägt auf die Absatzpreise der Batterien durch, 2. die Produktionskosten einer Autobatterie werden erheblich durch den Weltmarktpreis von Blei bestimmt, 3. die Produktion, Lagerhaltung und Distribution von Autobatterien muß dezentral über ganz Europa erfolgen, da lange Transporte von einer zentralen Produktionsstätte sehr kostenintensiv und qualitätsmindernd wären. Das Geschäftsfeld Autobatterien erfordert daher eine moderne Logistik und ein genaues Controlling der dezentralen Aktivitäten. Daneben versucht die I-AG das Risiko eines steigenden Bleipreises durch Absicherungen am Terminmarkt zu mindern und mit Hilfe von längerfristigen Verträgen mit der Automobilindustrie das Absatzvolumen zu sichern. Bei den Gerätebatterien erweist sich die stark zunehmende Niedrigpreiskonkurrenz asiatischer Hersteller als größte Bedrohung. Die I-AG versucht mit einer offensiven Marken- und Qualitätspolitik dagegen anzugehen.

Die Finanzlage der I-AG hat sich bis zum letzen Geschäftsjahr kontinuierlich verschlechtert. Aufgrund dieser Entwicklung wurde auf der Hauptversammlung 1999 ein neues Management eingesetzt. Verschiedene Restrukturierungsmaßnahmen im Produktions- und Absatzbereich wurden seitdem eingeleitet und tragen erste Früchte.

Vor diesem Hintergrund bittet die Finanzabteilung der I-AG die W-Bank AG um Bereitstellung einer kurzfristigen Fremdfinanzierung in Höhe von 50 Mio. € zur Unterstützung der Restrukturierungsmaßnahmen und gleichzeitigen Sicherstellung ihrer Liquidität. Der Kundenbetreuer der W-Bank AG kontaktiert daraufhin den für die I-AG zuständigen Kreditanalysten. Dieser hat die Aufgabe, die Bonität des Unternehmens zu analysieren und die Ergebnisse in einer Kreditvorlage zusammenzufassen. Zeichnet sich während der Kreditwürdigkeitsprüfung ab, daß eine Kreditvergabe in Erwägung zu ziehen ist, entwickelt der Kundenbetreuer in Zusammenarbeit mit dem Kreditanalysten mögliche Gestaltungsalternativen für das Kreditangebot. Aus diesen wird dann das für die Bank optimale Angebot ausgewählt, dem Vorstand zur Genehmigung vorgelegt und das Ergebnis der I-AG unterbreitet.

3. Die Entscheidung über die Gewährung einer Fremdfinanzierung

3.1 Zielsystem der W-Bank AG

Das Gesamtzielsystem einer Bank ist relativ komplex. In einem Lehrbuch der Bankbetriebslehre würde dessen Beschreibung etwa wie folgt lauten: Die W-Bank AG ist eine Universalbank und verfolgt als Fundamentalziel, Wert für ihre Aktionäre zu schaffen, indem der Gewinn gesteigert wird. Das Gewinnziel auf der Gesamtbank-Ebene wird durch die Verfolgung von Unterzielen für Erlöse und Kosten einerseits und Risikoziele anderseits operationalisiert. Abbildung 1 stellt die Beziehungen zwischen den Ober- und Unterzielen schematisch dar:

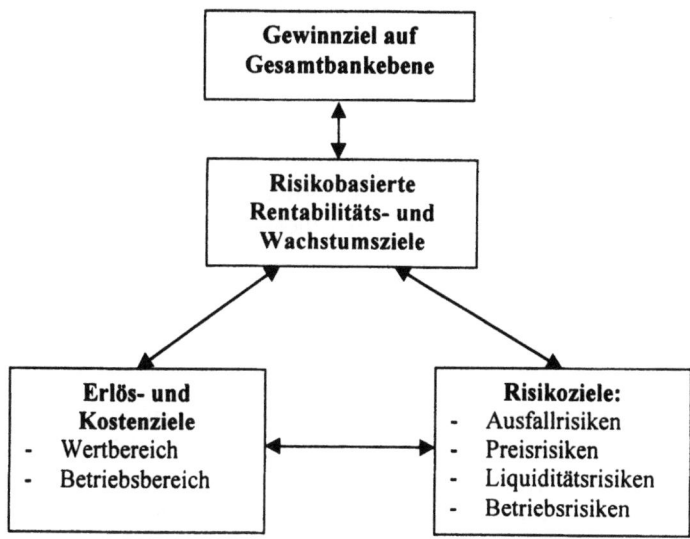

Abb. 1: Gesamtzielsystem der W-Bank AG

In dieser Fallstudie wird allerdings nicht weiter auf das Gesamtzielsystem der W-Bank AG bezug genommen. Stattdessen wird in diesem Teil ausschließlich das Zielkriterium „Ausfallrisiko" (unten rechts in Abbildung 1) als Grundlage für die Entscheidung über die *Gewährung einer Fremdfinanzierung* herangezogen. Die W-Bank AG wird daher zunächst untersuchen, ob die I-AG ein akzeptables oder nicht akzeptables Ausfallrisiko aufweist.[2] Wenn letztere ein akzeptables Ausfallrisiko besitzt, ist eine Fremdfinanzierung grundsätzlich möglich. Bei der anschließend im vierten Teil dargestellten Entscheidung über die *Gestaltung der Fremdfinanzierung* wird dann das Zielkriterium „Erwarteter Gewinn" (Bestandteil der Erlös- und Kostenziele, unten links in Abbildung 1) verwendet.

3.2 Kreditanalyse und Ratingsystem

Zur Beurteilung der Ausfallrisiken aus dem Firmenkreditgeschäft werden bei Neuanträgen sowie mindestens einmal jährlich bei bestehenden Engagements die wirtschaftlichen Verhältnisse der Kreditnehmer überprüft. Dabei wird das Einzelkreditrisiko eines Schuldners durch ein Ratingsymbol, welches ein wichtiges Element der Kreditvorlage bildet, charakterisiert. Firmenkunden, die das Bonitätsrating B oder schlechter erhalten, werden als „Grenzrisiken" bzw. „schlechte" Schuldner bezeichnet und fallen in die Kategorie nicht akzeptabler Ausfallrisiken. Entsprechend dem Zielkriterium sind Neuanträge von Unternehmen aus dieser Kategorie abzulehnen.

Das vorliegende Ratingsystem stellt prinzipiell eine *multiattributive additive Wertfunktion* dar.[3] Darin werden verschiedene Zielkriterien (Attribute) mit Punkten bewertet, gewichtet und zu einem Gesamtpunktwert addiert. Letzterer bestimmt dann

---

[2] Was die W-Bank AG unter der Kategorie „akzeptables Ausfallrisiko" versteht, wird im nächsten Abschnitt erklärt.

[3] Vgl. EISENFÜHR/WEBER (1999), S. 119 ff. Multiattributive Wertfunktionen werden in der Praxis häufig auch als Scoring-, Punktbewertungs- oder Nutzwertverfahren bezeichnet.

das zu vergebende Rating. Bei dem Ratingsystem der W-Bank AG handelt es sich um ein sogenanntes Risikoscoring, d.h. je höher der Punktwert, desto höher ist das Kreditrisiko und desto schlechter ist damit das Bonitätsrating. Abbildung 2 zeigt den für die I-AG ausgefüllten Ratingbogen der W-Bank AG.

Zu Beginn der Kreditwürdigkeitsprüfung sichtet der Analyst die bei früheren Geschäften mit der I-AG angelegte Kreditakte und ergänzt diese um aktuelle Unterlagen und Informationen (Jahresabschlüsse, Berichte von Analystentreffen und Betriebsbegehungen, sonstige Unternehmensinformationen). Aus dieser Akte ist die gesamte Rating-Historie der I-AG seit Aufnahme der Geschäftsbeziehung mit der W-Bank AG ersichtlich. Die aktuellste Information ist eine Aktennotiz des Kundenbetreuers zum Gespräch mit dem Vertreter der Finanzabteilung der I-AG. In dieser Notiz wurde ein erster positiver Eindruck von der Entwicklung der Restrukturierungsmaßnahmen vermerkt.

Sobald sich der Analyst aus den vorhandenen Informationen ein ausführliches und möglichst konsistentes Bild über die wirtschaftlichen Verhältnisse der I-AG gemacht hat, ermittelt er auf Basis dieser Informationen ein aktuelles Rating.[4] Dabei weist der Analyst jedem Attribut eine bestimmte Punktzahl aus der Risikopunktemenge {0, 1, 2, 3} zu.[5] Im Anschluß an diese Bewertung gewichtet er die vergebenen Risikopunkte mit dem angegebenen Multiplikator.[6] Beispielsweise wurde die Ausprägung des Attributs A1 „Eigenkapital-Quote" als befriedigend bewertet (1 Punkt) und mit dem vorgegebenen Faktor zwei multipliziert, was einen gewichteten Risikopunktwert von zwei ergibt. Die gewichteten Risikopunkte werden dann innerhalb jeder Kategorie (A, B, C) addiert. Danach werden die drei Kategorie-Punktwerte zu einem Gesamtrisikopunktwert zusammengefaßt, welcher das Bonitätsrating bestimmt. Für die I-AG ergibt sich aus dem Gesamtrisikopunktwert 32 das Bonitätsrating BB. Die in der Praxis weit verbreitete Korrektur des Bonitätsratings um Sicherheiten, Höhe und Struktur des Kreditrisikos und Länderrisiken wird hier nicht weiter vertieft.

---

[4] Auf eine Darstellung der einzelnen Attributsausprägungen vor Bewertung wird hier aus Platzgründen verzichtet.

[5] Die Bewertung einer Attributsausprägung mit Punkten wird im Kredithandbuch der W-Bank AG erklärt. Diese ist bei den Attributen zur Finanzlage eindeutig festgelegt (allerdings nicht branchenspezifisch), während sie bei den qualitativen Attributen der Kategorien B und C nur verbal-qualitativ beschrieben wird und somit dem Analysten bewußt einen gewissen Bewertungsspielraum überläßt.

[6] Hierbei handelt es sich um eine Zielgewichtung. Anstelle von Prozent-Gewichten werden ganzzahlige Multiplikatoren verwendet, damit das Ausfüllen des Ratingbogens nicht unnötigerweise verkompliziert wird.

Ratingbogen der W-Bank AG

für: I-AG (Deutschland)

Für die Vergabe der Risikopunkte gilt:

schlecht	= 3 Punkte
ausreichend	= 2 Punkte
befriedigend	= 1 Punkt
gut	= 0 Punkte

A Finanzlage

	Risikopunkte	Multiplikator	Gewichtete Risikopunkte
1. Eigenkapital-Quote	1	2	2
2. Gesamtkapitalrentabilität	2	1	2
3. Liquiditätsgrad	2	1	2
4. Brutto Cash Flow / Gesamtleistung	2	1	2
5. Kapitalumschlag pro Jahr	1	1	1
6. Lieferantenkreditziel in Tagen	1	1	1
7. Trend der letzten 3 Jahre	2	2	4

Summe Risikopunkte A: 14

B Marktposition und Branche

	Risikopunkte	Multiplikator	Gewichtete Risikopunkte
1. Marktbedeutung	0	1	0
2. Produkte	1	2	2
3. Vertrieb	1	1	1
4. Branchenperspektiven	2	2	4
5. Andere Risiken	2	3	6

Summe Risikopunkte B: 13

C Unternehmensführung

	Risikopunkte	Multiplikator	Gewichtete Risikopunkte
1. Nachvollziehbarkeit der Strategie	1	3	3
2. Managementerfahrung u. -ausbildung	1	1	1
3. Qualität von Rechnungslegung u. Planung	1	1	1
4. Verhalten gegenüber Banken	0	2	0

Summe Risikopunkte C: 5

Gesamtpunktwert (A + B + C): 32

Bonitätsrating: BB

Zuordnung Gesamtpunktwert zu Bonitätsratingklassen	
0-6	AAA
7-13	AA
14-20	A
21-27	BBB
28-34	BB
35-41	B
42-48	CCC
49-55	CC
56-62	C
63 und mehr	D

Abb. 2: Ratingbogen der W-Bank AG

3.3 Beurteilung des verwendeten Ratingsystems

Das von der W-Bank AG verwendete Ratingsystem läßt sich mit Hilfe allgemeiner Anforderungen an multiattributive additive Wertfunktionen beurteilen.[7]

Grundsätzlich sollten die Zielkriterien einer multiattributiven additiven Wertfunktion präferenzunabhängig sein. Damit wird gefordert, daß „ein bestimmter Zuwachs in einem Attribut eine Veränderung des Gesamtwertes hervorruft, die völlig unabhängig von dem Niveau der anderen Attribute ist."[8] Unterschieden wird dabei zwischen einfacher und wechselseitiger Präferenzunabhängigkeit sowie additiver Differenzunabhängigkeit. Da das Ratingsystem hier nicht zu einer Messung von Wertunterschieden, sondern zur ordinalen Alternativenbewertung verwendet wird, ist zu überprüfen, ob das Kriterium der wechselseitigen Präferenzunabhängigkeit erfüllt ist. Diese liegt vor, wenn jede innerhalb des Ratingsystems mögliche Attribute-Teilmenge einfach präferenzunabhängig von der jeweiligen Komplementärmenge ist. Beispielsweise könnte die Bedeutung der Attribute-Teilmenge {A2 „Gesamtkapitalrentabilität", A3 „Liquiditätsgrad"} von der Bewertung des Attributes B4 „Branchenperspektiven" abhängen. In diesem nicht unrealistischen Fall wäre die Attribute-Teilmenge {A2, A3} nicht einfach präferenzunabhängig von der Menge aller übrigen Attribute. Die Verwendung des Ratingsystems in der additiven Form wäre demnach problematisch, da die Grundvoraussetzung der Präferenzunabhängigkeit gerade nicht gegeben ist.

Daneben stellt sich die Frage, wie die vierstufige Risikobewertungsskala (0, 1, 2, 3) ermittelt wurde. Kritisch ist hier, daß bei einer geraden Anzahl diskreter äquidistanter Risikopunktwerte kein Mittelwert angegeben werden kann. Die sehr eingeschränkte Differenzierungsmöglichkeit deutet außerdem darauf hin, daß die Bewertungsskala nicht auf Basis historischer Kreditnehmerdaten, sondern tendenziell auf Basis qualitativ-subjektiver Einschätzungen entwickelt wurde. Wie die Zielgewichte (hier: Multiplikatoren) bei der Konzeption des Ratingsystems bestimmt wurden, soll hier nicht näher ausgeführt werden. Diskussionswürdig erscheint in diesem Zusammenhang ferner, daß die qualitativen Kriterien B und C zusammen deutlich stärker gewichtet werden als das quantitative Kriterium A. In der empirischen Rating-Forschung wird darauf hingewiesen, daß dieser Umstand erhebliche Konsequenzen haben kann, da qualitative Kriterien tendenziell besser bewertet und im Zeitablauf weniger geändert werden.[9]

Ein anderes Problem bei multiattributiven Entscheidungssituationen besteht darin, daß sogenannte Splitting-Effekte auftreten können. Diese liegen dann vor, wenn ein Zielkriterium durch eine Aufspaltung in mehrere Unterziele eine stärkere Gewichtung als vorher erfährt. Beim Ratingsystem der W-Bank AG könnte dies auf eine Überbetonung der Attribute B1-B3 hindeuten, da bei diesen zumindest teilweise eine inhaltliche Überschneidung vorliegt. Ebenfalls denkbar wäre ein Splitting-Effekt, wenn bei einer Weiterentwicklung des Ratingsystems zusätzliche Finanzkennzahlen verwendet werden und deshalb das Zielkriterium A „Finanzlage" insgesamt eine stärkere Gewichtung als vorher erfährt.

---

[7] Vgl. WEBER/KRAHNEN/WEBER (1995), S. 1621-1626, die häufige Anwendungsfehler bei Scoring-Verfahren allgemein diskutieren. Ein systematischer Anforderungskatalog an bankinterne Ratingsysteme findet sich bei KRAHNEN/WEBER (2000).
[8] EISENFÜHR/WEBER (1999), S. 120.
[9] Vgl. WEBER/KRAHNEN/VOßMANN (1999), S. 129-131. Siehe auch Fn. 5.

Schließlich sei darauf hingewiesen, daß die Beurteilung des Ausfallrisikos der I-AG auf Grundlage des bankinternen Ratingsystems ein subjektiver Vorgang ist. Subjektiv bezieht sich dabei einerseits auf die individuelle Entscheidung des Kreditanalysten, der insbesondere bei qualitativen Zielkritierien über gewisse Interpretations- und Bewertungsspielräume verfügt, und anderseits auf die bankspezifische Konzeption des Ratingsystems. Die in der Bankpraxis anzutreffenden Unterschiede zwischen Ratingsystemen können einerseits auf ein bewußtes Maß an Subjektivität hindeuten, sie befremden jedoch, wenn man berücksichtigt, daß die meisten Banken ähnliche Ziele im Kreditgeschäft verfolgen.

3.4 Zusammenfassung der Analyse in einer Kreditvorlage

Nachdem der Kreditanalyst ein aktuelles Bonitätsrating für die I-AG ermittelt hat, faßt er die Ergebnisse seiner Analyse in einer Kreditvorlage zusammen. Diese enthält grundsätzliche Angaben zum Unternehmen, zu dessen Marktstellung, Vermögenslage und Rentabilität. Ergänzend werden Informationen zu Bankverbindungen und Kontoführung gegeben. Abschließend nimmt der Analyst Stellung und begründet in wenigen Sätzen, warum der Kredit an die I-AG vergeben werden kann bzw. warum nicht. Im vorliegenden Fall ergibt sich beim Rating eine leichte Verbesserung gegenüber dem Vorjahr. Allerdings ist die durch das Rating BB gekennzeichnete Bonitätslage noch immer relativ angespannt. Positiv ist jedoch, daß die I-AG nicht mehr in die Kategorie der sogenannten „Grenzrisiken" (Ratingklasse B) fällt und somit wieder ein für die W-Bank AG akzeptables Ausfallrisiko aufweist. In der Stellungnahme äußert sich der Kreditanalyst wie folgt:

Der europäische Marktführer im Geräte- und Autobatteriegeschäft befindet sich seit einem Jahr in einer grundlegenden Restrukturierung des Produktions- und Absatzbereichs, um gegen die Ursachen der Performance-Verschlechterung der Vorjahre anzugehen. Durch verschiedene Maßnahmen konnten bereits in den ersten drei Quartalen des Jahres 2000 das Absatzvolumen nachhaltig vergrößert und die Produktionkosten leicht gesenkt werden. Dieser Weg wird nach Angaben des Vorstandes für die nächsten drei Jahre weiterverfolgt. Das Bonitätsrating hat sich zum ersten Mal seit fünf Jahren wieder verbessert. Aufgrund der unangefochtenen Marktführerschaft, sich abzeichnender Restrukturierungserfolge und der noch ausreichenden Vermögens- und Finanzierungsstruktur erscheint die Vergabe eines unbesicherten kurzfristigen Kredites über 50 Mio € an die I-AG als gerade noch vertretbar.

Die Kreditvorlage wird an den zuständigen Kundenbetreuer, der sich mit dem Kreditanalysten auf einen gemeinsamen Vorschlag für den Vorstand einigen muß, weitergeleitet. Da die Analyse das intuitive Urteil des Kundenbetreuers bestätigt, gibt dieser seine Zustimmung zu der vorläufigen Kreditvorlage. Als Zwischenergebnis bleibt festzuhalten, daß die Abgabe eines verbindlichen Finanzierungsangebotes an die I-AG aus Sicht der Kreditabteilung in Frage kommt.[10]

---

[10] Nicht behandelt wird in diesem Zusammenhang die Frage, wie sich das Ausfallrisiko des Kreditportfolios der W-Bank AG bei einer Kreditvergabe an die I-AG verändert.

4. Die Entscheidung über die Gestaltung der Fremdfinanzierung

4.1 Strukturierung des Entscheidungsproblems

Da die W-Bank AG aufgrund der Ergebnisse der Kreditanalyse grundsätzlich bereit ist, der I-AG eine Finanzierung anzubieten, ist im weiteren zu entscheiden, wie diese konkret gestaltet sein sollte. Aus diesem Grunde überlegt der Kreditanalyst zunächst, wie die Entscheidung über die Gestaltung der Fremdfinanzierung strukturiert dargestellt werden kann.

Das von der I-AG gewünschte Finanzierungsvolumen in Höhe von 50 Mio € soll kurzfristig (Laufzeit: 12 Monate), unbesichert und zu einem attraktiven Zinssatz bereitgestellt werden. Grundsätzlich verfolgt die W-Bank AG im Kreditbereich das Ziel, die Konditionen entsprechend dem Ausfallrisiko zu gestalten. Der Kreditzins sollte demnach einen Risikoaufschlag, der eine Kompensation für den erwarteten Verlust darstellt, enthalten. Bei der Finanzierung für die I-AG kann die Bank allerdings aufgrund der starken Konkurrenz keinen individuell berechneten Kreditzinssatz festlegen, sondern hat sich am Marktniveau zu orientieren. Die Entscheidung für eine bestimmte Gestaltung der Finanzierung soll mit Hilfe des Kriteriums „Erwarteter Gewinn" erfolgen.[11] Somit liegt ein *Entscheidungsproblem bei Risiko und einem Ziel* vor. Die Höhe des erwarteten Gewinns wird durch das sogenannte Ausfallexposure (Betrag, der maximal ausfallen kann), die Ausfallwahrscheinlichkeit und die Ertragskomponenten einer Finanzierung bestimmt. Unter Berücksichtigung dieser Rahmenbedingungen überlegt sich der Kreditanalyst folgende drei Alternativen:

- *Alternative A:* Die W-Bank AG vergibt allein in voller Höhe den gewünschten Kredit und erhält dafür den vereinbarten Zinssatz.
- *Alternative B:* Die W-Bank AG organisiert für die I-AG eine Commercial Paper Emission am Geldmarkt. Wird diese Emission nicht vollständig plaziert, so stellt die W-Bank AG in Höhe des nichtplazierten Volumens eine Kreditlinie zur Verfügung. Die W-Bank erhält eine vom Plazierungsvolumen abhängige Emissionsprovision sowie Zinsen auf den potentiellen Residualkredit.
- *Alternative C:* Die W-Bank AG bildet ein Bankenkonsortium, welches den Kredit gemeinsam vergibt. Neben den anteiligen Zinserträgen erhält jedes Konsortialmitglied eine vom jeweils herausgelegten Kreditvolumen abhängige Konsortialprovision. Letztere wird üblicherweise direkt bei Auszahlung vom Kreditbetrag einbehalten und unterliegt daher keinem Ausfallrisiko.

Das charakteristische Risiko einer Kreditfinanzierung besteht darin, daß die Leistung des Kreditgebers (Kreditauszahlung) und die Gegenleistung des Kreditnehmers (Zins- und Tilgungsleistung) zeitlich auseinanderfallen. Wenn der Kreditnehmer seine Verbindlichkeit nicht zurückzahlen kann oder will, verliert die Bank ihr eingesetztes Kapital. Dieser für die Bank sehr unangenehme Bonitätszustand wird im weiteren als „Ausfall" bezeichnet. Die Eintrittswahrscheinlichkeit für diesen Bonitätszustand sei

---

[11] In einem mehrperiodigen Entscheidungsproblem wäre eine Bewertung anhand des Kapitalwert-Kriteriums vorzuziehen. Letzteres ist die Summe aus den (mit Vorzeichen versehenen) Anfangszahlungen zuzüglich der abgezinsten zukünftigen Zahlungen. Das hier verwendete Zielkriterium „Erwarteter Gewinn" ist ein Spezialfall des Kapitalwert-Kriteriums (Annahme: Abzinsung mit 0 %). Die ordinale Alternativenbewertung wird durch diese Annahme aber nicht beeinträchtigt.

die Ausfallwahrscheinlichkeit p. Entsprechend beträgt die Wahrscheinlichkeit für das Gegenereignis „kein Ausfall" 1−p. Dabei wird angenommen, daß es sich erstens um einen Blankokredit handelt, also keine Kreditsicherheiten gefordert werden. Zweitens betrage die sogenannte Recovery Rate der I-AG bei Ausfall Null, d.h. es liegt ein vollständiger Forderungsausfall vor. Von zentraler Bedeutung für die Lösung des Entscheidungsproblems ist daher die Ermittlung der Ausfallwahrscheinlichkeit p der I-AG. Außerdem besteht bei der Alternative B ein Plazierungsrisiko für die Commercial Papers am Geldmarkt. Wird die Emission nicht vollständig an Investoren verkauft, ist die W-Bank AG verpflichtet, für den nicht plazierten Anteil a einen kurzfristigen Kredit an die I-AG herauszulegen. Hier gilt es, den erwarteten Anteil nicht plazierter Commercial Papers am Emissionsvolumen zu ermitteln. Im weiteren wird angenommen, daß der Anteil nicht plazierter Commercial Papers a und der Bonitätszustand der I-AG bei Fälligkeit („Ausfall" oder „kein Ausfall") statistisch unabhängig sind. Außerdem wird für die Alternative B angenommen, daß sich die Reputation der W-Bank AG kurzfristig verschlechtert, wenn eine von ihr am Geldmarkt plazierte Commercial Paper Emission bei Fälligkeit nicht ordnungsgemäß zurückgezahlt wird. Diesen negativen Reputationseffekt berücksichtigt der Kundenbetreuer durch Reputationskosten R. Für die Alternative C wird zur Vereinfachung angenommen, daß die W-Bank AG mit Sicherheit ein Kredit-Konsortium mit einer beliebigen Anzahl von Mitgliedern organisieren kann.[12]

4.2 Die Ausfallwahrscheinlichkeit p der I-AG

Der für p zu ermittelnde Wert gibt an, wie wahrscheinlich der Eintritt des Bonitätszustandes „Ausfall" der I-AG in zwölf Monaten ist. Die im Rahmen der Kreditanalyse erfolgte Einordnung der I-AG in die Ratingklasse BB erlaubt der W-Bank AG gewisse Rückschlüsse auf die Ausfallwahrscheinlichkeit p. Mittels statistischer Auswertungen von historischen Kreditnehmerdaten kann die jährliche relative Ausfallhäufigkeit[13] von Schuldnern aus einer bestimmten Ratingklasse ermittelt werden. Dabei ergibt sich für die Ratingklasse BB eine relative Ausfallhäufigkeit von 0,05. Dieser Wert wird von der Bank als Proxy für die Ausfallwahrscheinlichkeit p der I-AG angenommen und bei der Lösung des Entscheidungsproblems verwendet.

Es sei darauf hingewiesen, daß es sich dabei nicht um die „wirkliche" Ausfallwahrscheinlichkeit handelt. Erstens ist diese Schätzung mittels historischer Daten ein Mittelwert, der aus verschiedenen Schuldnern und verschiedenen Zeitperioden errechnet wurde. Zweitens werden Ausfallwahrscheinlichkeiten teilweise durch Brancheneffekte beeinflußt, die im Ratingsystem der W-Bank AG nicht ausreichend berücksichtigt werden. Es ist nicht auszuschließen, daß die I-AG (Batteriebranche) eine andere Ausfallwahrscheinlichkeit als ein Bauunternehmen, welches ebenfalls in der Ratingklasse BB eingestuft ist, besitzt. Drittens wird bei dieser Approximierung un-

---

[12] Diese Annahme ist nicht unkritisch, da hier im Gegensatz zu Alternative B ein Plazierungsrisiko unter Banken ausgeschlossen wird. Sie ist aber nicht unplausibel, wenn man berücksichtigt, daß erstens die I-AG mehrere Bankverbindungen unterhält und zweitens Banken mit einer Beteiligung an einem Kredit-Konsortium (im Gegensatz zu den Commercial Paper Investoren) neben Zins- auch Provisionserträge erzielen können.

[13] In der Praxis werden auch mehrjährige Ausfall- bzw. Übergangswahrscheinlichkeiten für sämtliche Ratingklassen ermittelt.

realistischerweise unterstellt, daß die jeweiligen Ausfallhäufigkeiten im Zeitablauf konstant sind.[14]

Liegen möglichst breite (hohe Besetzunghäufigkeit der Ratingklassen) und lange Zeitreihen (bei deutschen Kreditinstituten werden Ratings seit Ende der Achtziger Jahre mehr oder weniger systematisch vergeben und periodisch kontrolliert) vor, bietet diese Vorgehensweise der W-Bank AG jedoch eine Möglichkeit, Ausfallwahrscheinlichkeiten einheitlich, intersubjektiv-nachvollziehbar (viele objektive Inputdaten) und relativ genau (mit den oben genannten Einschränkungen) zu schätzen. Auf diese Weise wird eine begründete Kreditanalyse, -kontrolle und -steuerung ermöglicht. Eine wichtige Voraussetzung dafür ist die regelmäßige Erfasssung und Pflege von Ratingdaten und die ständige Weiterentwicklung des internen Ratingsystems. Bei der W-Bank AG wurde dieser Aspekt erkannt und bereits seit den frühen Neunziger Jahren mitberücksichtigt. Viele kleinere deutsche Kreditinsititute hingegen haben noch große Defizite im Bereich der Ratingsysteme und -daten.

4.3 Ermittlung einer Verteilung für den Anteil a nicht plazierter Commercial Papers

Für die Alternative B besteht neben dem Ausfallrisiko der I-AG ein Plazierungsrisiko für die Commercial Paper Emission. Die W-Bank AG verpflichtet sich deshalb, in Höhe des Anteils a nicht plazierter Commercial Papers einen Residualkredit zu vergeben. Zur Lösung des Entscheidungsproblems benötigt der Kreditanalyst daher nähere Informationen über den Anteil a.

Ein möglicher Weg zur Beschreibung von a besteht darin, ein geeignetes ökonometrisches Modell aufzustellen. Die unabhängigen Variablen könnten sich dabei sowohl auf den Geld- und Kapitalmarkt (Zinsniveau und -struktur, Angebots- und Nachfragevolumen etc.) als auch auf das Unternehmen (externes Rating der I-AG, Jahresabschlußdaten etc.) beziehen. Nach der Modellschätzung und -validierung ließe sich ein Wert für den Anteil a mit Hilfe der aktuellen Ausprägungen der unabhängigen Variablen berechnen. Dieser Ansatz soll hier aber nicht weiter vertieft werden, da er relativ aufwendig ist.

Eine einfachere Vorgehensweise besteht darin, ausschließlich relative Häufigkeiten von historischen Plazierungsanteilen zur Schätzung einer Verteilung des Anteils a heranzuziehen.[15] Dies erfordert, wie beim zuvor beschriebenen Ansatz, daß überhaupt relative Häufigkeiten existieren. Allerdings müssen hier nicht zusätzlich unabhängige Variablen ausgewählt und deren jeweilige Ausprägung zum Zeitpunkt einer Emission ermittelt werden. Die Beschreitung dieses Weges wird unter bestimmten Voraussetzungen mit zunehmender Anzahl der getätigten Emissionen sinnvoller. Es ist verständlich, daß aus dem Erfolg einer einzigen Emission vor z.B. zehn Jahren relativ wenig über den Nichtplazierungsanteil einer aktuellen Emission abgeleitet werden kann, da sich im Zeitablauf sowohl die wirtschaftlichen Verhältnisse der I-AG als auch die Situation am Geldmarkt verändert haben. Damit ist die Verwendung von relativen Häufigkeiten zur Generierung einer Verteilung für a nur unter Einschrän-

---

[14] Selbst wenn man annimmt, daß sich die Ausfallwahrscheinlichkeiten im Zeitablauf verändern, wäre noch zu klären, ob diese Veränderungen gleichmäßig oder ungleichmäßig erfolgen.

[15] Vgl. EISENFÜHR/WEBER (1999), S. 152, die die hier benutzte frequentistische Wahrscheinlichkeitsinterpretation kritisch diskutieren.

kungen tauglich. Vertretbar erscheint diese Vorgehensweise für Unternehmen, die sehr häufig Emissionen am Geldmarkt tätigen und deren wirtschaftliche Verhältnisse relativ stabil sind.

Da die I-AG in den letzten zehn Jahren 20 Commercial Paper Emissionen getätigt hat, ist diese Adresse dem Geldmarkt gut bekannt. Die Häufigkeitsverteilung von dabei nicht plazierten Anteilen a ist in Tabelle 1 dargestellt:

Nicht plazierter Anteil a	Absolute Häufigkeit	Relative Häufigkeit
a = 0	10	0,50
0,00 < a ≤ 0,20	4	0,20
0,20 < a ≤ 0,40	3	0,15
0,40 < a ≤ 0,60	1	0,05
0,60 < a ≤ 0,80	1	0,05
0,80 < a ≤ 1,00	1	0,05

Tab. 1: Plazierungserfolg früherer Commercial Paper Emissionen der I-AG

In der rechten Spalte hat der Kreditanalyst die relativen Häufigkeiten der einzelnen Klassen berechnet. Diese sollen im weiteren als eine Approximierung an die Wahrscheinlichkeiten für bestimmte Ausprägungen von a herangezogen werden. Für die auf diese Weise approximierte Verteilung ergibt sich ein Erwartungswert von $E(a)=0{,}17$. Die beschriebene Vorgehensweise hat allerdings einige Nachteile und erscheint relativ grob.[16]

4.4 Die Bestimmung der Reputationskosten R

Die Berücksichtigung von Reputationskosten erscheint in der gegebenen Entscheidungssituation grundsätzlich sinnvoll, schwierig ist allerdings ihre Quantifizierung. Sie sollen den Reputationsverlust der W-Bank AG, der dadurch entsteht, daß eine von ihr am Geldmarkt erfolgreich plazierte Emission später ausfällt, abbilden. Konkret könnten diese Kosten über den Verlust zukünftiger Emissionsprovisionen geschätzt werden.[17] Fällt eine plazierte Emission aus, werden die Anleger zukünftigen Emissionen, die von der W-Bank AG organisiert werden, skeptisch gegenüberstehen und diese in verstärktem Maße nicht zeichnen. Dadurch erhöht sich die Wahrscheinlichkeit für eine nicht vollständige Plazierung und damit für eine geringere Emissionsprovision, da sich letztere auf das plazierte Volumen bezieht. Der Kreditanalyst führt die Schätzung von R auf Grundlage aller Emissionen, die in den nächsten zwölf Monaten durch die W-Bank AG organisiert werden sollen, durch. Es ergibt sich ein Wert von 50.000 €, der allerdings mit deutlicher Unsicherheit behaftet ist.

---

[16] Nachteilig ist erstens die geringe Anzahl der Beobachtungen insgesamt sowie die geringe Besetzung einzelner Klassen. Zweitens wird keine inhaltliche Erklärung für die Höhe einer Ausprägung von a gegeben.

[17] Stattdessen könnte auch die potentielle Verschlechterung des eigenen externen Ratings der W-Bank AG und die damit verbundenen erhöhten Kapitalkosten herangezogen werden. Diese könnten steigen, wenn die W-Bank AG für den nicht plazierten Anteil einen Kredit an die I-AG herauslegen muß und damit möglicherweise (abhängig von der Korrelation der Ausfallrisiken) ihr Gesamtrisiko im Kreditgeschäft erhöht.

4.5 Graphische Darstellung und Lösung des Entscheidungsproblems

Die Entscheidung über die Gestaltung des Finanzierungsangebotes läßt sich mit Hilfe eines Entscheidungsbaumes visualisieren. Der Kreditanalyst verwendet dabei folgende Parameter:

Alternative A	Alternative B	Alternative C
Kreditbetrag N	Kreditbetrag N	Kreditbetrag N
Kreditzins i	Kreditzins i	Kreditzins i
Ausfallwahr-scheinlichkeit p	Ausfallwahr-scheinlichkeit p	Ausfallwahr-scheinlichkeit p
	Nichtplazierungsanteil a	Anzahl Konsortialmitglieder n
	Emissionsprovision c	Konsortialprovision k
	Reputationskosten R	

Tab. 2: Parameter je Alternative

Der entsprechende Entscheidungsbaum ist in Abbildung 3 dargestellt.

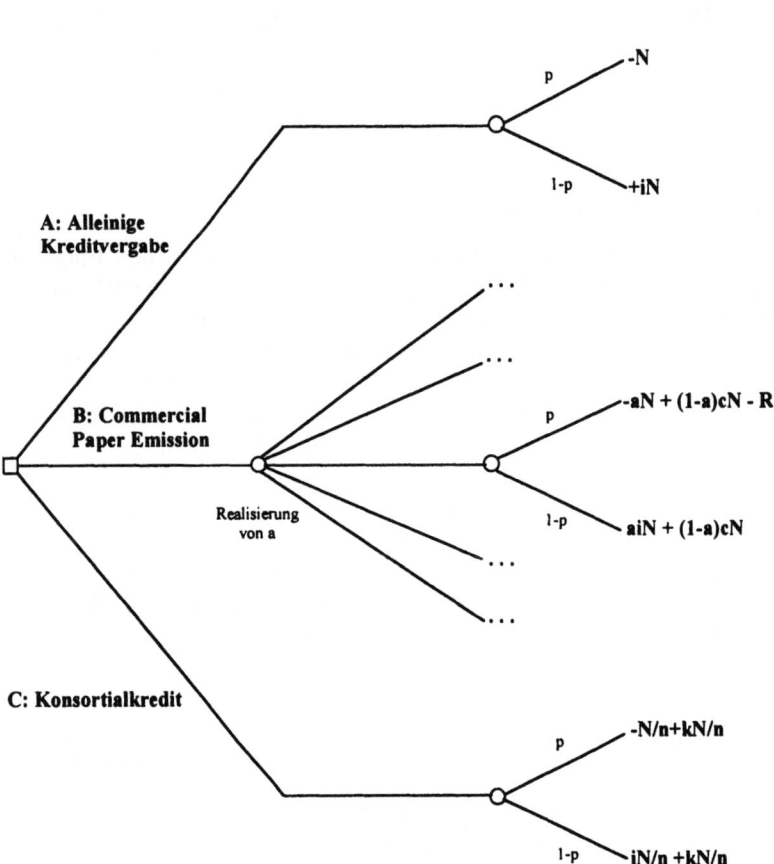

Abb. 3: Entscheidungsbaum für das Gestaltungsproblem

Während in den Ästen für die Alternativen A und C nur der zukünftige Bonitätszustand der I-AG („Ausfall" mit der Wahrscheinlichkeit p bzw. „kein Ausfall" mit der Wahrscheinlichkeit 1–p) unsicher ist, kommt bei Alternative B zusätzlich das Plazierungsrisiko am Geldmarkt hinzu. Dieses wird durch den Anteil nicht plazierter Commercial Papers a im Entscheidungsproblem berücksichtigt. Die Punkte sollen andeuten, daß sich in jedem der übrigen Äste das gleiche Zufallsereignis wie im mittleren Ast, also die Realisierung des Bonitätszustandes der I-AG („Ausfall" oder „kein Ausfall"), anschließt. Aufgrund der angenommenen statistischen Unabhängigkeit von a und dem Bonitätszustand der I-AG bei Fälligkeit sowie der gegebenen Linearität läßt sich das Entscheidungsproblem unter Verwendung des Erwartungswertes E(a) wie in Abbildung 4 dargestellt vereinfachen.

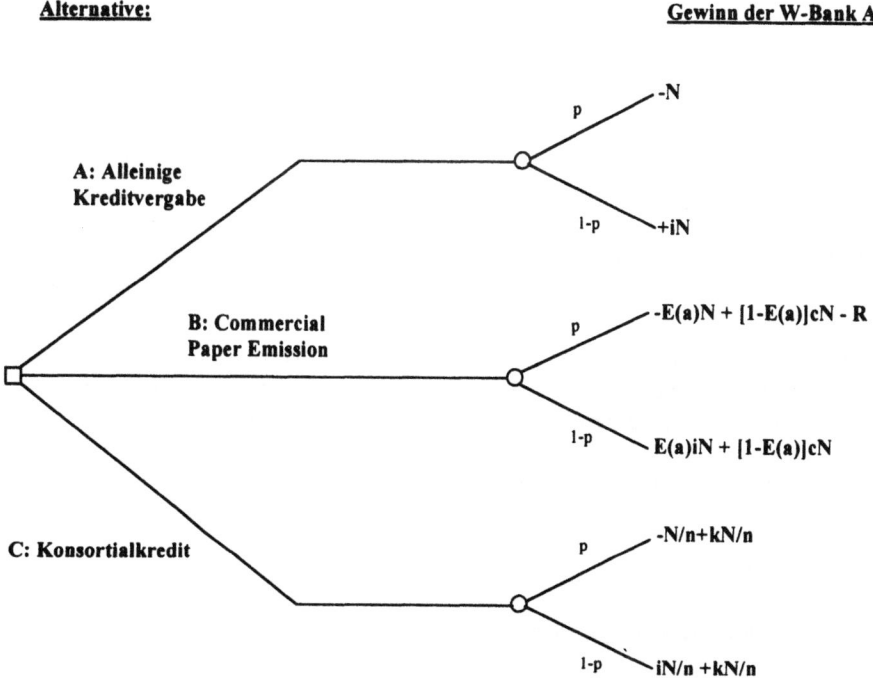

Abb. 4: Vereinfachter Entscheidungsbaum für das Gestaltungsproblem

Die Zahlenwerte für die jeweiligen Entscheidungsparameter sind in Tabelle 3 dargestellt.

Parameterbezeichnung	Abkürzung	Zahlenwert
Kreditbetrag	N	50.000.000 €
Kreditzins	i	7,25%
Ausfallwahrscheinlichkeit	p	0,05
Erwarteter Nichtplazierungsanteil	E(a)	0,17
Emissionsprovision	c	2%
Konsortialprovision	k	2%
Anzahl Konsortialmitglieder	n	2
Reputationskosten	R	50.000 €

Tab. 3: Belegung der Parameter

Im weiteren wird kurz beschrieben, auf welche Weise der Kreditanalyst die oben genannten Zahlenwerte ermittelt hat. Wie eingangs beschrieben hat die W-Bank AG keinen Spielraum, den Kreditzins zu beeinflussen. Sie betrachtet daher den Zinssatz von 7,25 % als exogen gegeben.[18] Die Ausfallwahrscheinlichkeit von p=0,05 ist eine Approximierung auf Basis der einjährigen relativen Ausfallhäufigkeiten von Schuldnern mit dem Rating BB.[19]

Die Höhe der Emissions- und Konsortialprovision entspricht marktüblichen Vergleichswerten. Problematischer sind die Parameter E(a) und R. Da die Eingangsinformationen und die Art der Ermittlung dieser beiden Parameter mit relativ hoher Unsicherheit behaftet sind, entscheidet sich der Kreditanalyst, die Bedeutung von E(a) und R für das Entscheidungsproblem im Rahmen einer späteren Sensitivitätsanalyse zu überprüfen.

Auf Grundlage dieser Zahlenwerte ist die *Alternative B optimal*, da sie den höchsten erwarteten Gewinn aufweist. In folgender Tabelle sind die erwarteten Gewinne für die zuvor dargestellte Parameterbelegung zusammengefaßt:

Alternative	Erwarteter Gewinn (in €)
A	943.750
B	987.938
C	971.875

Tab. 4: Erwartete Gewinne je Alternative

Außerdem ist zu erkennen, daß die Alternative C einen höheren erwarteten Gewinn als die Alternative A bietet. Da in die Berechnung des erwarteten Gewinns der optimalen Alternative B die zwei relativ unsicheren Entscheidungsparameter E(a) und R eingingen, führt der Kreditanalyst im folgenden eine Sensitivitätsanalyse durch.

---

[18] Grundsätzlich wäre eine eigene risikoorientierte Konditionensetzung, bei der sich die Bank den erwarteten Verlust durch einen Zinsaufschlag vergüten läßt, vorzuziehen. Die Höhe dieses Aufschlages ließe sich unter anderem anhand der Ausfallwahrscheinlichkeiten von Kreditnehmern der jeweiligen Ratingklassen bestimmen. Eine solche Konditionenpolitik kann allerdings zu Interaktionen zwischen Bank und Kreditnehmer führen, die hier bewußt nicht näher betrachtet werden sollen.

[19] Vgl. Abschnitt 4.2.

Gewährung und Gestaltung einer Fremdfinanzierung – Entscheidungen in der Kreditpraxis 63

5. Sensitivitätsanalyse

Mit Hilfe einer Sensitivitätsanalyse wird untersucht, wie sich die Zielgröße verändert, wenn die Entscheidungsparameter variiert werden. So lassen sich z.B. kritische Parameterwerte finden, bei deren Über-/Unterschreitung die optimale Entscheidung anders ausfällt. Die Analyse kann verschiedene Ebenen des Entscheidungsproblems untersuchen: Einerseits können die Zielgewichte variiert werden.[20] Anderseits kann eine Variation einzelner Parameter bei Konstanz aller übrigen Werte (Ceteris-paribus-Betrachtung) oder eine simultane Variation mehrerer Parameter unter Berücksichtigung möglicher Korrelationen vorgenommen werden.[21] Für das vorliegende Wahlproblem ermittelt der Kreditanalyst zunächst die Sensitivität des erwarteten Gewinns bezüglich der Parameter E(a) und R, da deren Schätzung unter relativ hoher Unsicherheit erfolgte.

Anschließend wird der Einfluß der Ausfallwahrscheinlichkeit p untersucht, da hier bereits geringe Abweichungen den erwarteten Gewinn der Alternativen unterschiedlich stark beeinflussen. Abschließend wird die Sensitivität bezüglich der Ertragsparameter i, c und k geprüft, um auf potentielle Vertragsverhandlungen mit der I-AG sowie relevante Marktveränderungen vorbereitet zu sein.

5.1 Sensitivität bezüglich des erwarteten Nichtplazierungsanteils E(a)

Da die Approximation des erwarteten Nichtplazierungsanteils E(a) ausschließlich auf Grundlage einer aus historischen Daten ermittelten Verteilung erfolgte, möchte der Kreditanalyst wissen, wie robust die Wahl von B bei einer Änderung von E(a) ist.

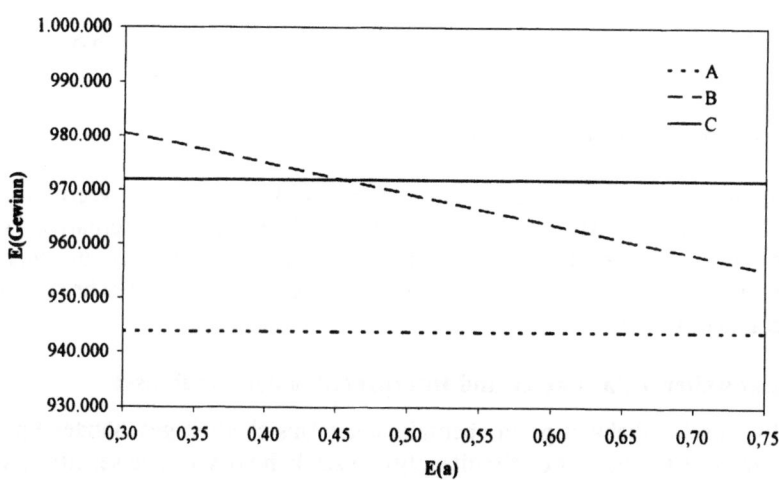

Abb. 5: Sensitivität bzgl. des erwarteten Nichtplazierungsanteils E(a)

---

[20] Die Zielgewichte können in diesem Teil des Entscheidungsproblems nicht verändert werden, da es sich um eine Entscheidung bei Risiko und einem Ziel (Maximierung des erwarteten Gewinns) handelt.
[21] Der Kreditanalyst beschränkt sich im vorliegenden Fall auf Ceteris-paribus-Sensitivitätsanalysen für die einzelnen Parameter.

In Abbildung 5 wird deutlich, daß ein Erwartungswert von E(a)=0,4555 überschritten werden muß, damit nicht mehr die Alternative B, sondern die Alternative C optimal wird. Der Ausgangswert E(a)=0,17 ist jedoch deutlich davon entfernt, so daß die Entscheidung nur schwach sensitiv auf eine Variation von E(a) reagiert.

5.2 Sensitivität bezüglich der Reputationskosten R

Ebenfalls wird die Höhe der Reputationskosten R (bei Konstanz aller anderen Entscheidungsparameter) variiert, da der Kreditanalyst der Ansicht ist, daß der ermittelte Wert von R=50.000 € mit hoher Unsicherheit behaftet ist.

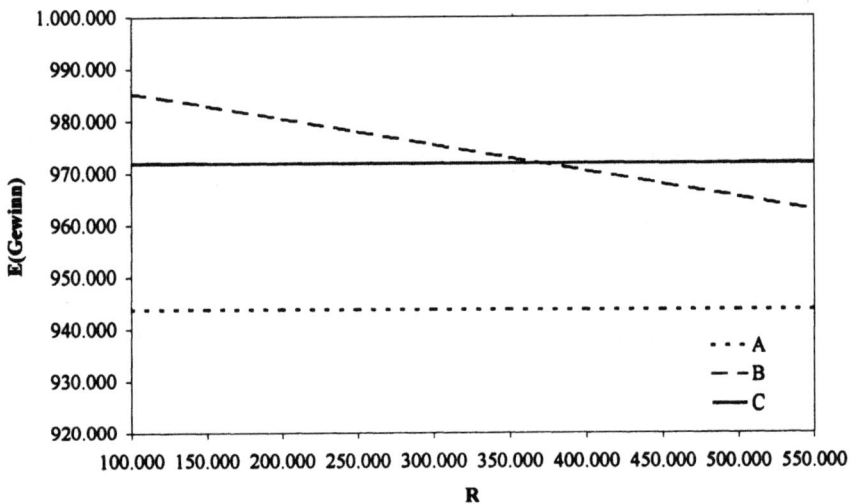

Abb. 6: Sensitivität bzgl. der Reputationskosten R

Die Entscheidung ändert sich, wenn die Reputationskosten einen Wert von R=371.250 € überschreiten. Ab diesem Wert liefert nicht mehr die Alternative B, sondern die Alternative C den höchsten erwarteten Gewinn. Da der Ausgangswert klar unter dem kritischen Wert liegt, ist die Optimalität der Alternative B sehr robust gegen eine Veränderung von R.

5.3 Sensitivität weiterer Parameter und Interpretation der Ergebnisse

Da die Ausfallwahrscheinlichkeit p ein ebenfalls unter Unsicherheit geschätzter Entscheidungsparameter ist, möchte der Kreditanalyst zusätzlich wissen, wie sensitiv die Entscheidung auf eine Variation von p ist. Außerdem wird die Sensitivität der Entscheidung bezüglich der Ertragsparameter i, c und k untersucht.

Die Ergebnisse der gesamten Sensitivitätsanalyse sind in folgender Tabelle zusammengefaßt:[22]

---

[22] Eine graphische Darstellung der Sensitivitätsanalysen bezüglich der Parameter p, i, c und k befindet sich im Anhang.

Gewährung und Gestaltung einer Fremdfinanzierung – Entscheidungen in der Kreditpraxis 65

Parameterbezeichnung	Abkürzung	Startwert	Kritischer Wert	Erforderliche Änderung	Wechsel von B zu
Reputationskosten	R	50.000 €	371.250 €	+642 %	C
Erw. Nichtplazierungsanteil	E(a)	0,17	0,4555	+167 %	C
Ausfallwahrscheinlichkeit	p	0,05	0,0491	−1,82 %	C
Kreditzins	i	7,25 %	7,3525 %	+1,41 %	C
Emissionsprovision	c	2 %	1,9613 %	−1,94 %	C
Konsortialprovision	k	2 %	2,0643 %	+3,22 %	C

Tab. 5: Parametersensitivität

Es wird deutlich, daß die Entscheidung zu Gunsten der Alternative B sehr sensitiv auf eine ceteris paribus-Änderung der Parameter p, i, c und k reagiert. Dieser Umstand war dem Kreditanalysten zuvor nicht bewußt. Über die Höhe der Parameter besteht jedoch unterschiedlich starke Unsicherheit. Während bereits eine fehlerhafte Ratingvergabe sowie Ungenauigkeiten beim Schätzverfahren zu Irrtümern bzgl. der Höhe von p führen und die Entscheidung verändern können, sind die Vertragsparameter i, k und c kurzfristig sicher und exogen gegeben. Daraus ist zu folgern, daß vor allem die Unsicherheit bezüglich p systematisch reduziert werden sollte. Neben einer Behebung der in Abschnitt 4.2 genannten Nachteile bei der Schätzung sollten vor allem aktuelle Informationen über die I-AG in die Ratingvergabe einfließen. Außerdem zeigt die Analyse, daß bei Überschreitung der kritischen Werte in allen Fällen *zunächst die Alternative C* (teilweise nur für begrenzte Parameterintervalle) optimal wird. Dem Kreditanalysten wird dadurch bestätigt, daß die Alternative A bei gegebenen Parametern p und i durch B und C dominiert wird. Da aber zwischen B und C keine sehr robuste Entscheidung getroffen werden kann, ist zu überlegen, ob es zwischen diesen beiden Alternativen weitere, bisher noch nicht berücksichtigte Unterschiede gibt. Denkbar sind beispielsweise:

- Die Alternative C bietet der I-AG mehr *Flexibilität* als die Alternative B.
- Die Wahl von B erfordert im Erwartungswert die geringste *Refinanzierung*.
- Die Wahl von B minimiert im Erwartungswert die gesetzlichen Eigenmittelanforderungen[23].

Einerseits könnte der Kreditanalyst unter Berücksichtigung der zuvor genannten Aspekte den Kontext des Entscheidungsproblems erweitern und es im Rahmen einer rekursiven Modellierung erneut lösen.[24] Anderseits könnte sich die W-Bank AG angesichts der steigenden Komplexität und der nur geringen Unterschiede beim erwarteten Gewinn dafür entscheiden, beide Alternativen (B und C) der I-AG zur Verhandlung anzubieten.

---

[23] Kreditinstitute müssen in Deutschland über eine bestimmte, von den eingegangenen Risiken abhängige Mindesteigenmittelausstattung verfügen.
[24] Bei dieser Vorgehensweise stellt sich die Frage nach den Kosten und dem erwarteten Nutzengewinn, welche sich aus einem komplexeren Entscheidungsmodell ergeben. Im vorliegenden Fall verbessert eine Verwendung der Kriterien „Refinanzierung" und „Eigenmittelanforderungen" die Bewertung der ohnehin optimalen Alternative B, so daß die erhöhte Komplexität keinen Nutzengewinn bringt.

6. Schlußbemerkung

Anhand des vorgestellten Beispiels aus dem Kreditgeschäft sollte gezeigt werden, daß es vorteilhaft ist, wenn der Weg zu einer Entscheidung möglichst rational gestaltet wird.[25] Aus Gründen der Übersichtlichkeit wurde dabei die Kreditvergabeentscheidung einer Bank in zwei Teilentscheidungen zerlegt: 1. Die grundsätzliche Kreditvergabeentscheidung und 2. die Entscheidung über die Gestaltung der Finanzierung. Über die *Gewährung einer Fremdfinanzierung* wurde mit Hilfe eines Ratingsystems, welches einer multiattributiven Wertfunktion entspricht, entschieden. Diese erfolgte mit Hilfe einer Zuordnung des Antragstellers zu der Kategorie „akzeptable Ausfallrisiken" bzw. „nicht akzeptable Ausfallrisiken". Die Gewährung einer Fremdfinanzierung ist grundsätzlich nur bei Vorliegen eines akzeptablem Ausfallrisikos zulässig.

Danach wurde die Entscheidung über die *Gestaltung der Fremdfinanzierung* näher strukturiert, insbesondere wurden Alternativen generiert, parametrisiert und bewertet. Die Lösung nach dem Zielkriterium „Erwarteter Gewinn" lieferte eine optimale Alternative. Eine anschließende Sensitivitätsanalyse zeigte jedoch, daß diese Entscheidung nicht sehr robust gegen Parameteränderungen war. Zur weiteren Vorgehensweise wurde einerseits vorgeschlagen, bisher nicht berücksichtigte Aspekte in das Problem zu integrieren und es schrittweise neu zu lösen. Anderseits könnte über die erst- und zweitbeste Finanzierungsalternative in Verhandlungen mit dem Kreditnehmer entschieden werden, da die beiden Ausprägungen des Zielkriteriums bei beiden Alternativen nicht sehr stark auseinander liegen.

7. Übungsaufgaben

a) Überlegen Sie sich weitere Beispiele, die darauf hindeuten, daß die Attribute im Ratingsystem der W-Bank AG nicht wechselseitig präferenzunabhängig sind!
b) Während des Entscheidungsprozesses erhält der Kreditanalyst eine aktualisierte Schätzung für die durchschnittlichen Ausfallwahrscheinlichkeiten der einzelnen Ratingklassen. Außerdem treten ausländische Kreditinstitute mit zinsgünstigen Finanzierungsangeboten neu am Markt auf. Welche der drei Alternativen ist optimal, wenn (bei Konstanz aller übrigen Parameter) die aktualisierte Ausfallwahrscheinlichkeit der I-AG $p=0{,}04$ und der Zinssatz $i=6{,}50\,\%$ betragen?
c) Führen Sie für die in b) geschilderte Situation eine Sensitivitätsanalyse bezüglich der Parameter p, i, R und $E(a)$ durch! Berechnen Sie kritische Werte, bei denen die Entscheidung von der erstbesten zur zweitbesten bzw. zweitbesten zur drittbesten Alternative kippt!
d) Bei einer bestimmten Parameterkombination von $E(a)$ und R weisen die Alternativen B und C den gleichen erwarteten Gewinn auf. Ermitteln Sie diese Werte einerseits durch einfaches Überlegen, anderseits durch Berechnung (für alle anderen Parameter gelten die Zahlenwerte wie in Aufgabe b))! Kommentieren Sie das Ergebnis!

---

[25] Vgl. EISENFÜHR/WEBER (1999), S. 4-13.

Gewährung und Gestaltung einer Fremdfinanzierung – Entscheidungen in der Kreditpraxis 67

Anhang

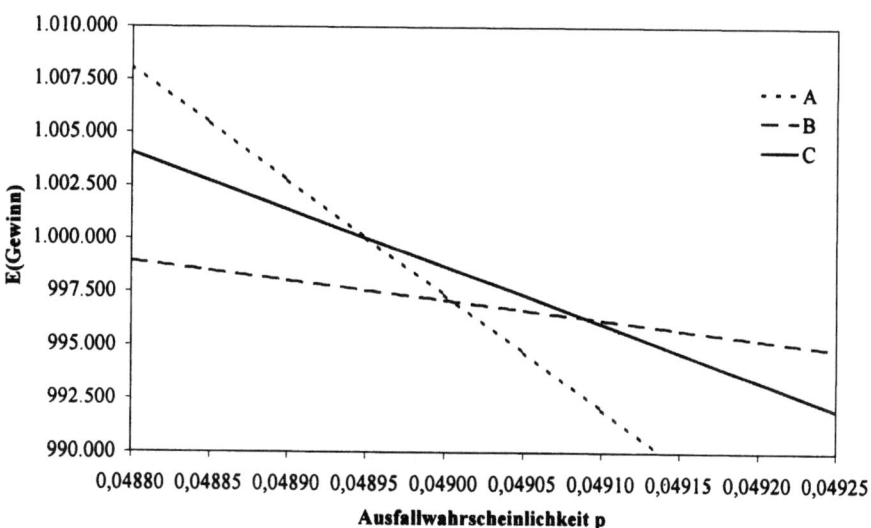

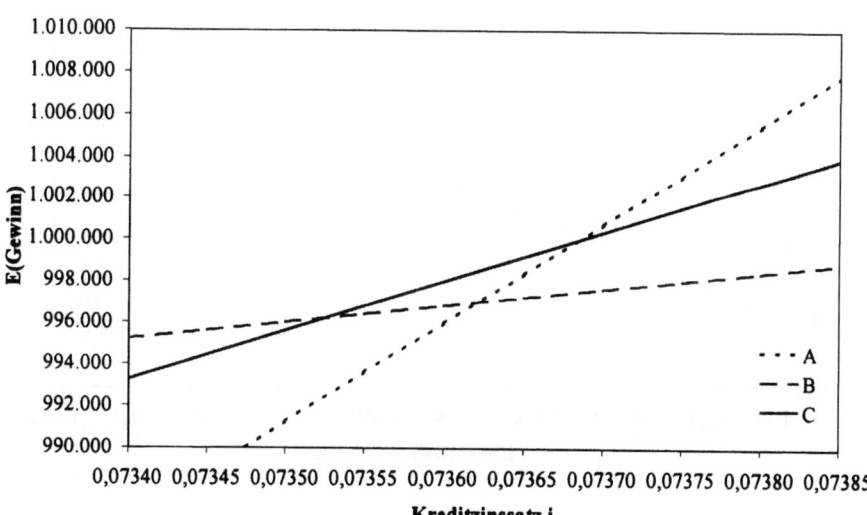

Sensitivität bzgl. der Emissionsprovision c

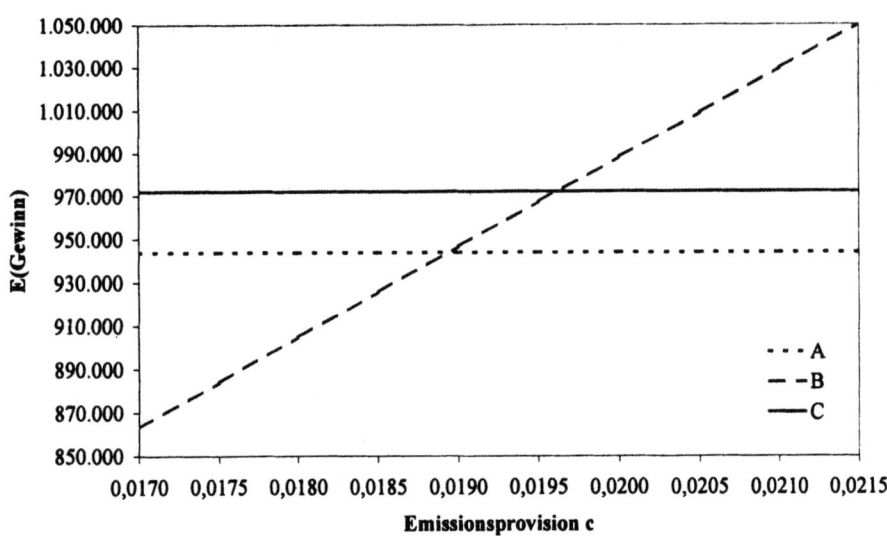

Sensitivität bzgl. der Konsortialprovision k

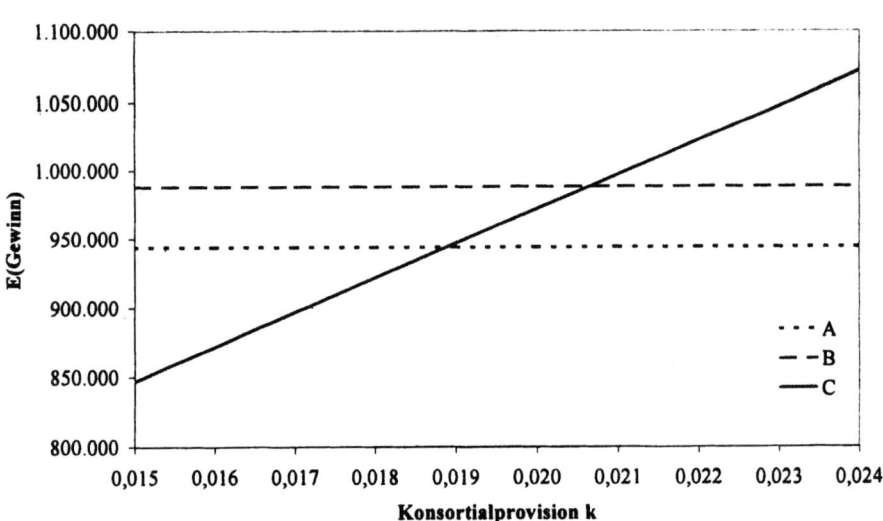

FALLSTUDIE E

THOMAS HOFFMANN

Kosten-Nutzwert-Analyse zur Unterstützung medizinischer Entscheidungsprobleme

Stichwörter: Entscheidungsbaum – Kosten-Nutzwert-Analyse – Bayes-Theorem – Dominanzanalyse – Multiattributive Nutzentheorie – Sensitivitätsanalyse

1. Fallbeschreibung

Bei der vorwiegend bei älteren Patienten vorkommenden Riesenzellenarteriitis handelt es sich um eine Entzündung der Arterienwand im Bereich der Schläfen, die in 12 von 100 Fällen bis zur Erblindung führt.

Die Riesenzellenarteriitis äußert sich anfangs durch Symptome wie z.B. starke Kopfschmerzen, Fieber und allgemeine Schwäche. Liegen all diese Symptome vor, handelt es sich bei älteren Patienten mit einer Wahrscheinlichkeit von 50% um eine Riesenzellenarteriitis. Behandeln läßt sich die Erkrankung mit Steroiden, durch die das Erblindungsrisiko um 89% reduziert werden kann. Bei einer Behandlung mit Steroiden treten jedoch bei 19 von 100 Patienten Nebenwirkungen in Form von Bluthochdruck und Knochennekrose auf.

Durch eine Gewebeentnahme der Schläfenarterie läßt sich die Diagnoseunsicherheit reduzieren. Auch nach Durchführung der Biopsie kann jedoch nicht mit Gewißheit gesagt werden, ob eine Riesenzellenarteriitis vorliegt. Liegt tatsächlich eine Riesenzellenarteriitis vor, zeigt der Test dies mit einer Wahrscheinlichkeit von 80% an, d.h. der Test weist eine Sensitivität von 0,8 auf. Leidet der Patient nicht an Riesenzellenarteriitis, fällt das Testergebnis mit Sicherheit dementsprechend aus, d.h. der Test hat eine Spezifität von 1.

Der vorliegende Fall beschreibt ein Entscheidungsproblem, mit dem ein Arzt konfrontiert wird, wenn ein Patient ihm die oben beschriebenen Symptome schildert. Ebenso kann die Problematik für den Bundesverband der Ärzte und Krankenkassen von Bedeutung sein, wenn darüber entschieden werden soll, welche Behandlungsstrategie für die Riesenzellenarteriitis unverbindlich als Standardtherapie zu empfehlen ist.

Offenbar bieten sich einem Arzt zur Behandlung eines Patienten mit den Symptomen der Riesenzellenarteriitis verschiedenen Behandlungsalternativen, aus denen er eine Alternative auszuwählen hat. Das vorliegende Entscheidungsproblem ist durch Unsicherheit und einen hohen Grad an Komplexität gekennzeichnet, so daß sich die analytischen Verfahren der Entscheidungstheorie zur Problemlösung anbieten.

2. Zielformulierung

In einem ersten Schritt muß sich der Entscheidungsträger über die Ziele Gedanken machen, die mit der Entscheidung über die Wahl der Behandlungsstrategie erreicht werden sollen. Bei der vorliegenden Entscheidungssituation mag dies auf den ersten Blick eine leichte Aufgabe sein, da man geneigt ist zu sagen, daß die Gesundheit der Patienten das wichtigste Ziel ist. Wenn dies auch eine recht naheliegende Aussage ist, so wird ein in der Anwendung der Entscheidungstheorie erfahrener Berater sogleich einwenden, daß diese Antwort für das weitere Vorgehen noch unbefriedigend ist, da mit der Zielformulierung „Maximierung der Gesundheit" der Patienten die an ein Zielsystem zu stellenden Anforderungen keineswegs erfüllt sind. Offensichtlich verstößt die Zielformulierung in dieser Form gegen die Anforderung der Meßbarkeit. Abgesehen davon, daß es schwierig ist, ein geeignetes Attribut zu finden, über das sich das Ziel Gesundheit adäquat messen läßt, mag ein weiterer Hinweis dazu führen, sich über die Zielsetzung zusätzliche Gedanken zu machen. Gesetzliche Krankenkassen und niedergelassene oder in Krankenhäusern tätige Ärzte sind in ihren Entscheidungen zunehmend auch durch finanzielle Restriktionen gebunden. Letztlich stehen die verschiedenen Behandlungsalternativen in immer stärkerem Maße in Konkurrenz um begrenzte finanzielle Mittel. Die Berücksichtigung der Kosten einer Behandlung ist somit notwendig, um möglichst viele Behandlungen realisieren zu können, durch die die Gesundheit aller Patienten im Rahmen eines gegebenen finanziellen Budgets maximiert werden kann.

Angenommen, einem Arzt steht in einem bestimmten Zeitraum ein Budget von 10 GE zur Verfügung. Dieser Arzt habe nun zwei Patienten, für deren Behandlung grundsätzlich zwei verschiedene Behandlungen zur Verfügung stehen, von denen die eine zu einem Behandlungserfolg von 1 auf einer Skala von 0 bis 1 führt und 10 GE kostet und die andere zu einem Behandlungserfolg von 0,9 führt aber nur 5 GE kostet. Offenbar könnte mit der zweiten etwas weniger wirksamen Behandlung beiden Patienten geholfen werden. Dieses Beispiel soll deutlich machen, daß auch die Kosten einer Behandlungsalternative im vorliegenden Kontext durchaus ein relevantes Ziel darstellen können. Im Folgenden sei zunächst unterstellt, daß die verschiedenen Handlungsalternativen in Bezug auf ihre gesundheitlichen Konsequenzen und ihre Kosten (aus der Perspektive gesetzlicher Krankenversicherungen) zu bewerten sind. Eine weitere Operationalisierung der beiden Ziele erfolgt in einem späteren Schritt.

3. Strukturierung des Entscheidungsproblems

Nachdem man sich Klarheit über die grundsätzlich zu verfolgenden Ziele verschafft hat, gilt es in einem nächsten Schritt, das Entscheidungsproblem übersichtlich zu strukturieren und zu modellieren, um die einzelnen Handlungsalternativen und die Faktoren, die deren Konsequenzen determinieren, transparent zu machen. Um die vorgegebene Problemstellung anhand eines Entscheidungsbaums zu verdeutlichen, betrachtet man sukzessive die einzelnen Entscheidungen, mit denen ein Arzt konfrontiert wird. Die folgende Abbildung wurde mit der entscheidungstheoretischen PC-Software TreeAge DATA™ erstellt.

Kosten-Nutzwert-Analyse zur Unterstützung medizinischer Entscheidungsprobleme

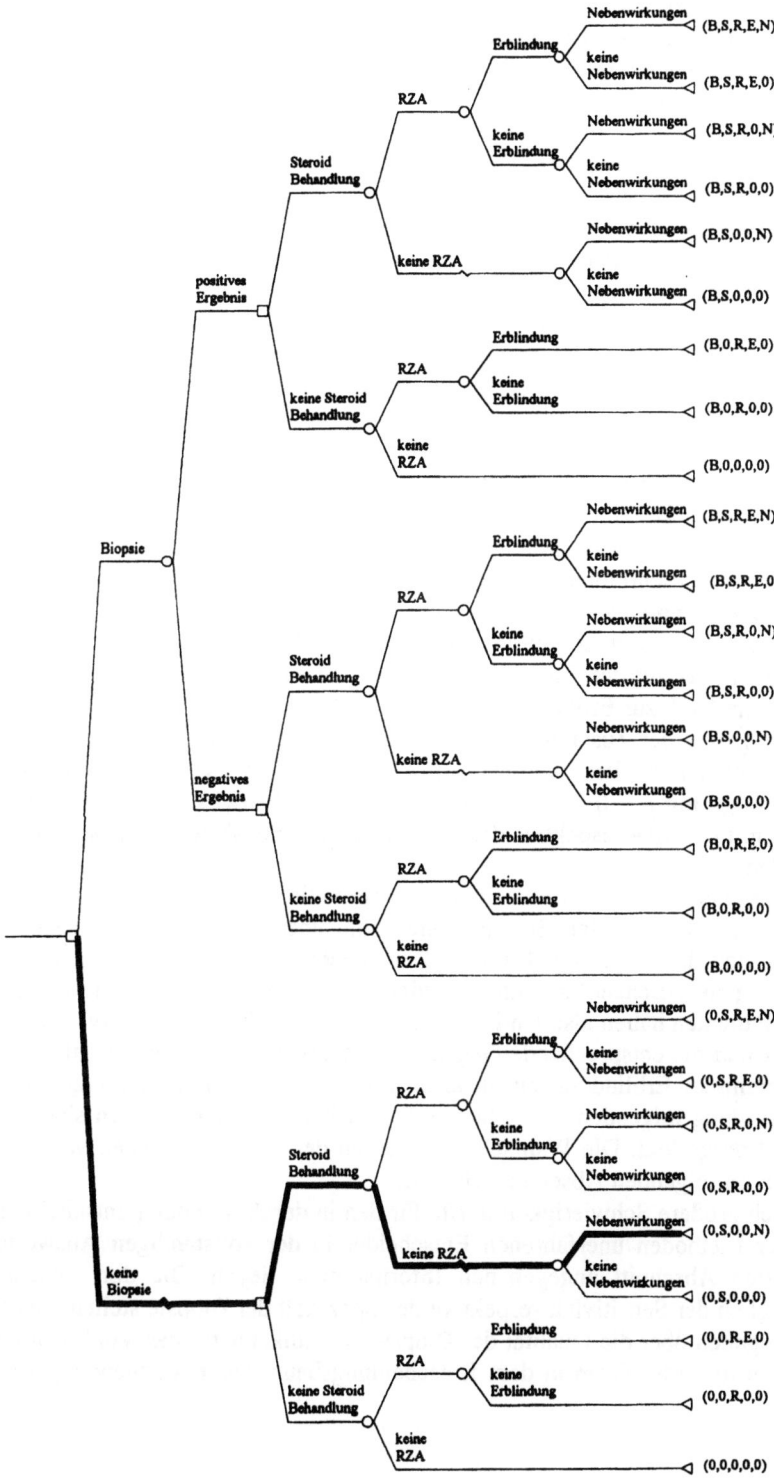

Abb. 1: Der Entscheidungsbaum in seiner Grundstruktur

In einem ersten Schritt ist darüber zu entscheiden, ob eine Biopsie durchgeführt wird. Das Ergebnis der Biopsie ist von dem Entscheidungsträger nicht zu beeinflussen, es stellt für den Entscheider ein Ereignis dar.

Angenommen, man entscheidet sich gegen die Durchführung einer Biopsie, dann ist in einem nächsten Schritt darüber zu entscheiden, ob der Patient mit Steroiden behandelt wird. Ob eine Riesenzellenarteriitis tatsächlich vorliegt, stellt für den Entscheider ein von ihm nicht zu beeinflussendes Ereignis dar. Ist der Patient nicht an einer Riesenzellenarteriitis erkrankt und treten Nebenwirkungen durch die Steroidbehandlung auf, so ergibt sich eine Abfolge von Entscheidungen und Ereignissen, die durch den fett eingezeichneten Linienzug in der obigen Abbildung gekennzeichnet ist. Die Grafik wurde mit dem Programm DATA 3.5 erstellt. Die Konsequenzen werden zunächst als Variablenkombinationen hinter den Endknoten dargestellt. Eine genauere Erläuterung hierzu erfolgt in dem entsprechenden Abschnitt.

In der medizinischen Praxis ist es üblich, daß bestimmte Zustände und Konsequenzen nicht mit Sicherheit eintreten, sondern mit Unsicherheit behaftet sind. Durch Erfahrungswerte und diagnostische Untersuchungen läßt sich die Unsicherheit jedoch zumindest insofern konkretisieren, daß bestimmte Eintrittswahrscheinlichkeiten für Ereignisse angegeben werden können. Einige Eintrittswahrscheinlichkeiten sind unmittelbar der Fallbeschreibung zu entnehmen und können direkt in den Entscheidungsbaum übernommen werden. Die Aussage, daß die RZA in 12 von 100 Fällen bis zur Erblindung führt, gibt unmittelbar die Eintrittswahrscheinlichkeiten für den Ereignisknoten an, der auf den Zustand RZA folgt. Mit einer Wahrscheinlichkeit von $p = 0{,}12$ führt die RZA zur Erblindung und mit der Gegenwahrscheinlichkeit von $p = 1 - 0{,}12 = 0{,}88$ folgt der Zustand „keine Erblindung". Des weiteren können noch die Eintrittswahrscheinlichkeiten für das Auftreten einer RZA, wenn keine Steroidbehandlung erfolgt, mit $p = 0{,}5$ und das Auftreten von Nebenwirkungen einer Steroidbehandlung mit $p = 0{,}19$ respektive deren jeweilige Gegenwahrscheinlichkeiten angegeben werden.

Nicht unmittelbar läßt sich hingegen die Information über die Effektivität (0,89) der Steroidbehandlung in den Entscheidungsbaum übertragen. Präzise besagt diese Information, daß das ursprünglich mit 0,12 angegebene Erblindungsrisiko unter der Voraussetzung einer Behandlung mit Steroiden um 89% reduziert wird. Mit Steroiden behandelte Patienten haben also ein Erblindungsrisiko von $0{,}12 \cdot (1 - 0{,}89) = 0{,}0132$. Dieser Wert und die entsprechende Gegenwahrscheinlichkeit sind nun an allen Knoten des Ereignisses Erblindung einzutragen, die auf den der Entscheidung für eine Steroidbehandlung folgenden Ästen liegen. Die bisherigen Informationen sind in der Abbildung 2 dargestellt. Die Wahrscheinlichkeiten der mit Fragezeichen versehenen Äste werden im folgenden Abschnitt erläutert.

Eine noch größere Schwierigkeit dürfte für den in der Anwendung entscheidungstheoretischer Methoden unerfahrenen Entscheider in der vollständigen Auswertung der im letzten Abschnitt angegebenen Informationen liegen. Die dort genannten Werte bezüglich der Sensitivität respektive der Spezifität der Biopsie stellen zunächst lediglich Angaben über die Qualität der Biopsie als Indikator für das Vorliegen einer RZA dar, die in dieser Form in dem Entscheidungsbaum keine Verwendung finden können.

Kosten-Nutzwert-Analyse zur Unterstützung medizinischer Entscheidungsprobleme 73

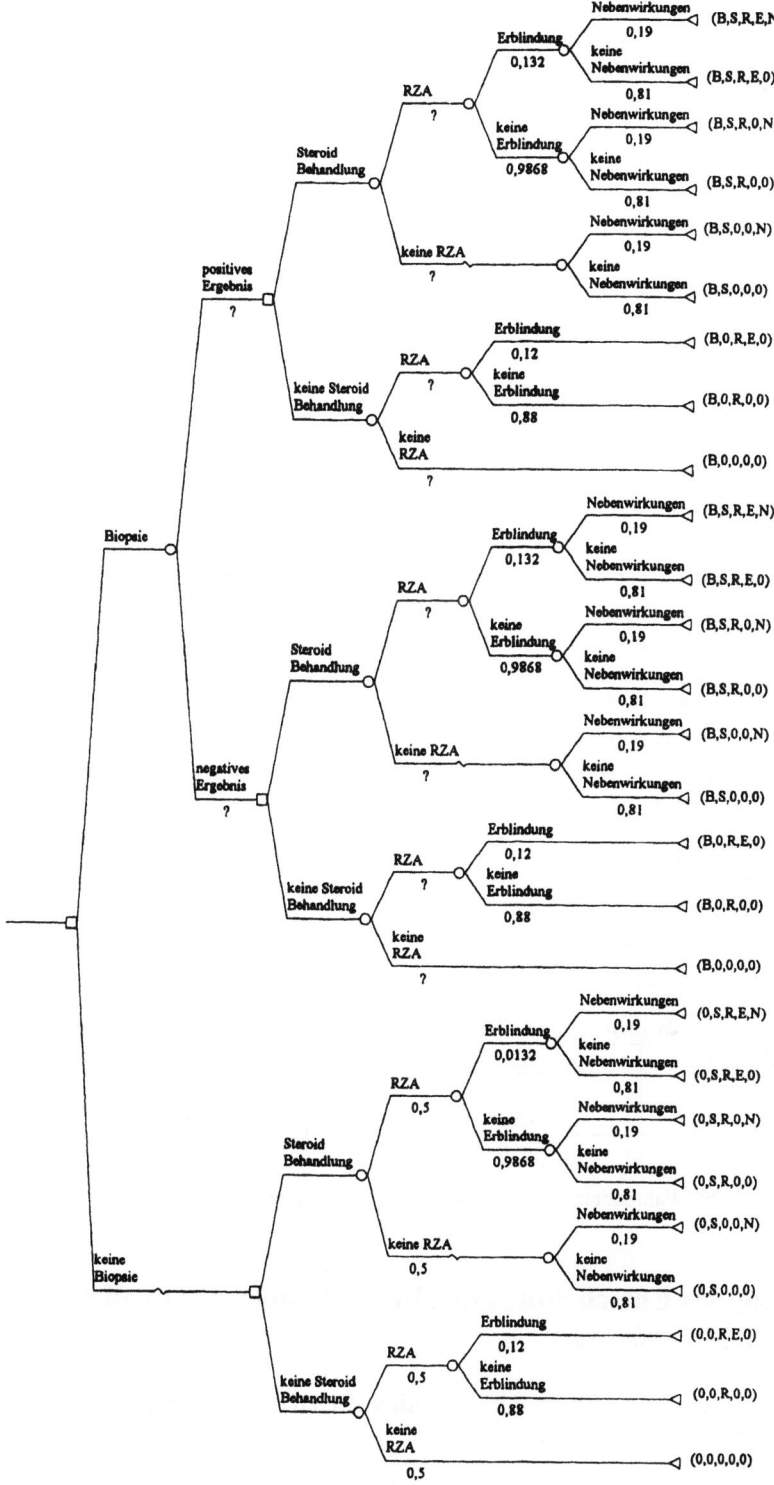

Abb. 2: Der Entscheidungsbaum mit ersten Wahrscheinlichkeitsinformationen

Mittels des Bayes-Theorems läßt sich jedoch die zunächst angenommene Wahrscheinlichkeit über das Vorliegen einer RZA nach Durchführung der Biopsie und unter Berücksichtigung der Eignung der Biopsie als Indikator revidieren. Nach einigen Rechenschritten erhält man mit den nach einer Biopsie revidierten Wahrscheinlichkeiten für das Vorliegen einer RZA für das Entscheidungsproblem unmittelbar relevante Informationen. Die ursprüngliche Information, also die Apriori-Wahrscheinlichkeit für das Vorliegen einer RZA beträgt p = 0,5. Die Information zur Sensitivität und zur Spezifität des Biopsieergebnisses als Indikator für eine RZA sind genau die bedingten Wahrscheinlichkeiten, die im Zusammenhang mit dem Bayes-Theorem als Likelihoods bezeichnet werden.

Die Sensitivität gibt die Wahrscheinlichkeit $p(T^+|RZA^+)$ für ein positives Testergebnis (T^+) unter der Voraussetzung an, daß tatsächlich eine RZA vorliegt (RZA^+). Durch die Spezifität $p(T^-|RZA^-)$ kommt dagegen zum Ausdruck, mit welcher Wahrscheinlichkeit ein negatives Testergebnis (T^-) erzielt wird, wenn der Patient keine RZA hat (RZA^-).

Mit den Likelihoods und den Apriori-Wahrscheinlichkeiten lassen sich aus der Fallbeschreibung genau die Daten entnehmen, auf Basis derer man über die Anwendung des Bayes-Theorems zu den für den Entscheidungsbaum relevanten Aposteriori-Wahrscheinlichkeiten gelangt. Diese bedingten Wahrscheinlichkeiten besagen nun im Gegensatz zu den Likelihoods, mit welcher Wahrscheinlichkeit eine RZA vorliegt, wenn das Testergebnis bekannt ist. Aus der unten angegebenen Tabelle läßt sich ersehen, daß die Wahrscheinlichkeit für das Vorliegen einer RZA bei einem positiven Testergebnis p = 1 beträgt und bei einem negativen Testergebnis der Patient mit einer Wahrscheinlichkeit von p = 0,833 nicht an einer RZA leidet. Diese Wahrscheinlichkeiten und ihre entsprechenden Gegenwahrscheinlichkeiten können nun unmittelbar in den Entscheidungsbaum übertragen werden.

RZA	Apriori-Wahrsch.	Likelihoods	
		$p(T^+|RZA^+)$	$p(T^-|RZA^+)$
RZA^+	0,5	0,8	0,2
RZA^-	0,5	0	1

RZA	gemeinsame Wahrscheinlichkeiten		Aposteriori Wahrscheinlichkeiten	
	$p(T^+,RZA^+)$	$p(T^-,RZA^+)$	$p(RZA^+|T^+)$	$p(RZA^+|T^-)$
RZA^+	0,4	0,1	1	0,166
RZA^-	0	0,5	0	0,833
	$p(T^+)=0,4$	$p(T^-)=0,6$		

Tab. 1: Ermittlung von Wahrscheinlichkeiten nach dem Bayes-Theorem

4. Darstellung des Entscheidungsproblems mittels eines vollständigen Entscheidungsbaums

Der vollständige Entscheidungsbaum mit allen Alternativen und relevanten Zuständen ist in folgender Abbildung dargestellt.

Kosten-Nutzwert-Analyse zur Unterstützung medizinischer Entscheidungsprobleme

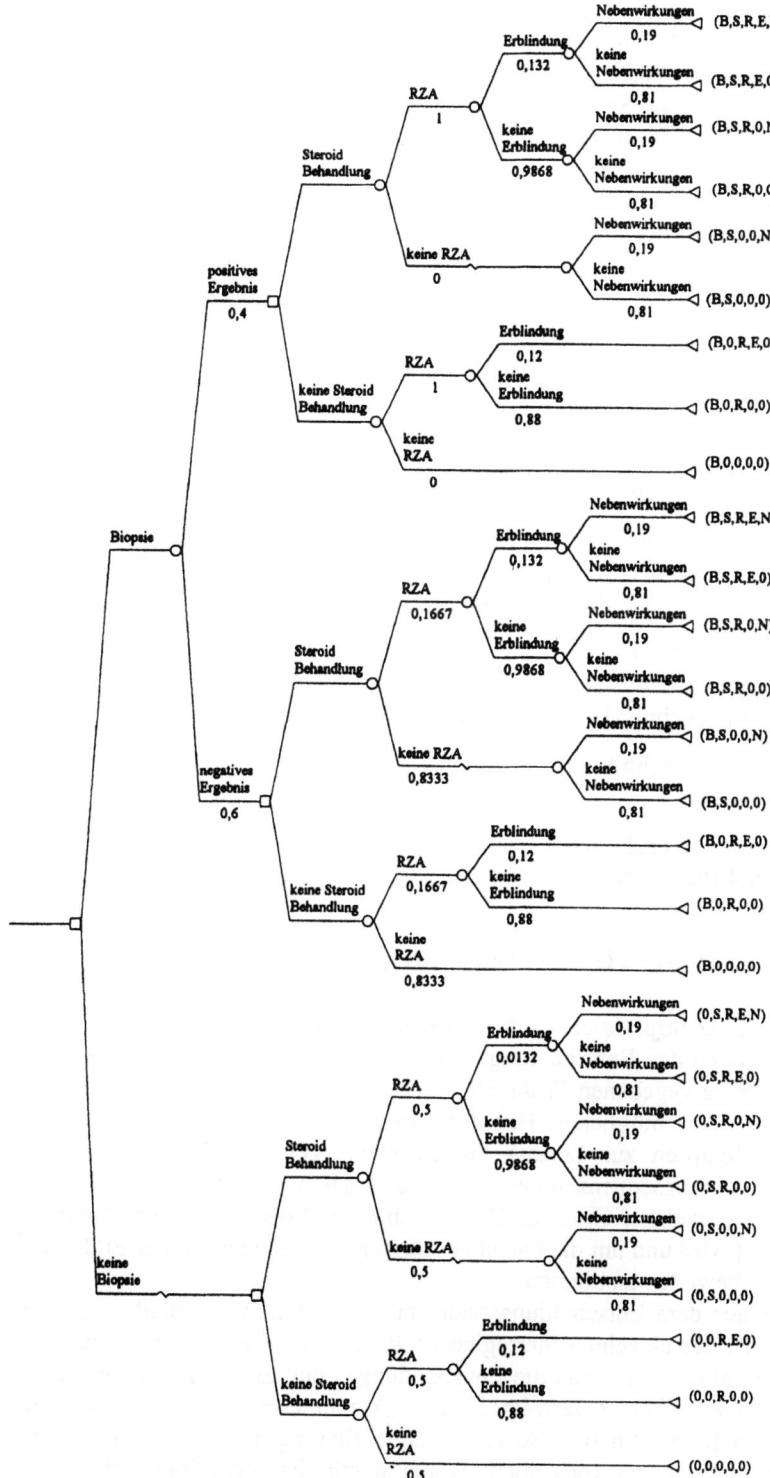

Abb. 3: Der vollständige Entscheidungsbaum

Der nächste Schritt in der Entscheidungsanalyse ist nun, daß sich der Entscheidungsträger anhand des Entscheidungsbaums überlegt, welche möglichen Handlungsstrategien ihm insgesamt zur Verfügung stehen. Strategien sind Sequenzen von bedingten Entscheidungen. Eine erste Strategie lautet beispielsweise: Durchführung einer Biopsie; bedingt durch das Ergebnis der Biopsie ergibt sich die nächste Entscheidung, beispielsweise die Durchführung einer Steroidbehandlung bei einem positiven Biopsieergebnis und der Verzicht auf die Steroidbehandlung bei einem negativen Biopsieergebnis. Insgesamt lassen sich anhand des Entscheidungsbaums 6 Strategien identifizieren:

S1: Biopsie durchführen
- bei positivem Ergebnis: Steroidbehandlung
- bei negativem Ergebnis: keine Steroidbehandlung

S2: Biopsie durchführen
- bei positivem Ergebnis: keine Steroidbehandlung
- bei negativem Ergebnis: Steroidbehandlung

S3: Biopsie durchführen
- bei positivem Ergebnis: Steroidbehandlung
- bei negativem Ergebnis: Steroidbehandlung

S4: Biopsie durchführen
- bei positivem Ergebnis: keine Steroidbehandlung
- bei negativem Ergebnis: keine Steroidbehandlung

S5: keine Biopsie durchführen
- Steroidbehandlung

S6: keine Biopsie durchführen
- keine Steroidbehandlung.

5. Konsequenzen der Handlungsstrategien

Bisher wurde mit der Strukturierung des Entscheidungsproblems und der transparenten Darstellung durch den Entscheidungsbaum, der vollständigen Auswertung der in der Fallbeschreibung gegebenen Wahrscheinlichkeitsinformationen und der vollständigen Auflistung aller möglichen Handlungsstrategien bereits eine wertvolle und unverzichtbare Vorarbeit zur Lösung des Problems geleistet. In einem weiteren Schritt sind nun die Konsequenzen der einzelnen Handlungsstrategien zu analysieren, um zu untersuchen, welcher Grad der Zielerreichung mit den jeweiligen Handlungsstrategien erreicht wird und um die einzelnen Strategien entsprechend der Präferenzen des Entscheiders bewerten zu können.

Unmittelbar aus dem Entscheidungsbaum läßt sich wiederum ableiten, daß sich die Konsequenzen der einzelnen Strategien bezüglich fünf Dimensionen unterscheiden lassen. Wesentlich sind genau die Entscheidungen und Ereignisse, die einen Einfluß auf die vom Entscheider verfolgten Ziele „Maximierung der Gesundheit" und „Minimierung der Kosten" haben. So ist die Durchführung der Biopsie und die Steroidbehandlung mit Kosten verbunden, wobei durch die Steroidbehandlung auch schädliche Nebenwirkungen auftreten können. Liegt tatsächliche eine RZA vor, beeinträchtigt dies die Gesundheit der Patienten insofern, als die Symptome der RZA nicht vorübergehend sind, was für den Fall unterstellt ist, in dem keine RZA vorliegt. Offenkundig führt auch eine Erblindung des Patienten zu einer Gesundheitsverschlechterung.

Es läßt sich also danach unterscheiden, ob:

eine Biopsie durchgeführt wurde oder nicht,	{B,0}
eine Steroidbehandlung erfolgt oder nicht,	{S,0}
der Patient tatsächlich an einer RZA erkrankt ist oder nicht,	{R,0}
der Patient erblindet oder nicht,	{E,0}
Nebenwirkungen der Behandlung auftreten oder nicht.	{N,0}

Unterstellt man vereinfachend jeweils eine dichotome Ausprägung, also bezüglich jeder Dimension jeweils eine ja/nein-Ausprägung und keine Zwischenlösungen, was zumindest bei dem Faktor Erblindung eine recht restriktive Einschränkung darstellt, dann läßt sich jede Konsequenz durch eine Fünfer-Kombination der oben angegebenen Variablen darstellen. Durch die Variablenkombination (B,0,R,E,0) wird beispielsweise angegeben, daß eine Biopsie erfolgte, keine Steroidbehandlung durchgeführt wurde, der Patient tatsächlich an einer RZA leidet, der Patient erblindet und keine Nebenwirkungen auftreten. Rein kombinatorisch ergeben sich insgesamt $2^5 = 32$ mögliche Konsequenzen. Da eine Kombination, in der Nebenwirkungen der Steroidbehandlung auftreten, aber keine Steroidbehandlung (*,0,*,*,N) und Kombinationen, in denen ein Patient erblindet, ohne daß er tatsächlich an einer RZA leidet (*,*,0,E,*), nicht sinnvoll sind, verbleiben letztlich 18 plausible Konsequenzen. In der Darstellung im Entscheidungsbaum tauchen auch nur diese 18 verschiedenen Konsequenzen an den insgesamt 27 Endknoten auf. Diese Konsequenzen sind unten in Tabelle 2 aufgelistet.

Der nächste Schritt besteht nun darin, die einzelnen Handlungsstrategien respektive deren Konsequenzen daraufhin zu analysieren, wie sie vom Entscheider unter Berücksichtigung seiner Ziele bewertet werden. Dieser Schritt würde die genaue Kenntnis der Präferenzen des Entscheiders bezüglich dieser beiden Zielvariablen erfordern.

6. Dominanzanalyse

Zunächst kann der Analytiker überprüfen, ob eventuell nicht auch ohne Kenntnis der genauen Präferenzen einzelne Alternativen von vornherein aussortiert werden können. Grundsätzlich wurden als Ziele ja bereits die „Maximierung der Gesundheit" und die „Minimierung der Kosten" festgelegt.

Sollte es gelingen, auf Basis dieser beiden Kriterien bereits Strategien aussortieren zu können, so bezeichnet man die im Vorfeld aussortierten Strategien als dominierte Strategien. Bei den vorliegenden sechs Alternativen mögen auch dem in der Entscheidungsanalyse ungeschulten Entscheider die beiden Strategien S3 und S4 auffallen. Bei beiden Strategien wird eine Biopsie durchgeführt, obwohl deren Ergebnis für die nachfolgende Entscheidung bezüglich der Steroidbehandlung unberücksichtigt bleibt. Da die Durchführung der Biopsie jedoch mit Kosten verbunden ist und der Eingriff als solcher auch nicht zu einer Verbesserung der Gesundheit führt, kann man durch bloßen Rückgriff auf die oben genannte grobe Zielformulierung die beiden

Strategien aussortieren. Die Strategien S5 und S6 führen jeweils zu den gleichen Konsequenzen, haben jedoch den Vorteil, daß keine Kosten für die Biopsie anfallen. Sie dominieren also die Strategien S3 und S4 bezüglich der genannten Zielsetzung.

7. Bewertung der Konsequenzen

Nach diesen Vorarbeiten gilt es nun, die Konsequenzen der einzelnen Alternativen unter Berücksichtigung der Präferenzen des Entscheiders detaillierter zu bewerten. Da eine Bewertung stets nur im Hinblick auf bestimmte Ziele erfolgen kann, sind zunächst die der Entscheidung zugrundeliegenden Ziele und die Präferenzen des Entscheiders bezüglich dieser Ziele zu präzisieren.

Zu Beginn wurden in einer groben Zielformulierung die Zielvariablen Kosten und Gesundheit identifiziert. Betrachtet man zunächst die Kosten, so gilt es zu untersuchen, welche Ausprägung das Attribut Kosten für die jeweilige Konsequenz annimmt. Ist eine Konsequenz etwa durch die Durchführung einer Biopsie und einer Steroidbehandlung gekennzeichnet, so entstehen unmittelbar Kosten durch die Durchführung dieser Maßnahmen. Daneben führt auch die Erblindung eines Patienten zu Kosten. Hierbei stehen die Kosten zwar nicht in unmittelbarem Zusammenhang mit einer Behandlung, doch auch diese nur mittelbar mit einer Handlungsstrategie im Zusammenhang stehenden Kosten sind zu berücksichtigen. Oben wurden die Konsequenzen aller Handlungsstrategien jeweils durch die fünf Dimensionen, Biopsie, Steroidbehandlung, Vorliegen einer RZA, Erblindung und Nebenwirkungen beschrieben. Im Weiteren ist nun zunächst zu untersuchen, inwiefern die Konsequenzen in den einzelnen Dimensionen Einfluß auf das Attribut Kosten haben.

Bei der Biopsie kann danach unterschieden werden, ob sie nur an einer Schläfe oder an beiden Schläfen durchgeführt wird. Die in der Fallbeschreibung angegebene Spezifität von 1 weist jedoch nur die beidseitige Biopsie auf. Kosten entstehen bei der Biopsie im Wesentlichen durch die Nutzung des Operationssaals und durch die Analyse der Probe. Im Folgenden werden für die Biopsie Kosten in Höhe von 150 GE angenommen.

Bei einer Steroidbehandlung entstehen Kosten durch den eigentlichen Wirkstoff, begleitende Arztbesuche und Labortests. Für die Steroidbehandlung werden Kosten von 1.000 GE unterstellt.

Wie bereits oben angesprochen, wird von einer vollständigen Erblindung der Patienten ausgegangen. Erblindet ein Patient vollständig, fallen Kosten in vielen verschiedenen Bereichen an. Versorgungsämter, Berufsgenossenschaften und das Arbeitsamt sind beispielsweise für eine mitunter erforderliche berufliche Rehabilitation des Patienten zuständig. Für eine gegebenenfalls notwendige soziale Rehabilitation ist das Sozialamt zuständig. Im vorliegenden Entscheidungskontext sollen jedoch nur die Kosten aus der Sicht der gesetzlichen Krankenkassen berücksichtigt werden. Diese tragen die Kosten für die medizinische Rehabilitation, die sich aus den Kosten für einen Blindenhund, ein Blindenleitgerät, ein Blindenlesegerät und eine Blindenuhr zusammensetzen. Als Kosten werden 96.000 GE angenommen.

Die Kosten für die Behandlung der Nebenwirkungen der Steroidbehandlung, Knochennekrose und Bluthochdruck, werden mit 45.000 GE angesetzt.

Die gesamten Kosten der einzelnen Konsequenzen erhält man nun durch einfache Aggregation der einzelnen Kostenwerte. Für die Konsequenz (B,S,R,E,N) ergeben

Kosten-Nutzwert-Analyse zur Unterstützung medizinischer Entscheidungsprobleme 79

sich die gesamten Kosten aus den Kosten für die Biopsie, die Steroidbehandlung, die Erblindung und die Nebenwirkungen der Steroidbehandlung. Die Kosten der einzelnen Konsequenzen sind in der nachfolgenden Tabelle angegeben.

	Biopsie	Steroide	Blindheit	Nebenwirkungen	Gesamtkosten
(B,S,R,E,N)	150	1.000	96.000	45.000	142.150
(B,S,R,E,0)	150	1.000	96.000		97.150
(B,S,R,0,N)	150	1.000		45.000	46.150
(B,S,R,0,0)	150	1.000			1.150
(B,S,0,0,N)	150	1.000		45.000	46.150
(B,S,0,0,0)	150	1.000			1.150
(B,0,R,E,0)	150		96.000		96.150
(B,0,R,0,0)	150				150
(B,0,0,0,0)	150				150
(0,S,R,E,N)		1.000	96.000	45.000	142.000
(0,S,R,E,0)		1.000	96.000		97.000
(0,S,R,0,N)		1.000		45.000	46.000
(0,S,R,0,0)		1.000			1.000
(0,S,0,0,N)		1.000		45.000	46.000
(0,S,0,0,0)		1.000			1.000
(0,0,R,E,0)			96.000		96.000
(0,0,R,0,0)					0
(0,0,0,0,0)					0

Tab. 2: Ausprägung des Attributs Kosten für die verschiedenen Konsequenzen

Neben den Kosten sind auch die Auswirkungen der verschiedenen Konsequenzen auf die zweite Zielvariable, die Gesundheit der Patienten, zu berücksichtigen. Ähnlich wie bei den Kosten muß man sich auch hier in einem ersten Schritt fragen, inwiefern die einzelnen Konsequenzen die Gesundheit eines Patienten bestimmen. Die bewertungsrelevanten Konsequenzen liegen in den Symptomen der RZA, der Erblindung und den Nebenwirkungen der Steroidbehandlung. Strenggenommen haben auch die Durchführung der Biopsie und die eigentliche Durchführung der Steroidbehandlung einen Einfluß auf den Gesundheitszustand des Patienten. Da die Auswirkungen dieser Behandlungen nur geringe Beeinträchtigungen darstellen, bleiben sie im Folgenden aus Gründen der Vereinfachung unberücksichtigt. Ausgehend von der ursprünglichen nur sehr groben Zielformulierung kann der Begriff „Gesundheit der Patienten" nun schon konkreter definiert werden, indem drei Attribute herausgearbeitet wurden. Mit x_1 werden die Beeinträchtigungen durch die Symptome der RZA, mit x_2 wird die Erblindung und mit x_3 werden die Nebenwirkungen der Steroidbehandlung bezeichnet.

8. Anwendung der Kosten-Nutzwert-Analyse

Insgesamt wurden mit den Kosten und der Gesundheit der Patienten, die sich wiederum in die oben aufgelisteten Attribute (Symptome, Erblindung, Nebenwirkungen) aufspalten läßt, vier Ziele oder Attribute für das Entscheidungsproblem definiert. Grundsätzlich bietet sich zur Lösung eines derart strukturierten multiattributiven Entscheidungsproblems die multiattributive Nutzentheorie an. Die vorliegende Entscheidungssituation ist jedoch dadurch gekennzeichnet, daß der Einsatz der verschiedenen Behandlungsstrategien durch Budgetvorgaben limitiert wird. Daher ist es von besonderem Interesse zu wissen, in welchem Verhältnis der Nutzen der einzelnen Maßnahmen im Verhältnis zur Budgetbeanspruchung steht. Eine Antwort auf diese Frage kann die Kosten-Nutzwert-Analyse liefern. Angewendet auf die vorliegende Problemstellung kann die Kosten-Nutzwert-Analyse Information darüber geben, welchen gesundheitlichen Nutzen die einzelnen Maßnahmen für eine GE liefern.

Dem Konzept der Kosten-Nutzwert-Analyse entsprechend ist der gesundheitliche Nutzen der einzelnen Konsequenzen zunächst separat von den Kosten zu erfassen. Der gesundheitliche Nutzen kann gemessen werden, in dem eine multiattributive Nutzenfunktion über die oben definierten drei Attribute aufgestellt wird. Da bezüglich der Ausprägungen der einzelnen Attribute Dichotomie unterstellt wird, also eine Beeinträchtigung liegt entweder vor oder liegt nicht vor, kann mit Nutzenwerten von 0 und 1 gearbeitet werden, d.h.:

	Variable	Nutzenwerte $u(x_r)$	
		nein	ja
Symptome der RZA (Kopfschmerzen, Fieber, Schwäche)	x_1	1	0
Komplikationen der RZA (Erblindung)	x_2	1	0
Nebenwirkungen der Steroidbehandlung	x_3	1	0

Tab. 3: (Gesundheits-)Nutzenwerte der einzelnen Attributsausprägungen

Da die gesundheitlichen Konsequenzen in einem Index zusammengefaßt werden sollen, ist es erforderlich, eine multiattributive Nutzenfunktion aufzustellen, die alle drei Attribute entsprechend ihrer relativen Bedeutung berücksichtigt. Wegen seiner vergleichsweise einfachen Anwendung sollte zunächst geprüft werden, ob zwischen den Attributen die für das additive Bewertungsmodell notwendige Bedingung der additiven Nutzenunabhängigkeit gilt. Insbesondere müßte gelten, daß der Entscheider zwischen den beiden unten dargestellten Lotterien indifferent ist.

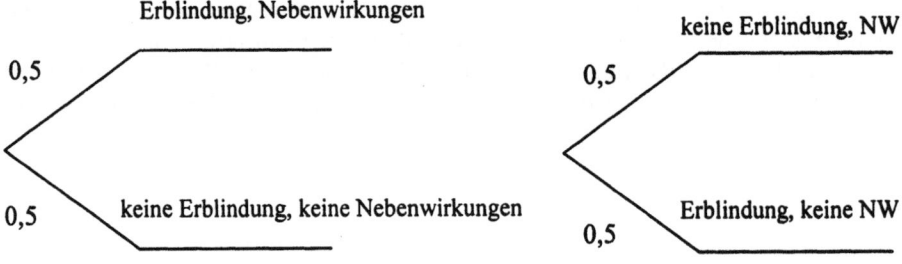

Abb. 4: Prüfung auf additive Nutzenunabhängigkeit

Bei entsprechenden Befragungen stellte sich heraus, daß Personen regelmäßig zwischen diesen beiden Lotterien nicht indifferent sind. Obwohl bei beiden Lotterien jeweils mit einer Wahrscheinlichkeit von 50% die Konsequenz Erblindung bzw. keine Erblindung und Nebenwirkungen der Steroidbehandlung bzw. keine Nebenwirkungen erreicht wird, ist offenbar auch die Kombination der Attribute von Bedeutung, so daß die Präferenzen durch das additive Modell offensichtlich nicht adäquat abgebildet werden können.

Die Voraussetzung der wechselseitigen Nutzenunabhängigkeit ist weniger restriktiv als die der additiven Nutzenunabhängigkeit und hinreichend für die Anwendung des multiplikativen Modells. Um beispielsweise zu überprüfen, ob die Attribute Blindheit und Nebenwirkungen wechselseitig nutzenunabhängig vom Attribut RZA sind, setzt man zuerst das Attribut RZA auf einen bestimmtes Niveau, etwa keine Symptome der RZA, und konstruiert danach eine Lotterie und ein sicheres Ereignis mit den Attributen Blindheit und Nebenwirkungen, zwischen denen der Entscheider indifferent ist.

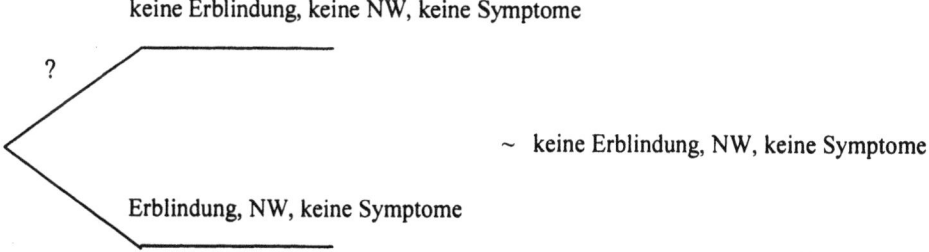

Abb. 5: Prüfung auf wechselseitige Nutzenunabhängigkeit

Bleibt diese Indifferenz auch dann bestehen, wenn die Ausprägung des Attributs Symptome der RZA auf ein anderes Niveau wechselt, dann sind die Attribute Erblindung und Nebenwirkungen unabhängig von dem Attribut Symptome. Als nächstes sind nacheinander die Attribute Erblindung und Nebenwirkungen jeweils auf einem Niveau konstant zu halten, um zu testen, ob die jeweils anderen Attribute nutzenunabhängig sind.

9. Ermittlung der Skalierungsfaktoren

Im Folgenden sei die wechselseitige Nutzenunabhängigkeit zwischen den Attributen vorausgesetzt, so daß in einem nächsten Schritt, um schließlich zur vollständigen Formulierung der Nutzenfunktion zu kommen, die Skalierungsfaktoren k_r der Bewertungsfunktion zu ermitteln sind. In der allgemeinen Form lautet die multiattributive Bewertungsfunktion in der multiplikativen Form:

$$u(x) = \frac{\prod_{r=1}^{m}[kk_r u_r(x_r)+1]-1}{k}.$$

Über die Skalierungsfaktoren wird eine Gewichtung der einzelnen Attribute vorgenommen. Die konkrete Ermittlung des Skalierungsfaktors für das Attribut Erblindung kann über folgende Fragestellung ermittelt werden. Dem Entscheider wird eine Lotterie angeboten, bei deren positiver Konsequenz alle Attribute auf das bestmögliche Niveau gesetzt werden, also keine Erblindung, keine Nebenwirkungen und keine Symptome der RZA. Bei der negativen Konsequenz der Lotterie werden alle Attribute auf das schlechtestmögliche Niveau gesetzt, also Erblindung, Nebenwirkungen und Symptome der RZA. Diese Lotterie ist zu vergleichen mit einer sicheren Konsequenz, bei der mit Ausnahme eines Attributs alle auf das schlechteste Niveau gesetzt werden. Genau das Attribut, für das der Skalierungsfaktor bestimmt werden soll, wird in der sicheren Konsequenz auf das beste Niveau gesetzt.

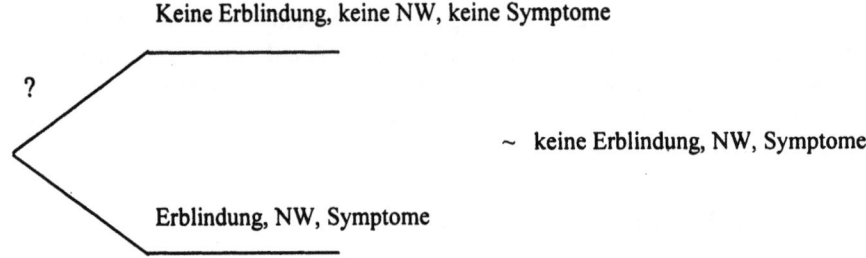

Abb. 6: Ermittlung eines Skalierungsfaktors

Die Gewinnwahrscheinlichkeit, bei der der Entscheider zwischen der sicheren Konsequenz und der Lotterie indifferent ist, entspricht dem Skalierungsfaktor für das entsprechende Attribut. Diese Prozedur ist für alle drei Attribute in der beschriebenen Form zu wiederholen. Bei der im Rahmen dieses Entscheidungsproblems durchgeführten Befragung wurden für die drei Attribute folgende Skalierungsfaktoren ermittelt:

Attribut	Skalierungsfaktor	Wert
Symptome (x_1)	k_1	0,26
Erblindung (x_2)	k_2	0,91
Nebenwirkungen (x_3)	k_3	0,38

Tab. 4: Skalierungsfaktoren für die drei Attribute

In einem letzten Schritt vor der Anwendung der multiplikativen Bewertungsformel ist der Faktor k zu ermitteln. Der Faktor k kann mit Hilfe eines Tabellenkalkulationsprogramms sehr einfach iterativ berechnet werden. Der Faktor k ist durch folgende Gleichung bestimmt:

$$1 + k = \prod_{r=1}^{3}(1 + kk_r)$$

Der nachfolgende Ausdruck zeigt, wie man k mit Hilfe eines Tabellenkalkulationsprogramms wie z.B. Microsoft Excel iterativ ermitteln kann. Wichtig ist hierbei, daß unter dem Menüpunkt Extras>Optionen>Berechnen die iterative Berechnung aktiviert ist.

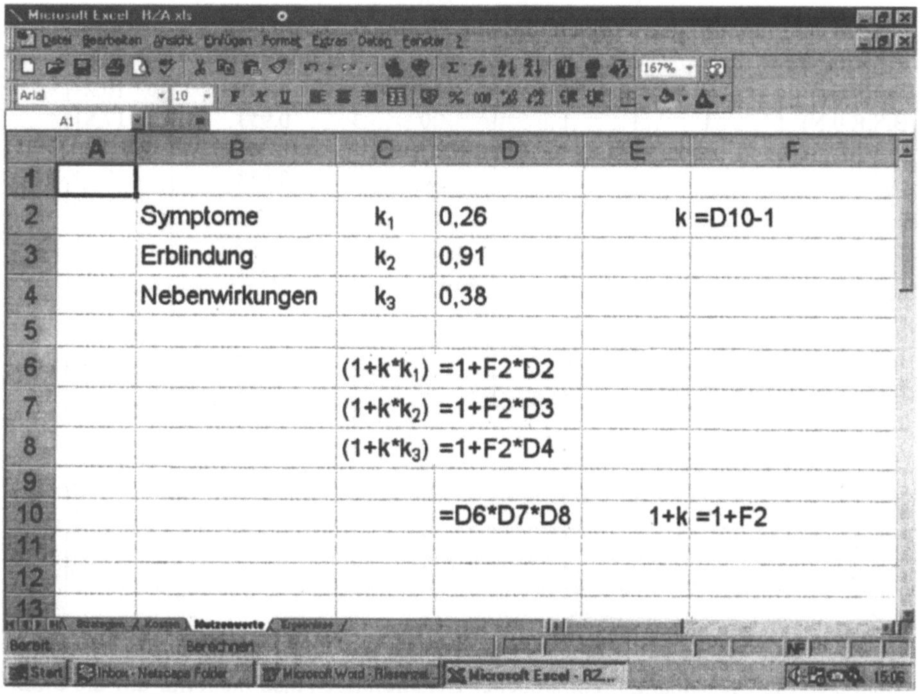

Kosten-Nutzwert-Analyse zur Unterstützung medizinischer Entscheidungsprobleme 83

Abb. 7: Screenshot der Ermittlung von k

Als Ergebnis dieser iterativen Ermittlung von k erhält man einen Wert von -0,9188. Nachdem die Nutzenwerte für die einzelnen Attributsausprägungen, die Skalierungskonstanten für die Attribute und der Faktor k bestimmt wurde, lassen sich nun die Konsequenzen der einzelnen Handlungsstrategien über folgende Formel bewerten:

$$u(x) = \frac{(-0,9188 \cdot 0,26 \cdot u_1(x_1)+1) \cdot (-0,9188 \cdot 0,91 \cdot u_2(x_2)+1) \cdot (-0,9188 \cdot 0,38 \cdot u_3(x_3)+1)-1}{-0,9188}$$

10. Ermittlung der optimalen Strategie

Die in Tabelle 5 angegebenen Gesamtnutzenwerte geben die durch die jeweiligen Krankheitssymptome beeinträchtigte Lebensqualität wieder. Man mag nun gegen diese Form der Bewertung der Handlungsstrategien einwenden, daß die Restlebenserwartung der Patienten zu berücksichtigen ist. Auch wenn in dieser konkreten Problemstellung die Restlebenserwartung der Patienten durch die verschiedenen Handlungsalternativen nicht beeinflußt wird, so gibt es dennoch medizinische Entscheidungsprobleme, bei denen die Restlebenserwartung eine entscheidungsrelevante Größe darstellt. Hat man – anders als in diesem Beispiel – eine Entscheidung zwischen Alternativen zu treffen, die die Restlebenserwartung von Patienten beeinflussen, so wird die Berücksichtigung dieses Ziels regelmäßig die Rangfolge der einzelnen Alternativen beeinflussen. Deshalb ist es bei medizinischen Entscheidungsproblemen üblich, neben der Lebensqualität auch die Restlebenserwartung als Ziel einzubeziehen.

	$u(x_1)$	$u(x_2)$	$u(x_3)$	Gesamtnutzen	QALYs
(B,S,R,E,N)	1	0	0	0,260	4,86
(B,S,R,E,0)	1	0	1	0,549	10,27
(B,S,R,0,N)	1	1	0	0,953	17,81
(B,S,R,0,0)	1	1	1	1,000	18,70
(B,S,0,0,N)	1	1	0	0,953	17,81
(B,S,0,0,0)	1	1	1	1,000	18,70
(B,0,R,E,0)	0	0	1	0,380	7,11
(B,0,R,0,0)	0	1	1	0,972	18,18
(B,0,0,0,0)	1	1	1	1,000	18,70
(0,S,R,E,N)	1	0	0	0,260	4,86
(0,S,R,E,0)	1	0	1	0,549	10,27
(0,S,R,0,N)	1	1	0	0,953	17,81
(0,S,R,0,0)	1	1	1	1,000	18,70
(0,S,0,0,N)	1	1	0	0,953	17,81
(0,S,0,0,0)	1	1	1	1,000	18,70
(0,0,R,E,0)	0	0	1	0,380	7,11
(0,0,R,0,0)	0	1	1	0,972	18,18
(0,0,0,0,0)	1	1	1	1,000	18,70

Tab. 5: Nutzenwerte der einzelnen Konsequenzen

Bezieht sich die Zielsetzung medizinischer Behandlungen also nicht nur auf die bloße Verbesserung des Gesundheitszustands, sondern soll neben der Lebensqualität auch die Dauer des noch zu erwartenden Lebens berücksichtigt werden, so kann man diese beiden Ziele zu einem zusammenfassen und über das in der Literatur vorgeschlagene künstliche Attribut QALY (Quality Adjusted Life Year) messen. QALYs werden berechnet, indem die zu erwartende Anzahl an restlichen Lebensjahren mit den Nutzenwerten für den entsprechenden Gesundheitszustand multipliziert werden.

Die RZA tritt vornehmlich bei älteren Patienten auf. Legt man männliche Patienten mit einem Alter von 60 Jahren und mit einer Restlebenserwartung von 18,7 Jahren zugrunde, so läßt sich der Kosten-Nutzwert der verschiedenen Handlungsstrategien wie folgt ermitteln. Von den ursprünglich aufgelisteten sechs möglichen Handlungsstrategien wurden zwei, nämlich die Strategien S3 und S5 bereits durch die Dominanzanalyse aussortiert, so daß diese im Folgenden nicht mehr zu berücksichtigen sind. Für die verbleibenden Strategien wird der Kosten-Nutzwert-Quotient nach folgender Formel ermittelt:

$$\text{Kosten-Nutzwert-Quotient} = \frac{\sum_{j=1}^{n} p_j \cdot \text{Kosten}_j}{\sum_{j=1}^{n} p_j \cdot \text{QALY}_j}.$$

In der folgenden Tabelle sind noch einmal alle Daten zusammengestellt, die für die Ermittlung der Kosten-Nutzwert-Quotienten notwendig sind.

Kosten-Nutzwert-Analyse zur Unterstützung medizinischer Entscheidungsprobleme

j	Konsequenz	Kosten	QALY	Wahrscheinlichkeiten p_j			
				S1	S2	S5	S6
1	(B,S,R,E,N)	142.150	4,86	0,001	0,000	0,000	0,000
2	(B,S,R,E,0)	97.150	10,27	0,004	0,001	0,000	0,000
3	(B,S,R,0,N)	46.150	17,81	0,075	0,019	0,000	0,000
4	(B,S,R,0,0)	1.150	18,70	0,320	0,080	0,000	0,000
5	(B,S,0,0,N)	46.150	17,81	0,000	0,095	0,000	0,000
6	(B,S,0,0,0)	1.150	18,70	0,000	0,405	0,000	0,000
7	(B,0,R,E,0)	96.150	7,11	0,012	0,048	0,000	0,000
8	(B,0,R,0,0)	150	18,18	0,088	0,352	0,000	0,000
9	(B,0,0,0,0)	150	18,70	0,500	0,000	0,000	0,000
10	(0,S,R,E,N)	142.000	4,86	0,000	0,000	0,001	0,000
11	(0,S,R,E,0)	97.000	10,27	0,000	0,000	0,005	0,000
12	(0,S,R,0,N)	46.000	17,81	0,000	0,000	0,094	0,000
13	(0,S,R,0,0)	1.000	18,70	0,000	0,000	0,400	0,000
14	(0,S,0,0,N)	46.000	17,81	0,000	0,000	0,095	0,000
15	(0,S,0,0,0)	1.000	18,70	0,000	0,000	0,405	0,000
16	(0,0,R,E,0)	96.000	7,11	0,000	0,000	0,000	0,060
17	(0,0,R,0,0)	0	18,18	0,000	0,000	0,000	0,440
18	(0,0,0,0,0)	0	18,70	0,000	0,000	0,000	0,500

Tab. 6: Zusammenstellung aller bewertungsrelevanten Daten

Die nähere Analyse der verbleibenden Strategien ist am Beispiel der Strategie S5 dargestellt. Die Strategie S5 ist dadurch charakterisiert, daß auf die Durchführung der Biopsie verzichtet wird und der Patient auf jeden Fall mit Steroiden behandelt wird. Aus dem Entscheidungsbaum läßt sich ablesen, daß mit dieser Strategie die Konsequenz keine Biopsie, Steroidbehandlung, RZA, keine Erblindung und Nebenwirkungen (0,S,R,0,N) mit einer Wahrscheinlichkeit von 9,4 % erzielt wird. Mit dieser Konsequenz sind Kosten in Höhe von 46.000 GE verbunden. Die gesundheitlichen Konsequenzen werden durch einen Nutzenwert von 0,953 gemessen. Multipliziert mit der Restlebenserwartung eines 60-jährigen Patienten ergeben sich also $0{,}953 \cdot 18{,}7 = 17{,}81$ QALYs. Auf diese Weise sind die anderen Konsequenzen dieser Handlungsstrategie zu ermitteln. Berücksichtigt man alle Konsequenzen mit ihren Eintrittswahrscheinlichkeiten, ihren Kosten und ihren Nutzenwerten bzw. QALYs, so läßt sich der erwartete Kosten-Nutzwert-Quotient wie folgt ermitteln:

$$\frac{0{,}0013 \cdot 142.000 + 0{,}0053 \cdot 97.000 + 0{,}0937 \cdot 46.000 + 0{,}3997 \cdot 1.000 + 0{,}0950 \cdot 46.000 + 0{,}4050 \cdot 1.000}{0{,}0013 \cdot 4{,}9 + 0{,}0053 \cdot 10{,}3 + 0{,}0937 \cdot 17{,}8 + 0{,}3997 \cdot 18{,}7 + 0{,}0950 \cdot 17{,}8 + 0{,}4050 \cdot 18{,}7} =$$

$$\frac{10.183{,}6}{18{,}47} = 551{,}35 \text{ GE} / \text{QALY}$$

Auf die gleiche Weise sind die Kosten-Nutzwert-Quotienten der anderen Handlungsstrategien zu ermitteln. Als Ergebnis erhält man für die vier nicht dominierten Handlungsstrategien folgende Werte:

Strategie	S1	S2	S5	S6
Kosten	5.631,20	10.615,00	10.183,60	5.760,00
QALYs	18,40	17,85	18,47	17,78
Kosten/QALYs	306,07	594,76	551,35	324,03

Tab. 7: Ergebnisse der Kosten-Nutzwert-Analyse

Offenbar weist die Strategie S1, also Durchführung einer Biopsie und bei positivem Ergebnis Behandlung mit Steroiden, bei negativem Ergebnis dagegen Verzicht auf die Steroidbehandlung, das günstigste Kosten-Nutzwert-Verhältnis auf. Ist unter Budgetrestriktion über die Anwendung einer der Handlungsstrategien zu entscheiden, dann kann mit der Strategie S1 der höchste Nutzen, gemessen über die QALYs erzielt werden. Sofern keinerlei Budgetrestriktionen zu beachten sind, die Kosten der jeweiligen Strategien also für die Entscheidung irrelevant sind, kann mit der Strategie S5, also Steroidbehandlung ohne vorherige Biopsie, der höchste QALY-Wert erzielt werden.

11. Sensitivitätsanalyse

Bisher wurden die Inputdaten des Modells als sicher angenommen. Sofern die Daten, wie beispielsweise die Kosten für die Behandlung der Nebenwirkungen durch die Steroide, jedoch nicht präzise angegeben werden können, sondern nur Mindestwerte oder bestimmte Intervalle, ist es sinnvoll, die Validität der Ergebnisse gegenüber einer Variation der Inputdaten zu überprüfen. Im Weiteren soll überprüft werden, ob sich die Rangfolge der Handlungsstrategien ändert, wenn für die Kosten der Nebenwirkungen der Steroidbehandlung höhere und geringere Werte als die im Basisfall angenommenen 45.000 GE zugrunde gelegt werden. Die folgende Grafik gibt die Kosten-Nutzwert-Quotienten der verschiedenen Handlungsstrategien wieder.

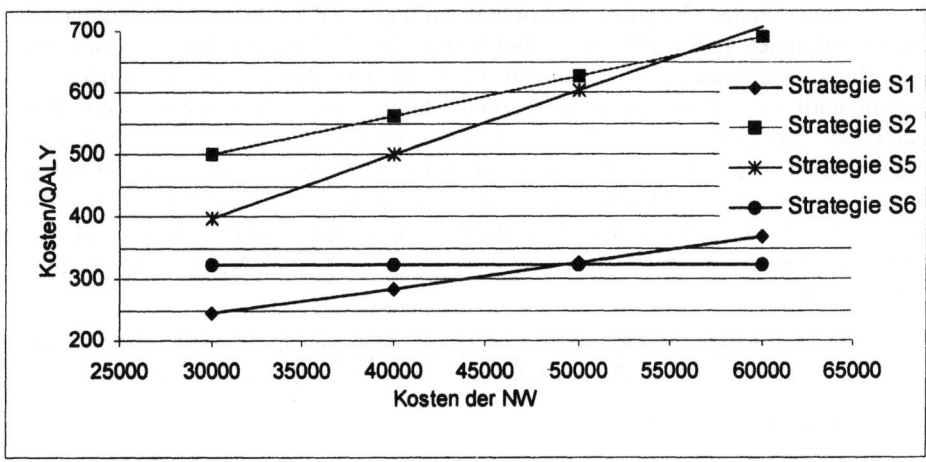

Abb. 8: Sensitivitätsanalyse über die Kosten der Nebenwirkungen

Die variierenden Kosten für die Nebenwirkungen der Steroidbehandlung sind auf der Abszissenachse von 30.000 GE bis 60.000 GE abgetragen. Offenbar ändert sich die Rangfolge der Strategien zugunsten der Strategie S6 bereits, wenn der im Basisfall angenommene Wert von 45.000 GE für die Behandlung der Nebenwirkungen leicht überschritten wird. Höhere Kosten für die Behandlung der Nebenwirkungen wirken sich unmittelbar negativ auf die Strategien aus, die eine Steroidbehandlung vorsehen.

Sollten die Kosten für die Behandlung der Nebenwirkungen einen Betrag von ungefähr 50.000 GE übersteigen, so weist sich die Strategie S6, also der Verzicht auf Biopsie und Steroidbehandlung, den günstigsten Kosten-Nutzwert-Quotienten auf. Bei geringeren Kosten ist jedoch stets die Alternative S1 optimal.

FALLSTUDIE F

MARC KASTNER

Nutzenanalyse der betrieblichen Berufsausbildung

Stichwörter: Zielstrukturierung – Alternativengenerierung – Wahrscheinlichkeitsmessung – Ermittlung der Nutzenfunktion – Multiplikatives Modell – Sensitivitätsanalyse

1. Das Entscheidungsproblem

Die *Granulat- und Grieswerke GmbH*, ein Unternehmen der petrochemischen Industrie, benötigt durchschnittlich 50 neue Fachkräfte pro Jahr[1]. Ein zentrales personalwirtschaftliches Problemfeld besteht darin, ob es zur eigenen Nachwuchssicherung – wie bisher – selbst ausbilden oder ob es bereits ausgebildete Fachkräfte vom Markt anwerben soll.

Da die Einrichtung und Ausgestaltung der betrieblichen Berufsausbildung die Bereitstellung erheblicher finanzieller Mittel erfordert, lassen sich diese Kosten nur rechtfertigen, wenn ihnen Nutzen in mindestens gleicher Höhe gegenübergestellt werden kann. Eine vom Leiter des Bildungswesens, Bernd Sandmann, durchgeführte *Kosten-Nutzen-Analyse* der Berufsausbildung ergab das in Tabelle 1 dargestellte Bild.

Kosten-Nutzen-Analyse (in €)	Chemie	Technik	Kaufleute	Gesamt
Personalkosten Auszubildende	725.596	747.022	163.824	1.636.442
+ Kosten Ausbildungspersonal	355.388	474.039	24.070	853.497
+ Anlage- und Sachkosten	315.256	390.027	52.299	757.582
+ Sonstige Kosten	84.372	100.464	34.048	218.884
Bruttokosten	**1.480.612**	**1.711.552**	**274.241**	**3.466.405**
– Direkte Erlöse	–279.975	–225.693	0	–505.668
– Produktivleistungen	–330.998	–195.013	–75.536	–601.547
Nettokosten	**869.639**	**1.290.846**	**198.705**	**2.359.190**
Ø Anzahl Auszubildende	72	60	18	150
Nettokosten pro Auszubildenden p.a.	**12.078**	**21.514**	**11.039**	**15.728**

Tab. 1: Kosten-Nutzen-Analyse der Berufsausbildung

Die *Bruttokosten* verteilen sich auf 150 Auszubildende in sechs Berufsbildern (Chemikant, Industrie- und Anlagenmechaniker, Prozeßleit- und Energieelektroniker sowie Industriekaufmann), die Sandmann in die Bereiche „Chemie", „Technik" und „Kaufleute" einteilt. Sie setzen sich aus vier Kostenblöcken der Ausbildung zusammen, die alle entscheidungsrelevanten Größen beinhalten: die Personalkosten der Auszubildenden, die Kosten des Ausbildungspersonals, die Anlage- und Sachkosten der Ausbildung sowie die sonstigen Ausbildungskosten. Da die Auszubildenden auch direkte Erlöse aus Aufträgen, die andere unternehmensinterne Stellen an die Ausbil-

---

[1] Die dieser Fallstudie zugrundeliegenden Daten wurden in einem Unternehmen der petrochemischen Industrie empirisch erhoben und sind für diese Branche charakteristisch.

dungswerkstatt richten, erwirtschaften, sowie Produktivleistungen in den Fachstellen erbringen, zieht Sandmann diese Größen von den Bruttokosten ab. Hieraus resultieren die *Nettokosten* der Berufsausbildung. Da die Ausbildungsdauer drei Jahre beträgt, fallen pro Fachkraft durchschnittliche Nettokosten in Höhe von 47.184 € an.

Sandmann weiß jedoch, daß über die direkten Erlöse und produktiven Leistungen hinaus eine Reihe von *Nutzenaspekten* existieren, die die Frage betreffen, welche Kosten einem Betrieb entstünden, würde er nicht ausbilden, sondern seinen Fachkräftebedarf vom Arbeitsmarkt decken. Sie stellen bezogen auf die betriebliche Berufsausbildung Opportunitätsleistungen dar und entsprechen den Kosten, die ein nicht ausbildender Betrieb als Nachteil gegenüber einem Ausbildungsbetrieb hat. Personalreferent Heinrich Mück stellt deshalb die monetär quantifizierbaren Kosten zusammen, die der *Granulat- und Grieswerke GmbH* durch die externe Beschaffung der Fachkräfte vom Arbeitsmarkt entstehen.

Rekrutierungskosten entstehen für die Ausschreibung der Stellenangebote, die Bearbeitung der Bewerbungsunterlagen, die Durchführung von Bewerbungsgesprächen, die Erstattung der Reisekosten und für die Administration der Bewerbungen. Hinzu kommen noch die Kosten und Ausfallzeiten für die Eignungsuntersuchungen in der werkärztlichen Abteilung. Da Mück nicht davon ausgehen kann, daß er auf dem Arbeitsmarkt eine Fachkraft findet, die mit den betriebsspezifischen Besonderheiten vertraut ist, entstehen dem Unternehmen Kosten für die Einarbeitung. Zudem müssen der neuen Fachkraft nicht nur fachliche, sondern häufig auch verhaltensorientierte Qualifikationen vermittelt werden, was die Situation meist noch ungünstiger ausfallen läßt. Bisweilen muß Mück auf allgemeinbildenden oder beruflichen Schulen qualifizierte Arbeitsuchende zurückgreifen statt auf in anderen Ausbildungsbetrieben qualifizierte Fachkräfte. Dann sind betriebliche Weiterbildungsmaßnahmen notwendig, die weitere Kosten verursachen, da für diese Personen während der Qualifizierungszeit die Löhne und Gehälter weitergezahlt werden. Mück muß bei einem geringen Angebot an Fachkräften diese mit höheren Löhnen und Gehältern bei anderen Unternehmen abwerben. Dies kann zu einer Instabilität der gesamten Lohn- und Gehaltsstruktur führen, weil die übrigen Beschäftigten nun ebenfalls eine höhere Bezahlung wünschen.

Insgesamt errechnet Personalreferent Heinrich Mück die in Tabelle 2 dargestellten Gesamtkosten, die der *Granulat- und Grieswerke GmbH* entstehen, wenn sie den Fachkräftebedarf vom Arbeitsmarkt deckt.

Kostenart	€ pro Fachkraft
Rekrutierungskosten	1.500
Einarbeitungskosten	10.300
Kosten für Anpassungsqualifizierungen	1.000
Instabilität der Entgeltsstruktur	1.200
Summe	**14.000**

Tab. 2: Kosten für die externe Rekrutierung

Personalmanager Dr. Peter Laufbahn stellt die Nettokosten für die betriebliche Berufsausbildung in Höhe von ca. 47.000 € pro Fachkraft den Kosten für die externe Rekrutierung in Höhe von 14.000 € gegenüber, und er überlegt, ob der nicht monetär quantifizierte Nutzen der Ausbildung diese Kostendifferenz tatsächlich überwiegt.

Bisher wurden ca. 80% der ausgebildeten Fachkräfte auch in ein Beschäftigungsverhältnis übernommen. Rekrutiert die *Granulat- und Grieswerke GmbH* vom Arbeitsmarkt, ist unsicher, ob der Fachkräftebedarf gedeckt werden kann. Ist dies nicht der Fall, entsteht eine personelle Unterdeckung, die mit kurzfristigen Maßnahmen wie z.B. Mehrarbeit und Urlaubsverschiebung überbrückt werden muß. Darüber hinaus möchte die Unternehmensleitung die Ziele „Fehlbesetzungen minimieren" und „Betriebskenntnisse erhöhen" in die Entscheidung einfließen lassen.

Personalmanager Dr. Peter Laufbahn beauftragt deshalb den erfahrenen Entscheidungsanalytiker Michael Matrix, das Entscheidungsproblem präskriptiv zu modellieren und ihm eine Entscheidungshilfe für oder gegen die betriebliche Berufsausbildung der *Granulat- und Grieswerke GmbH* an die Hand zu geben.

2. Der Aufbau des Zielsystems im Kontext der Entscheidung über die betriebliche Berufsausbildung

Matrix schlägt vor, die Intentionen der beteiligten Personen durch explizit formulierte und akzeptierte Ziele zu erfassen.

Dr. Laufbahn macht sich Vorstellungen darüber, durch welche Eigenschaften er die Konsequenzen seiner Entscheidung beschreiben will. Diese Eigenschaften werden als Attribute, Zielgrößen oder Zielvariablen bezeichnet, so daß unter einem *Ziel* eine Eigenschaft (Zielvariable) in Verbindung mit einer Angabe über die Präferenz von Dr. Laufbahn bezüglich dieser Eigenschaft verstanden wird (EISENFÜHR/WEBER 1999, Kap. 3). Er hat dabei das Zielsystem der gesamten *Granulat- und Grieswerke GmbH* vor Augen, agiert jedoch in seinem Entscheidungskontext über die Durchführung der Ausbildung. Insofern untersucht Matrix zunächst, inwieweit sich die verschiedenen Interessengruppen des Unternehmens mit diesen kontextabhängigen Zielen identifizieren. Dr. Laufbahn selbst obliegt es, wessen Interessen er wie berücksichtigt.

2.1 Die Ziele des Unternehmens im Rahmen der Personalpolitik

Die *Granulat- und Grieswerke GmbH* verfügt als ein nach dem ökonomischen Prinzip handelndes Unternehmen über ein grundlegendes *Unternehmensziel*, das Ausdruck der Gesamtheit aller angestrebten wirtschaftlichen Aktivitäten ist. Dieses Handeln findet seinen Ausdruck im Gewinn- oder Rentabilitätsstreben, so daß als oberste Zielsetzung die Unternehmenswertmaximierung herangezogen wird.

Die Personalprogramme werden im Rahmen der personalwirtschaftlichen Ziele definiert und tragen als Instrument der Unternehmensführung letztlich dazu bei, das oberste Unternehmensziel zu erreichen. Mit den *Grundzielen der Personalpolitik* werden die Leistungen festgelegt, die das Personalmanagement für die Erreichung der Unternehmensziele erbringen soll (Abb. 1). Hier steht für Dr. Laufbahn unter Beachtung der Unternehmenswertmaximierung die Deckung des Personalbedarfs im Vordergrund. Daneben sieht er die Schaffung von Mitarbeiternutzen als weitere personalpolitische Zielsetzung an. Er sieht sich dabei einem zumindest partiellen Interessenkonflikt zwischen der Unternehmensleitung und den Arbeitnehmern bzw. deren Vertretern ausgesetzt, so daß er unter dem Zwang zum gemeinsamen Handeln eine Vermittlungsfunktion übernehmen muß. Dies führt zum dritten Ziel, dem Ausgleich der Interessenkonflikte.

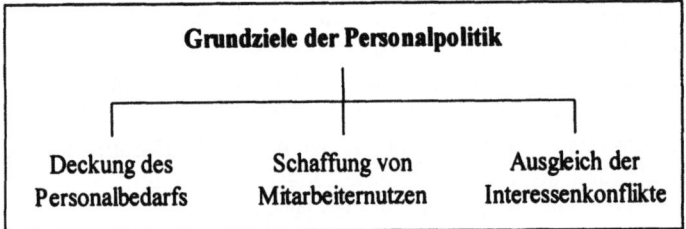

Abb. 1: Grundziele der Personalpolitik

Zur Berücksichtigung der Ziele „Schaffung von Mitarbeiternutzen" und „Ausgleich der Interessenkonflikte" betrachtet Dr. Laufbahn nun die individuellen Karriereziele der Mitarbeiter und die Ziele der Arbeitnehmervertretung.

2.2 Die individuellen Karriereziele der Mitarbeiter

Dr. Laufbahn kann die *Karriereziele der Mitarbeiter* nicht abschließend aufzählen, da sie aufgrund unterschiedlicher Werte, Normen, Erwartungen und Motive individuell verschieden sind. Sie hängen von den Wünschen ab, die jemand im Hinblick auf seine persönliche Entfaltung und auf sein berufliches Weiterkommen hat. Dennoch existieren verschiedene Orientierungsmuster, die sogenannten „Karriereanker", auf die alle wesentlichen Entscheidungen einer individuellen Karriere zurückgeführt werden können:

- *Aufwärtsorientierte Personen* streben nach höheren Positionen mit Führungskompetenz und Verantwortung,
- *technisch-funktional orientierte Personen* suchen herausfordernde Aufgaben innerhalb ihres Fachgebietes und treffen Karriereentscheidungen danach, ob diese solche Herausforderungen eröffnen,
- *sicherheitsorientierte Personen* sind mit der erreichten (materiellen) Situation eher zufrieden und versuchen diese tendenziell abzusichern,
- *kreativitätsorientierte Personen* suchen nach einer Karriere, in der sie eigene Ideen einbringen, ihre Kreativität entfalten und sich selbst verwirklichen können,
- *autonomieorientierte Personen* streben nach größtmöglicher Freiheit von Beschränkungen und Unabhängigkeit in ihrem Arbeitsbereich.

Hat ein Mitarbeiter nun das übergeordnete Ziel „Bestmögliche berufliche Alternative wählen" vor Augen, läßt sich dieses aufspalten in die Teilbereiche „Karriere" und „Soziales Umfeld" (Abb. 2).

Bestmögliche berufliche Alternative wählen	
Karriere	Soziales Umfeld
➢ Verantwortung haben	➢ Anerkennung erlangen
➢ Herausforderung im Fachgebiet haben	➢ Gut mit den Kollegen zusammenarbeiten
➢ Finanzielles Überleben sichern	➢ Genügend Freizeit haben
➢ Eigene Ideen verwirklichen	➢ Idealen Arbeitsort haben
➢ Unabhängig sein	

Abb. 2: (Mögliche) individuelle Ziele zur Karriereentscheidung

Die Frage, inwieweit die Berücksichtigung der Mitarbeiterziele für Dr. Laufbahn entscheidungsrelevant ist, wird noch aufgegriffen. Da die Ziele der Mitarbeiter auch durch den Betriebsrat vertreten werden, schlägt Matrix vor, zunächst den Betriebsratsvorsitzenden Daniel Antrieb zu befragen, welche Ziele die Arbeitnehmervertretung verfolgt.

2.3 Die Ziele der Arbeitnehmervertretung

Antriebs Ziele sind in den *gesetzlichen Mitbestimmungsregelungen* des Betriebsverfassungsgesetzes (BetrVG) verankert.

Vor dem Hintergrund, daß die Arbeitnehmervertretung für die Erhaltung resp. Verbesserung der Bezahlung der Arbeitnehmer eintritt, räumt sie der Beschäftigungssicherung eine hohe Priorität ein. Die Nachwuchssicherung ist – verbunden mit der Übernahme der Auszubildenden in ein Arbeitsverhältnis – ein Teil der Beschäftigungssicherung, so daß Antrieb eher den Nachwuchs im eigenen Unternehmen heranbilden will, als daß Personal „von außen" eingestellt wird. So kann er schon frühzeitig die Auszubildenden zur Unterstützung der eigenen Interessen gewinnen und damit seinen Einfluß stärken. Es bietet sich für Dr. Laufbahn also an, das Ziel „Fachkräfte-Nachwuchs am Standort sichern" einzubeziehen. Es kann durch das Attribut „Anzahl der Ausbildungsplätze" gemessen werden.

Inwieweit Dr. Laufbahn bei seiner Entscheidung für oder gegen die betriebliche Berufsausbildung bzw. über die Anzahl der Ausbildungsplätze die Zielsetzung von Antrieb berücksichtigt, bleibt allein in seinem Entscheidungskalkül. Nach Maßgabe des BetrVG hat der Betriebsrat bei der Errichtung und Ausstattung betrieblicher Einrichtungen zur Berufsbildung (z.B. Lehrwerkstätten, Schulungsräume, Bildungszentren), bei der Einführung betrieblicher Berufsbildungsmaßnahmen (z.B. Ausbildung von Lehrlingen, Lehrgänge zur Weiterbildung oder zur Umschulung) und bei der Teilnahme an außerbetrieblichen Berufsbildungsmaßnahmen ein *Beratungsrecht*. Der Betriebsrat kann diesbezüglich Vorschläge machen, die Entscheidungen trifft der Arbeitgeber allein, da sich das Mit*bestimmungs*recht lediglich auf die Durchführung der Maßnahme bezieht, nicht auch darauf, ob sie überhaupt stattfinden soll.

Die zwischen den einzelnen Interessengruppen teilweise konfligierenden Ziele werden dadurch in Einklang gebracht, daß das Zielsystem aus Sicht von Dr. Laufbahn modelliert wird.

2.4 Die Strukturierung des Zielsystems aus Sicht des Personalmanagers

Vor der Generierung des Zielsystems grenzt Matrix zunächst den *Entscheidungskontext* ab, indem er die oben beschriebenen Ziele Dr. Laufbahns betrachtet. Dabei könnte der Entscheidungskontext mit dem Ziel „Optimale Personalpolitik betreiben" zu weit gefaßt sein; zieht Matrix lediglich den ökonomischen Aspekt „Fachkräftebedarf decken" heran, ist er zu eng abgegrenzt. Das oberste fundamentale Ziel definiert Dr. Laufbahn zwischen beiden Positionen. Es lautet: „Optimale Ausbildungspolitik betreiben".

Hieraus ergeben sich weitere entscheidungsrelevante Ziele, die durch die Erzeugung einer *Zielhierarchie* zu strukturieren sind. Matrix löst das Oberziel in Unterziele auf, die das Oberziel repräsentativ und überschneidungsfrei darstellen. Die Zielinhalte werden dabei sukzessive präzisiert und vervollständigt. Hier schlägt Matrix eine Einteilung in die ökonomischen und sozialen Ziele der Personalpolitik vor. Gleichwohl ist die Berücksichtigung von *sozialen Zielen* nicht unproblematisch. Matrix argumentiert, daß auch alle sozialen Ziele langfristig der ökonomischen Unternehmenswertsteigerung dienen und deshalb als Instrumentalziele eliminiert werden müßten. Dr. Laufbahn ist jedoch der Meinung, daß das Zielsystem dann aber das vorliegende kontextbezogene Entscheidungsproblem nicht exakt widerspiegeln würde. Er möchte die soziale Verantwortung, die die *Granulat- und Grieswerke GmbH* gegenüber der Gesellschaft empfindet, als Fundamentalziel berücksichtigen. Sie drückt sich in dem Ziel „Sicherung des relevanten Ausbildungsplatzangebots" aus.

Matrix betrachtet nun den *ökonomischen Aspekt* der Entscheidung. Hier stehen neben der Deckung des Fachkräftebedarfs die Kosten der Personalbeschaffung im Vordergrund. Matrix schlägt vor, die Kosten – wie in der Kosten-Nutzen-Analyse durchgeführt – in die Kategorien „Kosten für die betriebliche Berufsausbildung" und „Kosten für die externe Rekrutierung" einzuteilen. Für die betriebliche Ausbildung setzt Dr. Laufbahn also die ermittelten Nettokosten in Höhe von 47.000 € pro selbst ausgebildeter Fachkraft, für die externe Rekrutierung 14.000 € pro zu gewinnender Fachkraft, an.

Neben der optimalen Sicherung des Bedarfs an Arbeitskräften und der Kostenminimierung sieht Dr. Laufbahn als weitere wirtschaftliche Aspekte mögliche Fehlbesetzungen, die Personalfluktuation und die Steigerung des Unternehmensimages. Matrix hat Zweifel, ob es sich hierbei tatsächlich um Fundamentalziele handelt. Das Ziel „Verminderung des Fehlbesetzungsrisikos", das sich in der Anzahl Fehlbesetzungen ausdrückt, ist für Dr. Laufbahn unstrittig fundamental. Ob die *Granulat- und Grieswerke GmbH* allerdings eine niedrige oder hohe Personalfluktuation anstrebt, hängt vor allem von deren Tätigkeitsfeld ab. Zum einen wird durch eine niedrige Fluktuationsrate die Betriebskenntnis der Mitarbeiter erhöht, zum anderen entstehen mit einer höheren Personalfluktuation auch höhere Folgekosten. Durch die Vermittlung von branchen- und unternehmensspezifischer Handlungskompetenz werden zudem Wettbewerbsvorteile aufgebaut. Im Gegensatz dazu werden jedoch durch die neuen Mitarbeiter neue Ideen in das Unternehmen eingebracht, die die „Betriebsblindheit" entschärfen und zu Innovationen führen. Demnach ersetzt Dr. Laufbahn das Ziel „Verminderung der Personalfluktuation" durch das Ziel „Förderung der Betriebskenntnisse". Schließlich fragt Matrix, ob mit der Berufsausbildung tatsächlich das Unternehmensimage gesteigert werden kann. Mit der Verbesserung des Images soll – bezogen auf den Entscheidungskontext – das akquisitorische Potential am Arbeitsmarkt gesteigert werden. Eine Fachkraft wird jedoch als potentieller Bewerber eher abgeschreckt, wenn ein Unternehmen eine gute Ausbildung bietet, da die fertigen Auszubildenden mit ihm um die vakante Stelle konkurrieren. Insofern handelt es sich nicht um ein fundamentales Ziel und Dr. Laufbahn eliminiert es aus seinem Zielsystem.

Abbildung 3 zeigt das Zielsystem in seiner jetzigen Struktur grafisch. Matrix macht darauf aufmerksam, daß dieses erste Zielsystem sehr komplex ist und zudem Redundanzen aufweist. Deshalb überprüft er nun die Anforderungen, die an ein ausformuliertes Zielsystem gestellt werden, und sucht Attribute, anhand derer sich die Zielerreichung messen läßt.

> **Optimale Ausbildungspolitik betreiben**
> Ökonomisch
> ➢ Quantitativ
>   ➢ Fachkräftebedarf decken
>   ➢ Kosten minimieren
>   ➢ Kosten interner Berufsausbildung
>   ➢ Kosten externer Rekrutierung
> ➢ Qualitativ
>   ➢ Fehlbesetzungsrisiko minimieren
>   ➢ Betriebskenntnisse fördern
>
> Sozial
> ➢ Interessen von Betriebsrat und Mitarbeitern berücksichtigen
>   ➢ Fachkräfte-Nachwuchs am Standort sichern
>   ➢ Karrierechancen der Mitarbeiter verbessern
> ➢ Ausbildungsplatzangebot sichern

Abb. 3: Ein (mögliches) Zielsystem zur optimalen Ausbildungspolitik

2.5 Die Überprüfung der Anforderungen an das Zielsystem

An ein ausformuliertes Zielsystem stellt Matrix fünf *Anforderungen* (EISENFÜHR/ WEBER 1999, Kap. 3.4): Es soll vollständig, einfach, redundanzfrei, meßbar und präferenzunabhängig sein. Diese Anforderungen bezieht er auf den Kontext der Entscheidung über die betriebliche Berufsausbildung.

Die *Vollständigkeit* des Zielsystems wird dadurch erreicht, daß Dr. Laufbahn auch die möglichen Interessen der Mitarbeiter und des Betriebsrats, die durch die personalpolitischen Maßnahmen betroffen sind, mit in die Betrachtung einschließt.

Mit *Einfachheit* wird gefordert, daß das Zielsystem einige wenige, prägnante Ziele umfassen soll. Deshalb fragt Dr. Laufbahn Matrix, wie eine Vereinfachung erreicht werden kann. Da die einzelnen Kostenbestandteile rein monetäre Größen sind, reicht es aus, das Ziel „Kosten minimieren" heranzuziehen. Bei der Berücksichtigung der Ziele der Mitarbeiter und der Arbeitnehmervertretung ist es nicht notwendig, diese bis ins letzte Detail zu betrachten, da es sonst mit Bezug auf den Entscheidungskontext zu einer Überbetonung dieser Kriterien käme (Splitting-Effekt). Aus Sicht Dr. Laufbahns genügt es, die Ziele „Fachkräfte-Nachwuchs am Standort sichern" und „Karrierechancen der Mitarbeiter verbessern" heranzuziehen.

Redundanzen können gerade deshalb entstehen, weil die Ziele verschiedener Interessengruppen berücksichtigt werden. Hier drücken das gesellschaftsbezogene Ziel „Sicherung des relevanten Angebots an Ausbildungsplätzen" und das Ziel des Betriebsrats „Fachkräfte-Nachwuchs am Standort sichern" dasselbe aus. Dr. Laufbahn faßt beide zum Ziel „Gesellschaftliche Verantwortung übernehmen" zusammen. Bezüglich der Einbeziehung der Mitarbeiterziele tauchen ferner Überschneidungen zum Ziel „Förderung der Betriebskenntnisse" auf. Für Matrix ist es fraglich, ob im Rahmen der Ausbildungsentscheidung tatsächlich sämtliche Karriereziele der Mitarbeiter einzubeziehen sind. Letztlich können mit der Berufsausbildung die Betriebskenntnisse gefördert und das Fehlbesetzungsrisiko vermindert werden, wogegen eine externe Rekrutierung bei höherem Risiko tendenziell zu mehr neuen Ideen führt. Der entscheidungsrelevante Teilaspekt des Ziels „Karrierechancen der Mitarbeiter verbessern" ist also in den anderen Zielen bereits enthalten, so daß es eliminiert wird.

Mit *Meßbarkeit* ist gemeint, daß die Zielerreichung möglichst treffend und möglichst eindeutig wiedergegeben werden soll. Dies gewährleistet Matrix durch die Wahl der richtigen Attribute als Maßstab für die Zielerreichung auf der untersten

Ebene der Zielhierarchie. Das Ziel „Fachkräftebedarf decken" mißt er durch die Differenz zwischen den benötigten und den verfügbaren geeigneten Arbeitskräften (Höhe der Unterdeckung), das Ziel „Kosten minimieren" mit den durchschnittlichen Kosten pro erforderlicher Arbeitskraft. Dabei zieht er die Nettokosten pro Auszubildenden und die Kosten für die externe Rekrutierung heran. Zur Abschätzung der Kosten einer Fehlbesetzung würde Matrix die monetären Beträge errechnen, die dadurch entstehen, daß jenem Mitarbeiter während der Probezeit gekündigt wird und statt seiner eine Neueinstellung vorgenommen werden muß. Da jedoch der Betriebsrat die meisten (potentiellen) Kündigungen während der Probezeit abwenden kann, beschließt Matrix, das Fehlbesetzungsrisiko anhand der erwarteten Anzahl Fehlbesetzungen abzuschätzen. Bei dem Ziel „Betriebskenntnisse fördern" findet er kein natürliches Attribut. Deshalb bewertet er es proportional zu der Anzahl Fachkräfte, die selbst ausgebildet werden. Das Ziel „Gesellschaftliche Verantwortung übernehmen" wird schließlich von Matrix anhand der angebotenen Ausbildungsplätze gemessen.

Abbildung 4 zeigt Dr. Laufbahns Zielsystem für das Entscheidungsproblem „Optimale Ausbildungspolitik betreiben" mit Angabe der einzelnen Attribute grafisch.

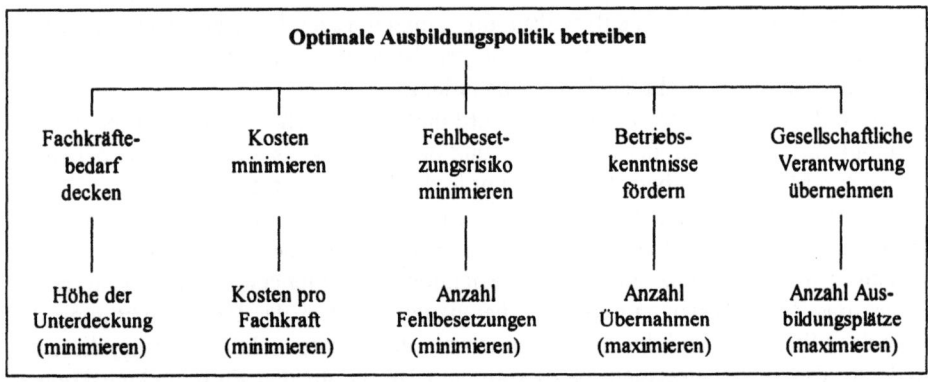

Abb. 4: Zielsystem zur optimalen Ausbildungspolitik

Schließlich weist Matrix darauf hin, daß die *Präferenzunabhängigkeit* notwendige Voraussetzung zur Anwendung des additiven Modells ist. Sie ist oft dann nicht gegeben, wenn Instrumentalziele im Zielsystem enthalten sind. Da diese von Dr. Laufbahn bereits eliminiert wurden, ist mit den verbleibenden fünf Zielen ein Unabhängigkeitstest durchzuführen.

Präferenzunabhängigkeit besteht, wenn Dr. Laufbahn seine Präferenzen bezüglich der Ausprägungen jeder Teilmenge von Zielen völlig losgelöst davon formulieren kann, welche Ausprägungen die übrigen Zielvariablen haben. Es könnte z.B. sein, daß die Kosten grundsätzlich unabhängig von der gesellschaftlichen Verantwortung sind. Wenn der Kostendruck auf die Unternehmen jedoch wächst, weil der Staat plant, eine Ausbildungsplatzabgabe einzuführen, könnte die *Granulat- und Grieswerke GmbH* plötzlich bereit sein, höhere Kosten für die gleiche Anzahl an Ausbildungsplätzen in Kauf zu nehmen. In diesem Fall bestünde eine substitutive Abhängigkeit, da niedrige Kosten wichtig sind, wenn keine Ausbildungsplatzabgabe entrichtet werden muß, aber wenn dies der Fall ist, sind jene Kosten nicht so wichtig. Komplementäre Abhängigkeiten bestehen dagegen, wenn das eine Attribut um so wichtiger ist, je besser das andere ausgeprägt ist. Dies könnte z.B. zwischen den Zielen „Gesellschaftliche

Verantwortung übernehmen" und „Fehlbesetzungsrisiko minimieren" der Fall sein, da es um so wichtiger ist, viele eigene Fachkräfte heranzubilden, je höher die Fehlbesetzungen bei Neueinstellungen sind und umgekehrt.

Matrix versucht deshalb, Dr. Laufbahns Einzelwertfunktion für das Ziel „Gesellschaftliche Verantwortung übernehmen" nach der Halbierungsmethode zu bestimmen (EISENFÜHR/WEBER 1999, Kap. 5.2.4). Er möchte wissen, wo für den Personalmanager die wertmäßige Mitte zwischen null und 50 Ausbildungsplätzen liegt. Dr. Laufbahn fragt sich, ob er das beantworten kann, ohne die Kosten zu kennen. Nach einigem Überlegen definiert er die wertmäßige Mitte auf 20 Ausbildungsplätze. Er sieht sich auch in der Lage, für jedes weitere Attribut eine Wertfunktion aufzustellen, ohne dabei das Niveau der anderen Attribute zu kennen. Damit ist die gegenseitige Präferenzunabhängigkeit erfüllt.

Im nächsten Schritt sind die Handlungsalternativen zur unternehmensinternen Berufsausbildung zu generieren.

3. Die Generierung der Handlungsalternativen zur betrieblichen Berufsausbildung

Die *Granulat- und Grieswerke GmbH* hat grundsätzlich die Wahl zwischen der internen und der externen Personalbeschaffung von Fachkräften (Abb. 5). Die *interne Beschaffung* kann ohne oder mit Änderung der bestehenden Arbeitsverhältnisse erfolgen, die *externe Beschaffung* entweder durch den Abschluß neuer Arbeitsverträge oder durch das Personalleasing. Die Übernahme von Auszubildenden fällt in die Kategorie der internen Maßnahmen mit Änderung der bestehenden Ausbildungsverhältnisse.

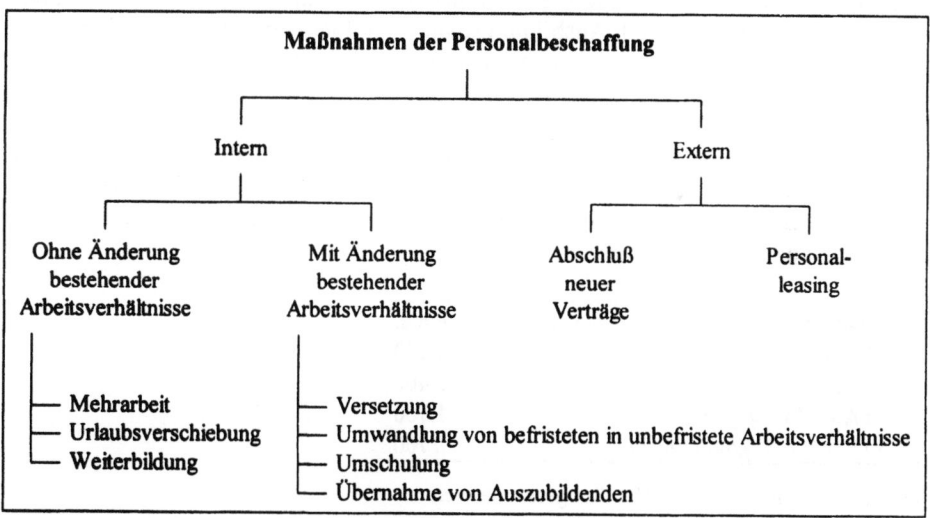

Abb. 5: Maßnahmen der Personalbeschaffung

Matrix betrachtet die einzelnen Maßnahmen im Kontext der Entscheidung über die betriebliche Berufsausbildung und fragt Dr. Laufbahn, welche der Möglichkeiten als echte *Alternativen* zur Ausbildung anzusehen sind. Bei der Bedarfsdeckung unterscheidet er zwischen der Deckung eines kurzfristigen Bedarfs und längerfristigen Maßnahmen. Die Berufsausbildung ist auf die langfristige Deckung des Rekrutierungsbedarfs angelegt. Dr. Laufbahn berechnet den Rekrutierungsbedarf aus der Summe von Ersatzbedarf (z.B. wegen Pensionierung, Fluktuation oder Kündigung) und Neubedarf (z.B. wegen einer Kapazitätserweiterung) an Arbeitskräften. Er wird auch als Netto-Personalbedarf bezeichnet und dann aus dem Saldo von Brutto-Personalbestand (Soll-Bestand) und Ist-Bestand ermittelt. Damit scheiden für ihn alle Maßnahmen mit nur kurzfristigem Charakter als Alternativen aus. Hierzu gehören die Mehrarbeit, die Urlaubsverschiebung, der Abschluß von befristeten Arbeitsverträgen und das Personalleasing. Auch mit der Weiterbildung verfolgt er eine eher kurz- bis mittelfristige, aufgabenspezifische Anpassungsqualifikation. Wird ein Mitarbeiter umgeschult bzw. versetzt, wird dessen Stelle wieder frei und muß anderweitig besetzt werden. Insofern handelt es sich auch hier nicht um eine Bedarfsdeckung, sondern um eine Bedarfsverschiebung. Letztlich kann Dr. Laufbahn zur langfristigen Deckung des Rekrutierungsbedarfs

- auf dem *Arbeitsmarkt* nach Fachkräften suchen, diese auswählen und einstellen,
- Schulabgänger in einem anerkannten *Ausbildungsberuf* qualifizieren und nach Ausbildungsende in ein Beschäftigungsverhältnis übernehmen oder
- eine beliebige *Maßnahmenkombination* zwischen der externen Rekrutierung und der internen Ausbildung realisieren.

Grundsätzlich ist zwar unter Berücksichtigung der gegebenen Ausbildungskapazitäten eine beliebige Kombination denkbar, vereinfachend können jedoch auch die Unterfälle „über", „unter" oder „gleich Bedarf" unterschieden werden. Sandmann schätzt, daß die vorhandenen Kapazitäten im Bildungszentrum maximal 20% mehr Auszubildende zulassen. Ansonsten müßten zusätzliche Lernplätze eingerichtet und noch ein weiterer Ausbilder eingestellt werden. Da dies für Dr. Laufbahn derzeit nicht in Frage kommt, stehen maximal 60 Ausbildungsplätze im Jahr zur Verfügung. Sandmann sieht 40 Ausbildungsplätze bei den bestehenden Kapazitäten als Untergrenze an, da er sonst gegenüber der Unternehmensleitung die dann hohen Ausbildungskosten pro Kopf rechtfertigen müßte.

Matrix gibt zu bedenken, daß sich die Nettokosten der Ausbildung pro Kopf bei einer Erhöhung der Ausbildungsplätze vermindern und bei einer Reduzierung erhöhen. Sandmann führt deshalb die Kosten-Nutzen-Analyse für alle Alternativen erneut durch und kommt zu folgendem Ergebnis[2]:

Alternative	Kosten in Tsd. € p.a.
A: 60 Ausbildungsplätze	3.100
B: 50 Ausbildungsplätze	2.400
C: 40 Ausbildungsplätze	1.700
D: 50 Externe Rekrutierungen	700

Tab. 3: Gesamtkosten der Handlungsalternativen

---

[2] Innerhalb der gegebenen Ausbildungskapazitäten (40 bis 60 Ausbildungsplätze) bestehen insgesamt 22 Alternativen. Im Folgenden werden aus Gründen der Übersichtlichkeit nur diese vier weiter betrachtet.

4. Die Modellierung der Umwelteinflüsse

4.1 Die unsicheren Einflußfaktoren

Die Entscheidung über die betriebliche Berufsausbildung ist weitgehend mit *Unsicherheit* verbunden. Bildet die *Granulat- und Grieswerke GmbH* nicht aus, kann es sein, daß der Rekrutierungsbedarf extern nicht ausgeglichen werden kann und es zu einer personellen Unterdeckung kommt. Bildet sie aus, kann dennoch ein Rekrutierungsbedarf entstehen, da nicht alle Auszubildenden nach Beendigung ihrer Lehre im Unternehmen bleiben wollen bzw. für eine Übernahme nicht geeignet sind. Zudem ist unsicher, wie hoch die Fehlbesetzungen sowohl bei der Neueinstellung von Fachkräften als auch bei der Übernahme von Auszubildenden sind. Auch die Förderung der Betriebskenntnisse ist grundsätzlich mit Unsicherheit behaftet. Matrix hält es jedoch für unproblematisch, vereinfachend anzunehmen, daß die Betriebskenntnis proportional mit dem Ausbildungsplatzangebot steigt, bzw. sie proportional zu den externen Rekrutierungen sinkt. Die Kosten pro ausgebildeter resp. eingestellter Arbeitskraft werden als Durchschnittswerte angegeben und sind damit ebenfalls deterministisch. Auch steht mit der Alternativenwahl mit Sicherheit fest, wie viele Ausbildungsplätze bereitgestellt werden. Mögliche Unsicherheiten bezüglich der Intervalle kann Matrix nach Ermittlung der optimalen Alternative durch Sensitivitätsanalysen eingrenzen.

Im nächsten Schritt nimmt Matrix eine *Quantifizierung der Wahrscheinlichkeiten* bezüglich der unsicheren Ereignisse vor. Hierbei geht er von der subjektivistischen Interpretation des Wahrscheinlichkeitsbegriffs aus, d.h. die Wahrscheinlichkeiten sind Ausdruck der Einschätzung von Dr. Laufbahn über die Umwelt und damit keine objektiv feststellbaren Eigenschaften (EISENFÜHR/WEBER 1999, Kap. 7.1). Damit können Dr. Laufbahn, Sandmann, Mück und Antrieb mit ihrem unterschiedlichen Wissen und Informationsstand demselben Ereignis unterschiedliche Wahrscheinlichkeiten zuordnen. Dies schließt jedoch nicht aus, zusätzlich Informationen über die relativen Häufigkeiten der Ereignisse zu nutzen, um die Chancen und Risiken der Konsequenzen besser abzuschätzen.

4.2 Die Wahrscheinlichkeitsmessung der Personalbedarfsdeckung

Dr. Laufbahn muß zunächst die Wahrscheinlichkeit bestimmen, daß ein etwaiger Rekrutierungsbedarf vom Arbeitsmarkt gedeckt werden kann. Der Rekrutierungsbedarf hängt zum einen davon ab, ob und wie viele Ausbildungsplätze die *Granulat- und Grieswerke GmbH* anbietet. Zum anderen legt Dr. Laufbahn durch die Übernahmequote fest, wie viele Auszubildende in ein Arbeitsverhältnis übernommen werden. Sie lag in den vergangenen Jahren bei ca. 80%. Legt man die Anzahl an Personen zugrunde, die bei den regionalen Arbeitsämtern gemeldet sind, hat man einen ersten Anhaltspunkt zur Abschätzung der Wahrscheinlichkeit, ob der Fachkräftebedarf gedeckt werden kann. Daneben spielt die Attraktivität des eigenen Unternehmens und der Wettbewerber ein große Rolle. Deshalb schlägt Matrix vor, die gesuchte Wahrscheinlichkeit subjektiv zu schätzen.

Hierzu stehen ihm verschiedene *Methoden der Wahrscheinlichkeitsabfrage* zur Verfügung (EISENFÜHR/WEBER 1999, Kap. 7.3). Dabei unterscheidet er zwischen direkten und indirekten Befragungstechniken. Mit der in Abhängigkeit von der gewählten Alternative gestellten Frage „Wie hoch schätzen Sie die Wahrscheinlichkeit, daß genau x Fachkräfte (FK) extern rekrutiert werden können?" würde er direkt die gesuchte Zahl erfragen. Da Dr. Laufbahn eine konkrete Quantifizierung der Wahrscheinlichkeit schwerfällt, wendet Matrix zur Konsistenzprüfung die indirekte Abfrage an. Dabei führt er Dr. Laufbahn ein Gefäß vor, in dem sich neun blaue und eine weiße Kugel befinden (Abb. 6). Dr. Laufbahn kann nun an einer Wette teilnehmen, bei der er 10.000 € gewinnt, wenn der Bedarf gedeckt werden kann, aber ebenso 10.000 €, wenn er eine blaue Kugel zieht. Umgekehrt erhält er für das jeweilige Gegenereignis nichts.

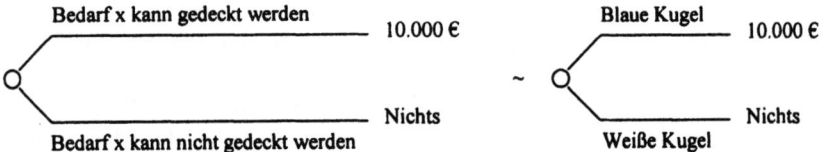

Abb. 6: Lotterievergleich zur Wahrscheinlichkeitsmessung der Personalbedarfsdeckung

Entscheidet sich Dr. Laufbahn für die Wette, daß der Bedarf x gedeckt wird, so hält er deren Wahrscheinlichkeit p(x) implizit für größer als 90%. Entscheidet er sich für das Ziehen einer blauen Kugel, liegt p(x) unter 90%. Matrix ersetzt nun eine blaue durch eine weiße Kugel und befragt den Personalmanager erneut. Dies wird so lange fortgesetzt, bis der Befragte indifferent zwischen beiden Lotterien ist.

Dr. Laufbahn schätzt die Wahrscheinlichkeiten, genau x Fachkräfte rekrutieren zu können, wie folgt ein: p(0 FK) = 0,1, p(10 FK) = 0,3, p(20 FK) = 0,4, p(30 FK) = 0,2, p(40 FK) = 0 und p(50 FK) = 0.

Die Wahrscheinlichkeitsverteilung für die Deckung des Rekrutierungsbedarfs wird davon beeinflußt, welche Alternative Dr. Laufbahn wählt (Tab. 4).

Ausbildungs-plätze	Über-nahmen	Rekrutierungs-bedarf x	Extern Rekrutierte x_i	Wahrscheinlichkeit $f(x_i)$	Unterdeckung $x - x_i$
60	50	0	0	1,0	0
50	40	10	0	0,1	10
			10	0,9	0
40	30	20	0	0,1	20
			10	0,3	10
			20	0,6	0
0	0	50	0	0,1	50
			10	0,3	40
			20	0,4	30
			30	0,2	20
			40	0,0	10
			50	0,0	0

Tab. 4: Die Schätzung der Wahrscheinlichkeit für die Personalbedarfsdeckung

Bildet er 60 Auszubildende aus, kann er am Ende der Ausbildung 50 Fachkräfte übernehmen. Es entsteht kein weiterer Rekrutierungsbedarf und die Wahrscheinlichkeit $f(x_i = 0)$ ist gleich eins. Bildet er 50 Lehrlinge aus und übernimmt davon 40, entsteht

Nutzenanalyse der betrieblichen Berufsausbildung

ein Rekrutierungsbedarf in Höhe von 10 Fachkräften. Dann ist f(x_i = 0) = 0,1 und es entsteht eine Unterdeckung in Höhe von 10 Fachkräften. Mit der Wahrscheinlichkeit f(x_i = 10) = 0,9 ist der Personalbedarf gedeckt. Bei der Ausbildung von 40 und der Übernahme von 30 Fachkräften ist der Rekrutierungsbedarf gleich 20 mit der Wahrscheinlichkeitsverteilung f(x_i = 0) = 0,1, f(x_i = 10) = 0,3 und f(x_i = 20) = 0,6 usw.

4.3 Die Wahrscheinlichkeitsmessung des Fehlbesetzungsrisikos

Nun sind die Wahrscheinlichkeiten für das Auftreten von *Fehlbesetzungen* ebenfalls mit den oben beschriebenen Methoden zu messen. Von der Ausbildungsleitung werden für eine Übernahme nur die geeigneten Auszubildenden empfohlen, so daß die Fehlbesetzungsquote bei der internen Ausbildung gleich null ist.

Matrix bestimmt den Anteil der bisherigen Fehlbesetzungen bei externen Rekrutierungen aus der Anzahl Mitarbeiter, die nach Beendigung der Probezeit nicht weiter beschäftigt wurden. Dieser Anteil π beträgt 0,1. Nimmt man an, daß die Zufallsgröße Y binomialverteilt ist, gibt es genau

$\binom{n}{y}$ Möglichkeiten, aus n Rekrutierungen y Fehlbesetzungen auszuwählen.

Die Wahrscheinlichkeitsfunktion p(y) errechnet sich dann wie folgt:

$$p(y) = \binom{n}{y} \cdot \pi^y \cdot (1-\pi)^{n-y}$$

Tabelle 5 zeigt die Schätzung der Wahrscheinlichkeit des Fehlbesetzungsrisikos.

Rekru-tierungen n	Anzahl Fehlbes. y	Wahrsch. lichkeit p(y)	Rekru-tierungen n	Anzahl Fehlbes. y	Wahrsch. lichkeit p(y)
0	0	1,000	20	0	0,122
10	0	0,349		1	0,270
	1	0,387		...	...
	2	0,194		5	0,032
	3	0,057		1 bis 5	**0,867**
	4	0,011		6	0,009
	5	0,001		...	...
	1 bis 5	**0,651**		20	0,000
	6	0,000		mehr als 5	**0,011**
	7	0,000	30	0	0,042
	8	0,000		1	0,141
	9	0,000		...	...
	10	0,000		5	0,102
	mehr als 5	**0,000**		1 bis 5	**0,885**
				6	0,047
				...	...
				30	0,000
				mehr als 5	**0,073**

Tab. 5: Die Schätzung der Wahrscheinlichkeit des Fehlbesetzungsrisikos

Nun ist es aus Gründen der Übersichtlichkeit zweckmäßig, daß Matrix die diskreten Ereignisse in Intervallen zusammenfaßt, z.B. in „keine", „eins bis fünf" und „mehr als fünf Fehlbesetzungen". Die kumulierten Wahrscheinlichkeiten hierzu sind in Tabelle 5 fett gedruckt.

Nachdem Matrix die Ziele und Alternativen generiert sowie die Wahrscheinlichkeiten der unsicheren Umweltzustände quantifiziert hat, kann er die vollständige Entscheidungssituation visualisieren.

5. Darstellung der Entscheidungssituation im Entscheidungsbaum

Matrix stellt die vorliegende Entscheidungssituation mit dem PC-Programm TreeAge DATA™ im *Entscheidungsbaum* dar (Abbildung 7).

Die Alternativen A bis D führen zu insgesamt 19 Konsequenzen. Man erkennt, daß die bestehenden Unsicherheiten bezüglich der Deckung des Personalbedarfs und der Fehlbesetzungen bei Alternative A ausgeräumt werden, da einerseits der Personalbedarf vollständig durch die übernommenen Auszubildenden gedeckt werden kann und andererseits durch die Auswahl der geeigneten Ausgebildeten keine Fehlbesetzungen entstehen. Die Wahrscheinlichkeiten der Personalbedarfsdeckung können Tabelle 4, die der Fehlbesetzungen Tabelle 5 entnommen werden.

Zur Bewertung zieht er die in Abbildung 4 dargestellten fünf Kriterien heran, denen jeweils folgende *Bandbreite* zugrunde liegt:

Ziel	Ausprägungen
X_1 Unterdeckung	[0, 50] Fachkräfte
X_2 Kosten	[0,7 Mio. €, 3,1 Mio. €]
X_3 Fehlbesetzungen	[0, 30] Fehlbesetzungen
X_4 Betriebskenntnisse	[0, 50] Übernahmen
X_5 Verantwortung	[0, 60] Ausbildungsplätze

Tab. 6: Die Ausprägungen der zugrundeliegenden Kriterien

Die *Konsequenzen* der Alternativen sind in Tabelle 7 angegeben, wobei sich die jeweilige Eintrittswahrscheinlichkeit aus den möglichen Szenarien der Ereignisse „Anzahl Unterdeckung" und „Anzahl Fehlbesetzungen" errechnet.

Zur Bewertung der Alternativen entwickelt Matrix im Folgenden ein multiattributives Präferenzmodell.

6. Die Bestimmung des Nutzens der Berufsausbildung durch die Entwicklung eines multiattributiven Präferenzmodells

6.1 Das multiplikative Modell

Matrix verwendet die *multiattributive Nutzentheorie* als Entscheidungshilfeverfahren für Situationen, in denen mehrfache Zielsetzungen und risikobehaftete Konsequenzen zusammentreffen (EISENFÜHR/WEBER 1999, Kap. 10.4). Durch die Entwicklung einer multiattributiven Nutzenfunktion kann er Dr. Laufbahns Präferenzen bezüglich der verschiedenen Attribute und bezüglich des Risikos abbilden.

Nutzenanalyse der betrieblichen Berufsausbildung

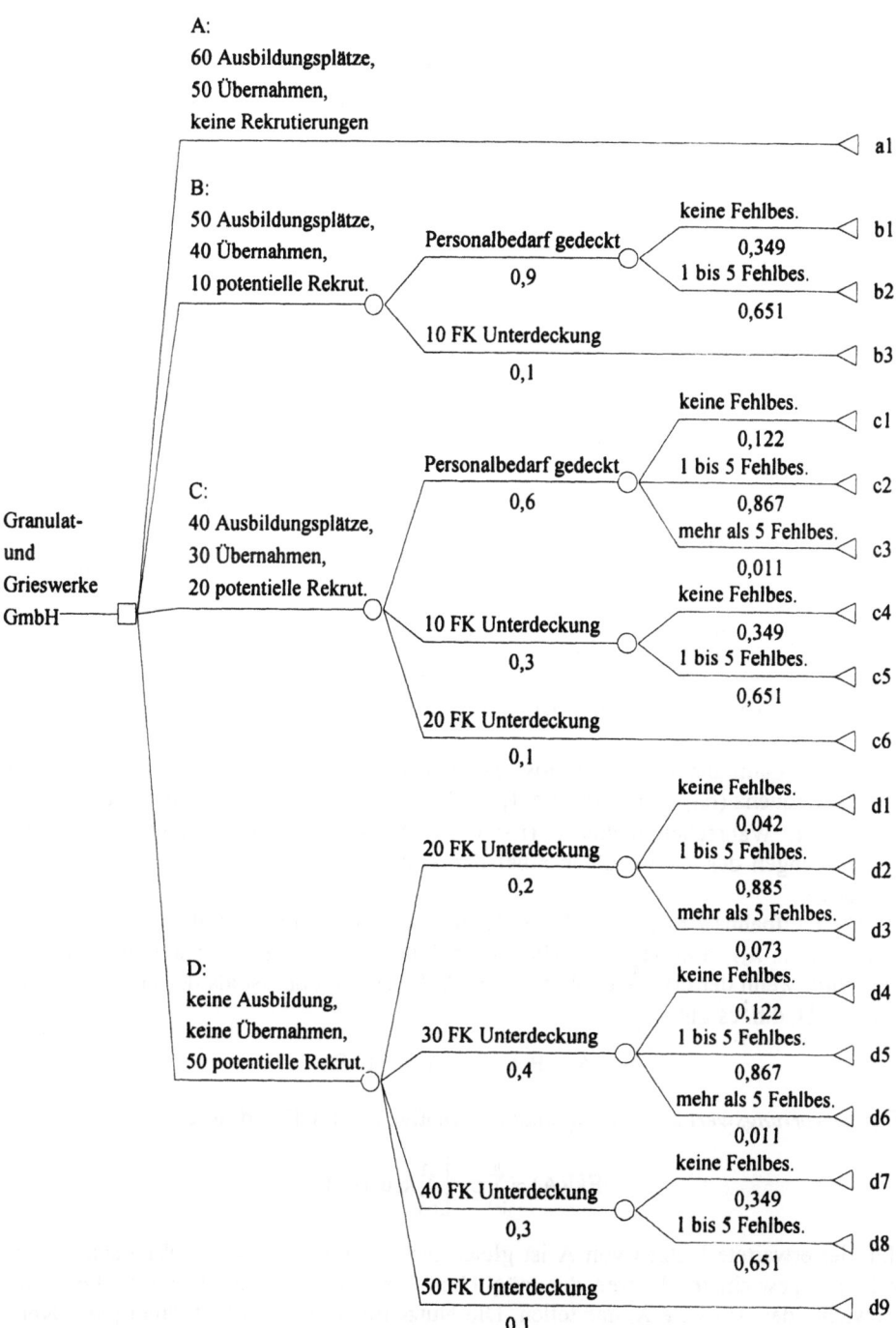

Abb. 7: Darstellung der Entscheidungssituation im Entscheidungsbaum

Alt.	Kons.	Ziel X_1 Unterdeckung (Fachkr.)	Ziel X_2 Nettokosten (Mio. €)	Ziel X_3 Fehlbesetzung (Anzahl)	Ziel X_4 Betriebskenntnisse (Übern.)	Ziel X_5 Verantwortung (Ausb.pl.)	Eintrittswahrscheinlichkeit
A	a_1	0	3,1	0	50	60	1,000
B	b_1	0	2,4	0	40	50	0,315
	b_2	0	2,4	1 bis 5	40	50	0,585
	b_3	10	2,4	0	40	50	0,100
C	c_1	0	1,7	0	30	40	0,072
	c_2	0	1,7	1 bis 5	30	40	0,522
	c_3	0	1,7	>5	30	40	0,006
	c_4	10	1,7	0	30	40	0,105
	c_5	10	1,7	1 bis 5	30	40	0,195
	c_6	20	1,7	0	30	40	0,100
D	d_1	20	0,7	0	0	0	0,008
	d_2	20	0,7	1 bis 5	0	0	0,178
	d_3	20	0,7	>5	0	0	0,014
	d_4	30	0,7	0	0	0	0,048
	d_5	30	0,7	1 bis 5	0	0	0,348
	d_6	30	0,7	>5	0	0	0,004
	d_7	40	0,7	0	0	0	0,105
	d_8	40	0,7	1 bis 5	0	0	0,195
	d_9	50	0,7	0	0	0	0,100

Tab. 7: Konsequenzen der Handlungsalternativen

Wählt Dr. Laufbahn z.B. Alternative B, führt dies mit der Wahrscheinlichkeit p_i zu der Konsequenz $(b_{i1}, ..., b_{i5})$ mit $i = 1, ..., 3$. Wählt er C, tritt die Konsequenz $(c_{j1}, ..., c_{j5})$ mit der Wahrscheinlichkeit p_j ($j = 1, ..., 6$) ein, usw. Dabei bedeuten die b_{ir} die Ausprägungen der Zielvariablen r bei der Wahl der Alternative B und Eintritt von Zustand i.

Dr. Laufbahns *Präferenzen* bildet Matrix mit einer multiattributiven Nutzenfunktion $u(x_1, ..., x_5)$ so ab, daß die Alternative A der Alternative B genau dann vorgezogen wird, wenn der erwartete Nutzen von A, EU(A), größer ist als der erwartete Nutzen von B, d.h. es gilt:

$$A \succ B \Leftrightarrow EU(A) > EU(B).$$

Der *Erwartungswert des Nutzen* einer Alternative A ist definiert durch:

$$EU(A) = \sum_{i=1}^{n} p_i \cdot \left[\sum_{r=1}^{m} k_r u_r(a_{ir}) \right],$$

d.h. der erwartete Nutzen von A ist gleich der Summe der mit den Wahrscheinlichkeiten p_i gewichteten Nutzen der möglichen Konsequenzen $u_r(a_{ir})$, wobei die k_r die Gewichte der Attribute X_r darstellen. Die Nutzenfunktion u_r ordnet dabei jeder Konsequenz eine reelle Zahl zu. Sie bildet sowohl Dr. Laufbahns Einstellung zum Wert der Konsequenz als auch zum Risiko ab und erfordert keine besondere Art der Skalierung der Konsequenzen. Optimal ist eine Alternative genau dann, wenn sie von allen betrachteten Alternativen den höchsten Erwartungsnutzen besitzt. Die Nutzenfunktion kann die Einzelnutzen der Konsequenzen additiv oder multiplikativ miteinander verknüpfen. Um die Präferenzen durch eine additive Nutzenfunktion abbilden zu können, müssen sie die Bedingung der additiven Nutzenunabhängigkeit erfüllen.

Die Attributmenge X_1, ..., X_5 ist *additiv nutzenunabhängig*, falls die Präferenzen über Lotterien (der unsicheren Attribute) nur von den Verteilungen der Ausprägungen der einzelnen Attribute abhängen, nicht jedoch von den Verteilungen von Attributkombinationen. Um nun zu prüfen, ob Nutzenunabhängigkeit bezüglich der Attribute „Unterdeckung" und „Fehlbesetzungen" vorliegt, muß Dr. Laufbahn indifferent sein zwischen einer Lotterie, bei der er mit einer Wahrscheinlichkeit von je 50% entweder die schlechteste Ausprägung des einen Attributs und gleichzeitig die beste des anderen Attributs (oder umgekehrt) erhalten kann, und einer anderen Lotterie, bei der zu je 50% entweder beide Attribute die schlechteste oder die beste Ausprägung aufweisen (Abb. 8).

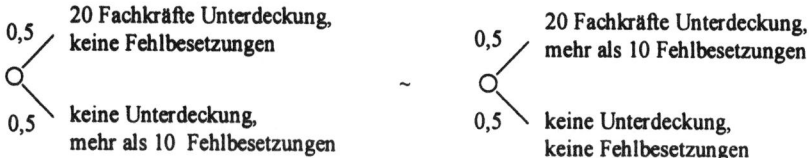

Abb. 8: Lotterievergleich zur Prüfung der additiven Nutzenunabhängigkeit

Die Randwahrscheinlichkeiten der beiden Lotterien sind gleich. Dr. Laufbahn wählt die erste Lotterie. Ihm ist also eine 50/50-Chance, wenigstens ein Attribut auf dem höchsten Niveau zu erreichen, lieber als eine „Alles-oder-Nichts-Lotterie". Daraus schließt Matrix, daß die Attribute nutzenabhängig sind und die geforderte Bedingung nicht erfüllt ist. Deshalb wendet Matrix das multiplikative Modell an. Zudem ergibt sich der Unabhängigkeitstest aus der Messung der Skalierungsfaktoren des multiplikativen Modells selbst. Die *multiplikative Nutzenfunktion* ist definiert durch:

$$u(x) \equiv u(x_1,...,x_5) = \frac{\prod_{r=1}^{5}[k \cdot k_r \cdot u_r(x_r)+1]-1}{k} \quad \text{mit } 0 \leq u_r(x_r) \leq 1,$$

wobei $u_r(x_r)$ die zwischen 0 und 1 normierte eindimensionale Nutzenfunktion für das Attribut X_r ist und $k_r > 0$ die Gewichte der Attribute darstellen. Die Konstante k drückt dabei die Interaktion zwischen den Attributen aus, die (wie oben erläutert) substitutiven oder komplementären Charakter haben kann.

Die Skalierungskonstanten (Gewichtungsfaktoren) k_r errechnen sich aus:

$$1+k = \prod_{r=1}^{5}(1+k \cdot k_r)$$

Für $\Sigma k_r = 1$ und $k = 0$ besteht keine Nutzeninteraktion zwischen den Attributen und es ergibt sich als Sonderfall das additive Modell.

6.2 Ermittlung der Einzelnutzenfunktionen für die Attribute

Die auf das Intervall [0, 1] *normierte Einzelnutzenfunktion* für ein Ziel X_i ermittelt Matrix, indem er die sogenannte Basis-Referenz-Lotterie (BRL) mit einem Sicherheitsäquivalent (SÄ) vergleicht, bei dem Dr. Laufbahn indifferent ist zwischen diesem Wert und der BRL. Die BRL ist dadurch gekennzeichnet, daß die maximale Konsequenz x_{max} mit der Wahrscheinlichkeit p und die minimale Konsequenz x_{min} mit der Wahrscheinlichkeit 1 − p auftritt. Der Erwartungsnutzen der BRL, EU(BRL), entspricht dann dem Nutzen des SÄ, u(SÄ). Zur Ermittlung der Funktionen bieten sich verschiedene Vorgehensweisen an, die im Folgenden aufgezeigt werden.

Ziel X_1 (Personelle Unterdeckung): Dr. Laufbahn gibt nach der Mittelwert-Kettungs-Methode folgende Sicherheitsäquivalente zu den BRL an (EISENFÜHR/ WEBER 1999, Kap. 9.4):

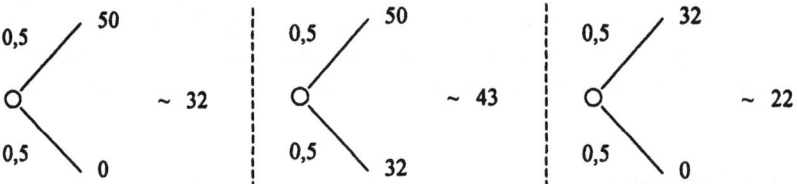

Abb. 9: Basis-Referenz-Lotterien zur Ermittlung der Nutzenfunktion $u_1(x_1)$

Die monoton fallende Nutzenfunktion $u_1(x_1)$ approximiert Matrix mit der Tabellenkalkulation Microsoft® Excel. Unter der Nebenbedingung $u_1(x^-) = 0$ und $u_1(x^+) = 1$ resultiert die polynomische Funktion 2. Ordnung:

$$u_1(x_1) = \frac{-0,0003x_1^2 - 0,0059x_1 + 1,045}{1,045}$$

Anhand des konkaven Verlaufs erkennt Matrix, daß Dr. Laufbahn in bezug auf die personelle Unterdeckung risikoscheu eingestellt ist (Abb. 11a). Zur Konsistenzprüfung fragt er ihn nach dem Sicherheitsäquivalent der Lotterie (22 FK Unterdeckung, 0,5; 43 FK Unterdeckung, 0,5). Dr. Laufbahn gibt „32 FK Unterdeckung" an; er ist also konsistent zu seiner obigen Aussage.

Ziel X_2 (Gesamtkosten): Matrix schlägt vor, von einem linearen Verlauf der Einzelnutzenfunktion $u_2(x_2)$ für das Attribut X_2 auszugehen. Die Bandbreite der Kosten liegt im Intervall [0,7 Mio. €, 3,1 Mio. €]. Die Kostenfunktion $u_2(x_2) = (3,1 - x_2) / 2,4$ ist linear fallend (Abb. 11b).

Ziel X_3 (Fehlbesetzungen): Für die unsicheren Attributsausprägungen des Ziels X_3 gibt Dr. Laufbahn die in Abbildung 10 dargestellten SÄ zu den BRL an. Hier interpoliert Matrix die monoton fallende Nutzenfunktion $u_3(x_3)$ stückweise linear zwischen den fünf Stützstellen (Abb. 11c).

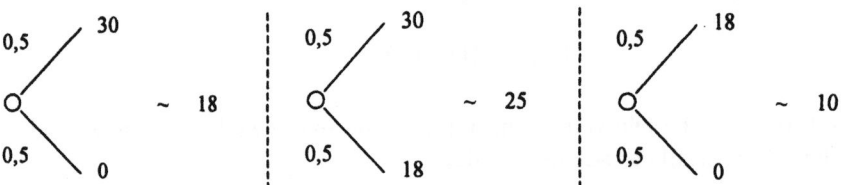

Abb. 10: Basis-Referenz-Lotterien zur Ermittlung der Nutzenfunktion $u_3(x_3)$

Nutzenanalyse der betrieblichen Berufsausbildung

Hiernach bewertet er die Intervalle „eins bis fünf" und „mehr als fünf" Fehlbesetzungen (y), indem er die jeweiligen Einzelnutzenwerte im Verhältnis ihrer binomialverteilten Eintrittswahrscheinlichkeiten berücksichtigt. Die entsprechende Binomialverteilung hängt wiederum davon ab, welcher Rekrutierungsbedarf (n) besteht.
Formal gilt:

$$u(i \leq y \leq j) = \frac{\sum_{y=i}^{j} p(y) \cdot u(y)}{\sum_{y=i}^{j} p(y)}$$

Matrix ermittelt den Nutzen der Fehlbesetzungsintervalle wie in Tabelle 8 angegeben.

Rekru- tierungen	Anzahl Fehlbes.	Wahrsch. lichkeit	Einzel- nutzen	Gewichteter Nutzen	Intervall- nutzen
n	y	p(y)	u(y)	p(y)·u(y)	u(i≤y≤j)
0	0	1,000	1,000	—	—
10	0	0,349	1,000	—	—
	1	0,387	0,975	0,378	
	2	0,194	0,950	0,184	
	3	0,057	0,925	0,053	
	4	0,011	0,900	0,010	
	5	0,001	0,875	0,001	
	1 bis 5	0,651	—	0,626	0,962
	mehr als 5	0,000	—	—	—
20	0	0,122	1,000	—	—
	1 bis 5	0,867	—	0,819	0,945
	mehr als 5	0,011	—	0,009	0,818
30	0	0,042	1,000	—	—
	1 bis 5	0,885	—	0,821	0,928
	mehr als 5	0,073	—	0,061	0,836

Tab. 8: Die Nutzenermittlung der Fehlbesetzungsintervalle

Ziel X_4 (Betriebskenntnisse): Dr. Laufbahn weiß, daß die selbst ausgebildeten Fachkräfte sehr gute Betriebskenntnisse besitzen, was bei den extern rekrutierten nicht der Fall ist. Auch wenn die Kenntnisse von Person zu Person verschieden sind, nimmt er an, daß sie proportional mit der Anzahl der übernommenen Auszubildenden ansteigen. Die Einzelnutzenfunktion $u_4(x_4) = 1 - (50 - x_4) / 50$ ist linear steigend (Abb. 11d).

Ziel X_5 (Gesellschaftliche Verantwortung): Schließlich wird die soziale Verantwortung der *Granulat- und Grieswerke GmbH* durch die Anzahl der Ausbildungsplätze ausgedrückt. Hier macht Dr. Laufbahn auf die Außenwirkung aufmerksam. Sein Unternehmen hat sich in der Region eine hohe Reputation durch die qualitativ hochwertige Ausbildung erworben. Eine völlige Aufgabe der Ausbildung würde seiner Meinung nach zu einer starken Beeinträchtigung des Ansehens bei den Kunden und Lieferanten führen, so daß die Nutzenfunktion einen konkaven Verlauf annimmt. Sie wird von Matrix in Microsoft® Excel mit einem exponentiellen Trend approximiert (Abb. 11e):

$$u_5(x_5) = 1{,}225 \cdot (1 - e^{-1{,}695 \cdot \frac{x_5}{60}}).$$

Abbildung 11 zeigt die Verläufe der Nutzenfunktionen grafisch.

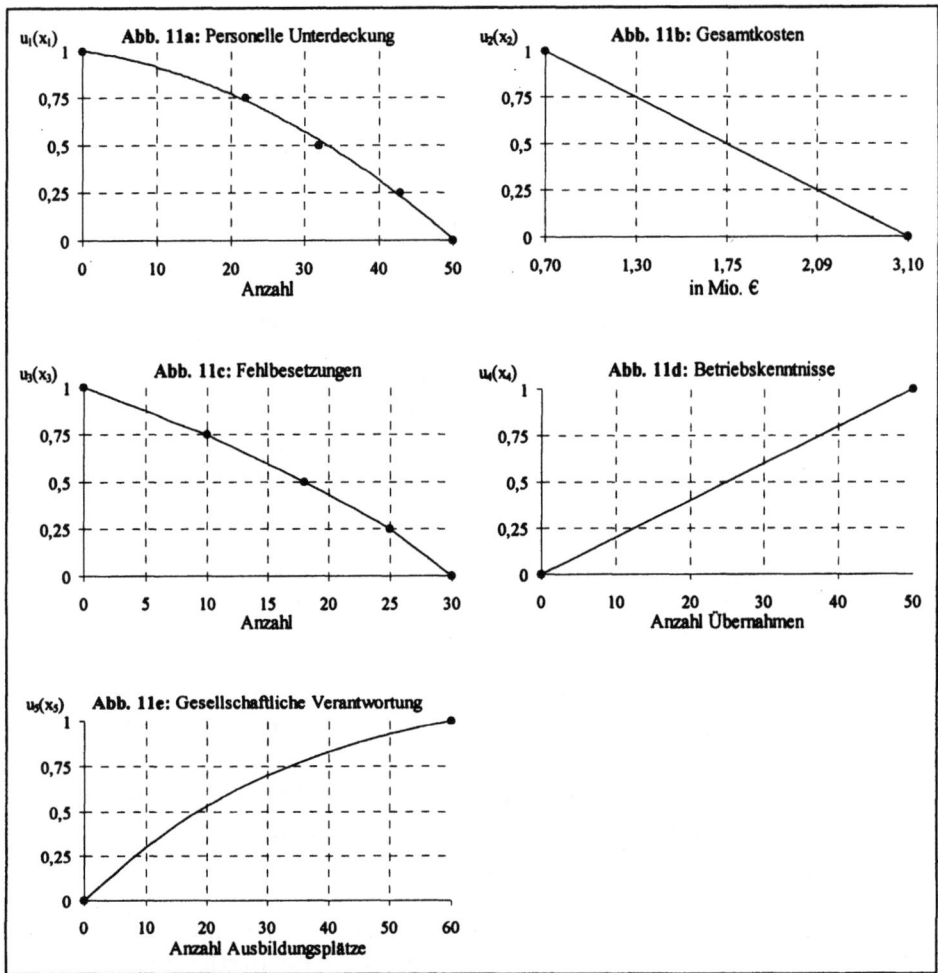

Abb. 11: Einzelnutzenfunktionen $u_r(x_r)$ der Attribute X_r

6.3 Bewertung der Konsequenzen

Durch Einsetzen der jeweiligen Konsequenzen in die fünf Einzelnutzenfunktionen $u_r(x_r)$ mit $r = 1, ..., 5$ erhält Matrix für die Alternativen das in Tabelle 9 dargestellte *Bewertungsschema*.

Alt.	Kons.	X_1 (FK)	$u_1(x_1)$	X_2 (Mio.)	$u_2(x_2)$	X_3 (Anz.)	$u_3(x_3)$	X_4 (Üb.)	$u_4(x_4)$	X_5 (Pl.)	$u_5(x_5)$	p
A	a_1	0	1,000	3,1	0,000	0	1,000	50	1,000	60	1,000	1,000
B	b_1	0	1,000	2,4	0,292	0	1,000	40	0,800	50	0,927	0,314
	b_2	0	1,000	2,4	0,292	1-5	0,962	40	0,800	50	0,927	0,586
	b_3	10	0,915	2,4	0,292	0	1,000	40	0,800	50	0,927	0,100
C	c_1	0	1,000	1,7	0,583	0	1,000	30	0,600	40	0,829	0,073
	c_2	0	1,000	1,7	0,583	1-5	0,945	30	0,600	40	0,829	0,520
	c_3	0	1,000	1,7	0,583	>5	0,818	30	0,600	40	0,829	0,007
	c_4	10	0,915	1,7	0,583	0	1,000	30	0,600	40	0,829	0,105
	c_5	10	0,915	1,7	0,583	1-5	0,962	30	0,600	40	0,829	0,195
	c_6	20	0,772	1,7	0,583	0	1,000	30	0,600	40	0,829	0,100
D	d_1	20	0,772	0,7	1,000	0	1,000	0	0,000	0	0,000	0,008
	d_2	20	0,772	0,7	1,000	1-5	0,928	0	0,000	0	0,000	0,177
	d_3	20	0,772	0,7	1,000	>5	0,836	0	0,000	0	0,000	0,015
	d_4	30	0,572	0,7	1,000	0	1,000	0	0,000	0	0,000	0,049
	d_5	30	0,572	0,7	1,000	1-5	0,945	0	0,000	0	0,000	0,347
	d_6	30	0,572	0,7	1,000	>5	0,818	0	0,000	0	0,000	0,004
	d_7	40	0,315	0,7	1,000	0	1,000	0	0,000	0	0,000	0,105
	d_8	40	0,315	0,7	1,000	1-5	0,962	0	0,000	0	0,000	0,195
	d_9	50	0,000	0,7	1,000	0	1,000	0	0,000	0	0,000	0,100

Tab. 9: Bewertung der Konsequenzen mit den Einzelnutzenfunktionen $u_r(x_r)$

6.4 Die Bestimmung der Skalierungskonstanten (Gewichtungsfaktoren) k_r

Die *Gewichtungsfaktoren* k_r können entweder nach dem Trade-off-Verfahren oder nach dem Lotterievergleichsverfahren ermittelt werden. Eine Gewichtsbestimmung nach dem *Trade-off-Verfahren* bedeutet, daß Matrix nach den Austauschraten über zwei Zielgrößen fragt, zwischen denen Personalmanager indifferent ist (EISENFÜHR/ WEBER 1999, Kap. 6.4.2). Aus der Indifferenzaussage schließt er darauf, wie stark Dr. Laufbahn die Attribute X_i und X_j gewichtet. Für die beiden Ziele X_1 und X_2 grenzt Matrix zunächst die Austauschrate ein, indem er mit den extremen Ausprägungen beginnt. Dr. Laufbahn wird vor die Wahl gestellt, ob er eine Alternative f = (keine Unterdeckung, 3,1 Mio. €) einer Alternative g = (50 FK Unterdeckung, 0,7 Mio. €) vorzieht. Dr. Laufbahn präferiert g, so daß Matrix die Kosten von g auf z.B. 1 Mio. € erhöht und ihn erneut nach seiner Präferenz befragt. Dieses sukzessive Abfragen wiederholt Matrix, bis Indifferenz zwischen f und g herrscht. Dr. Laufbahn macht folgende Indifferenzaussage:

I: (0 FK Unterdeckung, 3,1 Mio. €) ~ (50 FK Unterdeckung, 1,6 Mio. €)

Die Attribute X_3, X_4 und X_5 werden hierbei nicht angegeben, da deren Ausprägungen nicht relevant für die zu ermittelnden Präferenzen sind – unter der Voraussetzung, daß sie in beiden Alternativen gleich sind. Dieses Verfahren führt er nun für alle notwendigen Zielpaare durch und erhält von Dr. Laufbahn folgende weitere Trade-off-Aussagen:

II: (3,1 Mio. €, 0 Fehlbesetzungen) ~ (1,3 Mio. €, 30 Fehlbesetzungen)
III: (3,1 Mio. €, 50 Übernahmen) ~ (1,9 Mio. €, 0 Übernahmen)

IV: (3,1 Mio. €, 25 Ausbildungsplätze) ~ (0,7 Mio €, 0 Ausbildungsplätze)

Die Skalierungsfaktoren k_r drücken das relative Gewicht aus, das Dr. Laufbahn dem Nutzen der entsprechenden Attributsausprägung der betrachteten Trade-offs beimißt. Hieraus lassen sich folgende Gleichungen erstellen:

I: $k_1 \cdot u_1(0) + k_2 \cdot u_2(3,1) = k_1 \cdot u_1(50) + k_2 \cdot u_2(1,6)$
$\Leftrightarrow k_1 \cdot 1 + k_2 \cdot 0 = k_1 \cdot 0 + k_2 \cdot 0,625$
$\Rightarrow k_2 = 1,6 \cdot k_1$

II: $k_2 \cdot u_2(3,1) + k_3 \cdot u_3(0) = k_2 \cdot u_2(1,3) + k_3 \cdot u_3(30)$
$\Leftrightarrow k_2 \cdot 0 + k_3 \cdot 1 = k_2 \cdot 0,75 + k_3 \cdot 0$
$\Rightarrow k_3 = 0,75 \cdot k_2$

III: $k_2 \cdot u_2(3,1) + k_4 \cdot u_4(50) = k_2 \cdot u_2(1,9) + k_4 \cdot u_4(0)$
$\Leftrightarrow k_2 \cdot 0 + k_4 \cdot 1 = k_2 \cdot 0,5 + k_4 \cdot 0$
$\Rightarrow k_4 = 0,5 \cdot k_2$

IV: $k_2 \cdot u_2(3,1) + k_5 \cdot u_5(25) = k_2 \cdot u_2(0,7) + k_5 \cdot u_5(0)$
$\Leftrightarrow k_2 \cdot 0 + k_5 \cdot 0,62 = k_2 \cdot 1 + k_5 \cdot 0$
$\Rightarrow k_5 = 1,613 \cdot k_2$

Da Matrix von der o.a. multiplikativen Nutzenfunktion ausgeht, muß gelten:

$$1 + k = \prod_{r=1}^{5}(1 + k \cdot k_r) = (1 + k \cdot k_1) \cdot (1 + k \cdot k_2) \cdot (1 + k \cdot k_3) \cdot (1 + k \cdot k_4) \cdot (1 + k \cdot k_5)$$

Zur Lösung dieses Gleichungssystems mit sechs Unbekannten benötigt er noch eine weitere Gleichung, die er aus einer Indifferenzaussage zum Gewichtungsfaktor k_1 ermittelt (Abb. 12). Dr. Laufbahn kann entweder ein Sicherheitsäquivalent wählen, das in Attribut X_1 die beste und in allen anderen Attributen die schlechteste Ausprägung aufweist, oder eine Lotterie, bei der er mit der Wahrscheinlichkeit p_1 in allen Attributen die beste Ausprägung oder mit der Wahrscheinlichkeit $1 - p_1$ in allen Attributen die schlechteste Ausprägung erhält.

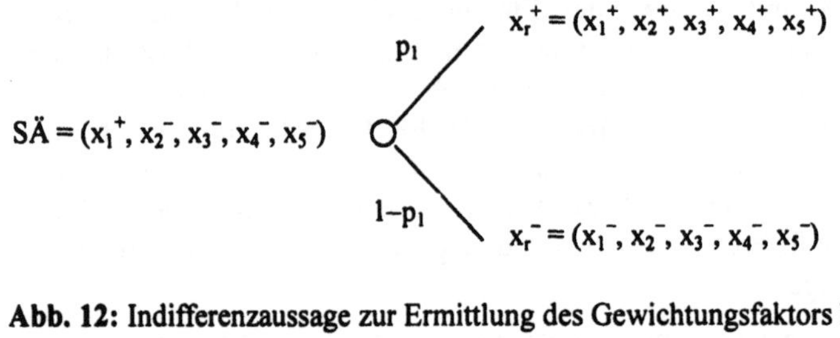

SÄ = $(x_1^+, x_2^-, x_3^-, x_4^-, x_5^-)$

p_1: $x_r^+ = (x_1^+, x_2^+, x_3^+, x_4^+, x_5^+)$

$1-p_1$: $x_r^- = (x_1^-, x_2^-, x_3^-, x_4^-, x_5^-)$

Abb. 12: Indifferenzaussage zur Ermittlung des Gewichtungsfaktors k_1

Dr. Laufbahn ist indifferent zwischen dem Sicherheitsäquivalent (0 FK Unterdeckung, 3,1 Mio. €, 30 Fehlbesetzungen, 0 Übernahmen, 0 Ausbildungsplätze) und der Lotterie (0, 0,7 Mio., 0, 50, 60) mit $p_1 = 0,3$ sowie (50, 3,1 Mio., 30, 0, 0) mit $1 - p_1 = 0,7$. Daraus folgt:

$$k_1 = p_1 = 0,3$$

Durch Einsetzen in die Gleichungen I bis IV erhält Matrix die weiteren Gewichte:

Nutzenanalyse der betrieblichen Berufsausbildung

$$k_2 = 1{,}6 \cdot k_1 = 1{,}6 \cdot 0{,}3 = 0{,}48$$
$$k_3 = 0{,}75 \cdot k_2 = 0{,}75 \cdot 0{,}48 = 0{,}36$$
$$k_4 = 0{,}5 \cdot k_2 = 0{,}5 \cdot 0{,}48 = 0{,}24$$
$$k_5 = 1{,}613 \cdot k_2 = 1{,}613 \cdot 0{,}48 = 0{,}77$$

Matrix führt eine Konsistenzprüfung mit dem Lotterieverfahren durch und kommt zu denselben Skalierungsfaktoren. Da $\Sigma k_r = 2{,}15 > 1$, muß $-1 < k < 0$ gelten und es bestehen die oben beschriebenen *substitutiven Interaktionen* zwischen den Attributen. Für Dr. Laufbahn ist ein Attribut um so wichtiger, je schlechter ein anderes ausgeprägt ist. Er scheut z.B. die hohen Kosten nicht, wenn er viele Ausbildungsplätze anbieten kann und damit die hohe soziale Verantwortung zum Ausdruck kommt. Ebenso sind ihm die Betriebskenntnisse um so wichtiger, je mehr Fehlbesetzungen zu erwarten sind.

6.5 Die Bestimmung der Interaktionskonstanten k

Die Bestimmung der *Interaktionskonstanten* kann iterativ erfolgen (Abb. 13), indem man probeweise einen negativen Wert k' annimmt und prüft, ob gilt:

$$1 + k' = \prod_{r=1}^{5}(1 + k' \cdot k_r)$$

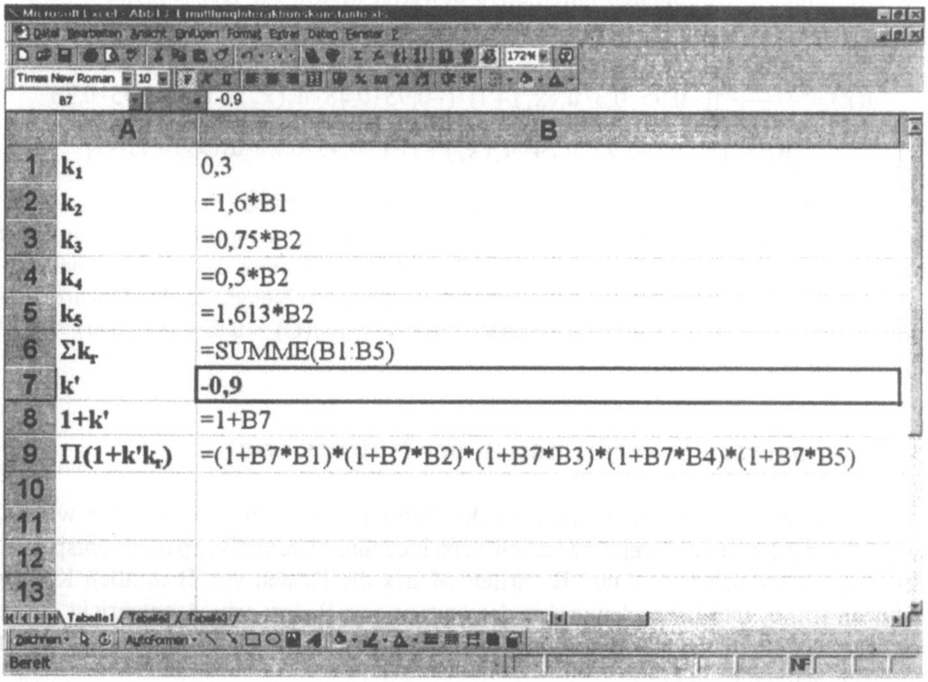

	A	B
1	k_1	0,3
2	k_2	=1,6*B1
3	k_3	=0,75*B2
4	k_4	=0,5*B2
5	k_5	=1,613*B2
6	Σk_r	=SUMME(B1:B5)
7	k'	-0,9
8	1+k'	=1+B7
9	$\Pi(1+k'k_r)$	=(1+B7*B1)*(1+B7*B2)*(1+B7*B3)*(1+B7*B4)*(1+B7*B5)

Abb. 13: Ermittlung des Parameters k mit Hilfe eines Tabellenkalkulationsprogramms

Setzt man k' zunächst auf den Wert −0,9, ist der linke Term der obigen Gleichung größer als der rechte. Verringert man k' auf −0,99, ist der linke Term kleiner als der rechte, bei k' gleich −0,95 ist die Gleichung erfüllt (Tab. 10).

k_1	0,30	0,30	0,30
k_2	0,48	0,48	0,48
k_3	0,36	0,36	0,36
k_4	0,24	0,24	0,24
k_5	0,77	0,77	0,77
Σk_r	2,15	2,15	2,15
k'	−0,90	−0,99	−0,95
1+k'	0,10	0,01	0,05
$\Pi(1+k'k_r)$	0,07	0,04	0,05

Tab. 10: Iterative Bestimmung der Interaktionskonstanten

Nachdem Matrix alle notwendigen Parameter bestimmt hat, ermittelt er die optimale Alternative anhand des Gesamtmodells.

7. Die Ermittlung der optimalen Alternative

Zur Ermittlung der optimalen Alternative bewertet Matrix die Konsequenzen mittels der *Gesamtnutzenfunktion*

$$u(x) = -\frac{1}{0,95} \cdot [(-0,95 \cdot 0,3 \cdot u_1(x_1)+1) \cdot (-0,95 \cdot 0,48 \cdot u_2(x_2)+1) \cdot (-0,95 \cdot 0,36 \cdot u_3(x_3)+1) \cdot (-0,95 \cdot 0,24 \cdot u_4(x_4)+1) \cdot (-0,95 \cdot 0,77 \cdot u_5(x_5)+1)-1]$$

und errechnet den Erwartungsnutzen der einzelnen Alternativen (Tab. 11).

Die Alternative mit dem höchsten Erwartungsnutzen ist optimal. Dr. Laufbahn sollte sich also als rationaler Entscheider für die Durchführung der betrieblichen Berufsausbildung entschließen und 60 Ausbildungsplätze anbieten, da der Erwartungsnutzen von A mit EU(A) = 0,95 > EU(B) = 0,938 > EU(C) = 0,924 > EU(D) = 0,72 am größten ist.

8. Die monetäre Transformation der Nutzenwerte

Da die Nutzenwerte auf Dr. Laufbahn sehr abstrakt wirken, möchte er gerne wissen, wieviel € die Nutzendifferenz zwischen verschiedenen Alternativenpaaren entspricht. Zu einem Vergleich von A und B variiert Matrix die Kosten von B in allen Konsequenzen (b_1, b_2 und b_3) so lange, bis der Nutzen von B dem von A entspricht[3]. Alle anderen Konsequenzen von B bleiben unverändert (Tab. 12). Ebenso verfährt er mit den Alternativen C und D.

---

[3] Diesen Vorgang bezeichnet man als „*pricing out*". Zu einer ausführlichen Herleitung siehe KEENEY/RAIFFA (1993), S. 125 ff.

Nutzenanalyse der betrieblichen Berufsausbildung

Alt.	X_1 $u_1(x_1)$ k_1 0,30	X_2 $u_2(x_2)$ k_2 0,48	X_3 $u_3(x_3)$ k_3 0,36	X_4 $u_4(x_4)$ k_4 0,24	X_5 $u_5(x_5)$ k_5 0,77	$u(x)$ k: -0,95	p	$u(x)$ · p	EU(.)
A	0 1,000	3,1 0,000	0 1,000	50 1,000	60 1,000	0,950	1,000	0,950	**0,950**
B	0 1,000	2,4 0,292	0 1,000	40 0,800	50 0,927	0,940	0,314	0,295	
	0 1,000	2,4 0,292	1-5 0,962	40 0,800	50 0,927	0,937	0,586	0,549	
	10 0,915	2,4 0,292	0 1,000	40 0,800	50 0,927	0,936	0,100	0,094	**0,938**
C	0 1,000	1,7 0,583	0 1,000	30 0,600	40 0,829	0,929	0,073	0,068	
	0 1,000	1,7 0,583	1-5 0,945	30 0,600	40 0,829	0,926	0,520	0,482	
	0 1,000	1,7 0,583	>5 0,818	30 0,600	40 0,829	0,918	0,007	0,006	
	10 0,915	1,7 0,583	0 1,000	30 0,600	40 0,829	0,925	0,105	0,097	
	10 0,915	1,7 0,583	1-5 0,962	30 0,600	40 0,829	0,922	0,195	0,180	
	20 0,772	1,7 0,583	0 1,000	30 0,600	40 0,829	0,918	0,100	0,092	**0,924**
D	20 0,772	0,7 1,000	0 1,000	0 0,000	0 0,000	0,759	0,008	0,006	
	20 0,772	0,7 1,000	1-5 0,928	0 0,000	0 0,000	0,748	0,177	0,132	
	20 0,772	0,7 1,000	>5 0,836	0 0,000	0 0,000	0,734	0,015	0,011	
	30 0,572	0,7 1,000	0 1,000	0 0,000	0 0,000	0,737	0,049	0,036	
	30 0,572	0,7 1,000	1-5 0,945	0 0,000	0 0,000	0,728	0,347	0,253	
	30 0,572	0,7 1,000	>5 0,818	0 0,000	0 0,000	0,707	0,004	0,003	
	40 0,315	0,7 1,000	0 1,000	0 0,000	0 0,000	0,710	0,105	0,074	
	40 0,315	0,7 1,000	1-5 0,962	0 0,000	0 0,000	0,703	0,195	0,137	
	50 0,000	0,7 1,000	0 1,000	0 0,000	0 0,000	0,676	0,100	0,068	**0,720**

Tab. 11: Ermittlung des Nutzens der Konsequenzen

Alt.	X_1 $u_1(x_1)$ k_1 0,30	X_2 $u_2(x_2)$ k_2 0,48	X_3 $u_3(x_3)$ k_3 0,36	X_4 $u_4(x_4)$ k_4 0,24	X_5 $u_5(x_5)$ k_5 0,77	$u(x)$ k: -0,95	p	$u(x)$ · p	EU(.)
A	0 1,000	**3,1** 0,000	0 1,000	50 1,000	60 1,000	0,950	1,000	0,950	**0,950**
B	0 1,000	**1,9** 0,500	0 1,000	40 0,800	50 0,927	0,952	0,314	0,299	
	0 1,000	**1,9** 0,500	1-5 0,962	40 0,800	50 0,927	0,950	0,586	0,557	
	10 0,915	**1,9** 0,500	0 1,000	40 0,800	50 0,927	0,949	0,100	0,095	**0,950**
C	0 1,000	**0,92** 0,908	0 1,000	30 0,600	40 0,829	0,954	0,073	0,070	
	0 1,000	**0,92** 0,908	1-5 0,945	30 0,600	40 0,829	0,951	0,520	0,495	
	0 1,000	**0,92** 0,908	>5 0,818	30 0,600	40 0,829	0,945	0,007	0,006	
	10 0,915	**0,92** 0,908	0 1,000	30 0,600	40 0,829	0,951	0,105	0,100	
	10 0,915	**0,92** 0,908	1-5 0,962	30 0,600	40 0,829	0,949	0,195	0,185	
	20 0,772	**0,92** 0,908	0 1,000	30 0,600	40 0,829	0,945	0,100	0,095	**0,950**
D	20 0,772	**-1,28** 1,825	0 1,000	0 0,000	0 0,000	0,962	0,008	0,008	
	20 0,772	**-1,28** 1,825	1-5 0,928	0 0,000	0 0,000	0,959	0,177	0,170	
	20 0,772	**-1,28** 1,825	>5 0,836	0 0,000	0 0,000	0,954	0,015	0,014	
	30 0,572	**-1,28** 1,825	0 1,000	0 0,000	0 0,000	0,955	0,049	0,047	
	30 0,572	**-1,28** 1,825	1-5 0,945	0 0,000	0 0,000	0,953	0,347	0,330	
	30 0,572	**-1,28** 1,825	>5 0,818	0 0,000	0 0,000	0,946	0,004	0,004	
	40 0,315	**-1,28** 1,825	0 1,000	0 0,000	0 0,000	0,947	0,105	0,099	
	40 0,315	**-1,28** 1,825	1-5 0,962	0 0,000	0 0,000	0,945	0,195	0,185	
	50 0,000	**-1,28** 1,825	0 1,000	0 0,000	0 0,000	0,936	0,100	0,094	**0,950**

Tab. 12: Variation der Kosten bei Vergleich der Alternativen A und B

Würden bei Alternative B Kosten in Höhe von 1,9 Mio. € anfallen, hätte sie denselben Nutzen von 0,95 wie A, d.h. man müßte die Kosten der zweitbesten Alternative um 0,5 Mio. € senken, damit sie gleichwertig zur besten Alternative ist. Diese Differenz beträgt bei einem Vergleich zwischen A und C 0,78 Mio. € sowie zwischen A und D 1,98 Mio. €, d.h. man müßte dem Personalmanager noch 1,28 Mio. € zusätzlich bieten, damit die externe Rekrutierung gleichwertig zur Ausbildung von 60 Fachkräften ist. Matrix nimmt dabei an, daß die Kostenfunktion auch über die Bandbreite hinaus linear verläuft.

9. Sensitivitätsanalyse über den Skalierungsfaktor der Kosten

Personalmanager Dr. Laufbahn möchte nun noch wissen, wie stabil die ermittelte Lösung bezüglich einer Veränderung der Skalierungsfaktoren ist. Insbesondere interessiert ihn die *Sensitivitätsanalyse* über k_2, den Skalierungsfaktor für die Kosten. In einer Diskussion mit der Unternehmensleitung besteht Einigkeit darüber, daß die Kosten und die soziale Verantwortung (innerhalb der entsprechenden Bandbreite) die wichtigsten Ziele der *Granulat- und Grieswerke GmbH* sind, d.h. sie sollen jeweils mindestens so hoch gewichtet werden wie das höchste Gewicht der drei anderen Ziele. Folglich gilt:

$$\min(k_2, k_5) \geq \max(k_1, k_3, k_4) \Rightarrow \min(k_2, k_5) \geq 0,36 \approx 0,4$$

Da Matrix die Skalierungskonstante k für unterschiedliche Werte von k_r neu berechnen muß, variiert er den Parameter k_2 ausgehend von 0,4 über 0,6 und 0,8 auf 1. Es resultieren die in der Tabelle 13 (für $k_5 = 0,77$) dargestellten Werte.

	für $k_5 = 0,77$				für $k_5 = 0,36$			
k_1	0,30	0,30	0,30	0,30	0,30	0,30	0,30	0,30
k_2	0,40	0,60	0,80	1,00	0,40	0,60	0,80	1,00
k_3	0,36	0,36	0,36	0,36	0,36	0,36	0,36	0,36
k_4	0,24	0,24	0,24	0,24	0,24	0,24	0,24	0,24
k_5	0,77	0,77	0,77	0,77	0,36	0,36	0,36	0,36
Σk_r	2,07	2,27	2,47	2,67	1,66	1,86	2,06	2,26
k'	-0,9351	-0,9605	-0,9817	-0,9999	-0,7769	-0,8670	-0,9395	-0,9999
1+k'	0,0649	0,0395	0,0183	0,0001	0,2231	0,1330	0,0605	0,0001
$\Pi(1+k'k_r)$	0,0649	0,0395	0,0183	0,0001	0,2231	0,1330	0,0605	0,0001

Tab. 13: Berechnung der Modellparameter bei Variation von k_2

Die Veränderung des Gesamtnutzens der einzelnen Alternativen resultiert aus der Veränderung, die die Anpassung des Skalierungsfaktors für das Attribut X_2 mit sich bringt. Nun kann Matrix den Nutzen der Alternativen bestimmen und miteinander vergleichen.

Zu einem Vergleich der Alternativen bietet sich an, die Sensitivitätsanalyse über k_2 grafisch darzustellen. Dafür stellt Matrix den Gesamtnutzen in Abhängigkeit von k_2 dar (Abb. 14a). Man erkennt, daß Alternative A (60 Ausbildungsplätze) bis zu einem Gewicht $k_2 \approx 0,8$ optimal ist, ab diesem Wert C und ab $k_2 \approx 0,85$ D (Nicht

Ausbilden). Bei einer hohen sozialen Einstellung müssen die Kosten also sehr stark ins Gewicht fallen, um die Entscheidung gegen die Durchführung der betrieblichen Ausbildung umschlagen zu lassen. Könnte Alternative A nicht realisiert werden, weil – wie ursprünglich angenommen – eine höhere Auslastung der Ausbildungskapazitäten nicht möglich ist, sind die Alternativen B und C bis annähernd demselben Wert für k_2 immer noch besser als D.

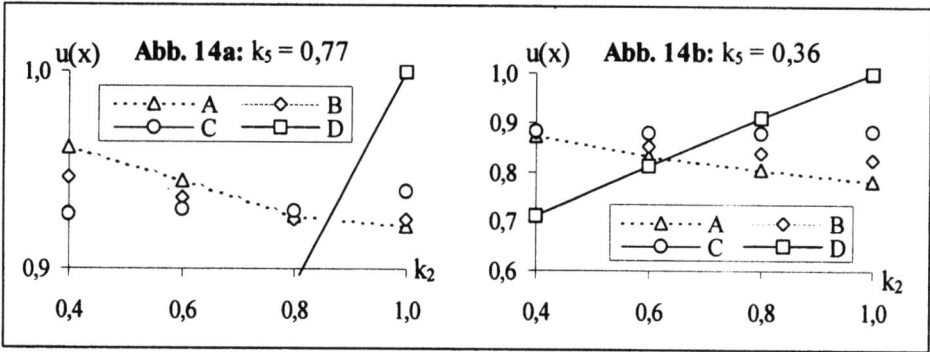

Abb. 14: Grafische Sensitivitätsanalyse über k_2

Zu fragen ist schließlich, wie sich die Ergebnisse verändern, falls das Gewicht für die soziale Verantwortung lediglich in der Höhe des Maximalwertes der anderen Zielgewichte berücksichtigt wird. Daraus folgen die für $k_5 = 0{,}36$ dargestellten Werte (Tab. 13 und Abb. 14b). Man erkennt, daß nun bis $k_2 \approx 0{,}7$ C optimal ist und dann die Entscheidung zugunsten der Alternative D „Nicht Ausbilden" kippt.

Insgesamt kann die optimale Lösung jedoch als robust gegen etwaige Parameteränderungen angesehen werden, so daß der Personalmanager Dr. Laufbahn beschließt, 60 Ausbildungsplätze anzubieten.

FALLSTUDIE G

CARLO KRAEMER

Pharmakoökonomische Analyse von Onychomycose-Behandlungen

Stichwörter: Unvollständige Information – Sensitivitätsanalyse – Tornadodiagramm – Erwartungswertdominanz – Stochastische Dominanz – Simulation – Strukturierung

Im Jahr 1995 wurde von einem deutschen Pharmaunternehmen eine Studie in Auftrag gegeben, die als Zielsetzung hatte, die Kosten verschiedener Therapieansätze zur Behandlung von Pilzinfektionen der Nägel, d.h. der Onychomycosen, zu vergleichen. Entgegen der traditionellen Vorgehensweise, bei der vielfach nur die Behandlungskosten der im Beipackzettel angegebenen durchschnittlichen Dosierung verglichen wurden, sollte diese Studie neben den reinen Arzneimittelkosten gleichzeitig die therapeutischen Erfolgsraten und eventuell notwendige alternative Folgetherapien mit einbeziehen. Ziel der Untersuchung war es zu zeigen, dass trotz geringerer therapeutischer Erfolgsquoten je nach Preisstellung der angewandten Medikamente das weniger wirksame Produkt dennoch zur insgesamt pharmakoökonomisch effizienteren Problemlösung führen kann.

1. Einordnung

Bei Onychomycosen handelt es sich um Pilzinfektionen der Nägel, die zu etwa 85% durch Dermatophyten verursacht werden. Die verbleibenden 15% werden durch Hefen- und Schimmelpilze sowie Mischinfektionen derselben verursacht. Den weitaus größten Teil mit 85% machen die Infektionen der Fußnägel aus. Eine Ansteckung erfolgt meist über das Zwischenstadium einer *Tinea pedis*. Orte, an denen die Patienten die Mykose bevorzugt akquirieren, sind meist öffentliche Schwimmbäder und Waschräume sowie Sportstätten. Z.B. leiden 89% der in der US NBA aktiven Sportler an einer Onychomycose. Onychomycosen sind darüber hinaus für ca. 50% aller Nagelprobleme verantwortlich und stellen ca. 30% aller oberflächlichen Hautpilzinfektionen dar. Studien haben gezeigt, dass zwischen 2,7% der Gesamtbevölkerung in Großbritannien und in neueren Studien in USA und Kanada bis zu 13% unter einer betreffenden Infektion leiden.

Die vorliegende Studie wurde in sieben Ländern durchgeführt, darunter Deutschland, Frankreich, Großbritannien, Italien, Spanien, sowie USA und Kanada, mit einer erfassten Bevölkerung von ca. 580 Millionen Menschen. Verglichen wurden fünf Wirkstoffe, von denen zwei oral und die restlichen drei topisch appliziert werden. Die beiden oral, d.h. systemisch angewandten Wirkstoffe sind Griseofulvin und Itraconazole. Die topisch angewandten Präparate werden entweder als 28%ige Lösung (Tioconazole) oder als Nagellacke Amorolfine 5% bzw. Ciclopirox 8% appliziert. Ein sechster auch oral verabreichter Wirkstoff, Terbinafine, wurde aufgrund seiner guten therapeutischen Wirkung, leider aber auch in seltenen Fällen lebensbedrohenden

Nebenwirkungen wie Stevens-Johnson-Syndrom bzw. Lyell-Syndrom nur als Sekundärtherapie im Falle des Scheiterns der Initialtherapie berücksichtigt.

Als Betrachtungszeitraum wird eine Zeitdauer von fünf Jahren gewählt, um auch die Möglichkeit eines Rückfalls bzw. einer Reinfektion und die damit verbundenen Kosten zu berücksichtigen. Im folgenden erfolgt aus Gründen der Beschränkung des Umfangs lediglich die Vorstellung der Ergebnisse in Deutschland. Die restlichen Länder werden nicht weiter untersucht. Dabei ist allerdings zu berücksichtigen, dass die Ergebnisse in Deutschland repräsentativ auch für die anderen in der ursprünglichen Untersuchung betrachteten Länder sind.

2. Strukturierung

2.1 Handlungsalternativen

Zur Ermittlung der Handlungsalternativen wurde ein Expertenteam aus 25 Dermatologen in den betreffenden sieben Ländern anhand von Fragebogen zu Dosis, Behandlungsdauer, überwachter Körperwerte, Nachfolgeuntersuchungen und anzuwendender Sekundärtherapie befragt. In der vorliegenden Studie wird das Entscheidungsproblem durch die fünf verschiedenen Möglichkeiten der Initialtherapie verkörpert. Jede dieser Möglichkeiten stellt eine Handlungsalternative in $t = 0$ dar, wobei eine Entscheidung für diese Handlungsalternative in den folgenden fünf Jahren sowohl gesundheitliche als auch monetäre Konsequenzen nach sich zieht. Es handelt sich hierbei um einstufige Entscheidungen, da die Vorgehensweise nach Festlegung des in $t = 0$ anzuwendenden Medikaments in Abhängigkeit der eingetretenen Umweltzustände genau determiniert ist. Die Ausdehnung des Betrachtungszeitraums auf fünf Jahre ermöglicht, wie bereits erwähnt, eine Berücksichtigung möglicher Fehlschläge, Rückfälle und notwendiger Sekundär- und Tertiärtherapien, um eine vollständige Erfassung der mit der Anwendung eines Medikaments verbundenen Kosten zu gewährleisten. Tabelle 1 nennt die fünf verschiedenen Handlungsalternativen und die damit verbundenen medizinischen Maßnahmen, die letztlich auch die Kostenwirkungen der einzelnen Medikamente determinieren.

2.2 Umwelteinflüsse

Nach der Entscheidung für eines der Medikamente als initiale Therapie können im folgenden verschiedene Zustände eintreten, die auch das weitere Vorgehen festlegen. Die Anwendung jedes der Medikamente kann entweder zur Heilung, zu einer Verbesserung oder zu einem Fehlschlag führen. Eine Heilung ist als eine klinische oder mykologische Verbesserung von mehr als 90% definiert, wogegen sich bei einer Verbesserung der Initialzustand um mehr als 50%, aber weniger als 90% verbessert hat. Alle restlichen Fälle werden als Fehlschlag gewertet. Die letzten beiden Zustände machen eine unmittelbare weitere Behandlung notwendig, während es auch nach einer Heilung im Zeitablauf zu einem Rückfall und damit zu einer weiteren Behandlung kommen kann. Ein Rückfall wird dabei als die Wiederkehr der zu Beginn beim Patienten festgestellten Infektion angesehen.

Wirkstoff	Dauer der Behandlung	Untersuchung zu Beginn	Folgeuntersuchungen	Sekundärtherapie
Amorolfine	6 Monate	Mikrobio. Untersuchung	3 Arztbesuche	Terbinafine
Ciclopirox	3 – 6 Monate	Mikrobio. Untersuchung	2 Arztbesuche	Terbinafine
Tioconazole	6 Monate	Mikrobio. Untersuchung	2 Arztbesuche	Terbinafine
Griseofulvin	12 Monate	Mikrobio. Untersuchung, Leber-, Blutwerte	5 Arztbesuche, 3 Leberfunktionstests	Terbinafine
Itraconazole	4 Monate	Mikrobio. Untersuchung, Leber-, Blutwerte	3 Arztbesuche, 3 Leberfunktionstests	Terbinafine

Tab. 1: Handlungsalternativen

Zur Erfassung des Entscheidungsproblems müssen die Wahrscheinlichkeiten für den Eintritt der jeweiligen Zustände bestimmt werden. Hierzu wurden aus insgesamt 62 klinischen Studien, die mindestens eines der betrachteten Medikamente untersucht haben, 41 Studien ausgewählt, um die entsprechenden Wahrscheinlichkeiten anhand relativer Häufigkeiten zu schätzen. Die restlichen 21 Studien waren aufgrund ihrer Ausgestaltung nicht zur Wahrscheinlichkeitsbestimmung geeignet. Aufgrund der sehr unterschiedlichen Ergebnisse verschiedener Studien können für den Großteil der betreffenden Wahrscheinlichkeiten keine punktgenauen Werte angegeben werden, sondern nur Intervalle, die Grenzen für die tatsächliche Wahrscheinlichkeit abstecken. Dies führt dazu, dass hier ein Entscheidungsproblem bei unvollständiger Information vorliegt. Im speziellen handelt es sich um ein Entscheidungsproblem bei partieller Wahrscheinlichkeitsinformation. Tabelle 2 gibt die ermittelten Intervalle der Wahrscheinlichkeiten und die Durchschnittswahrscheinlichkeiten an. Sofern punktgenaue Schätzungen der Wahrscheinlichkeiten vorliegen, ist kein Intervall angegeben.

Wirkstoff	Heilung (pHeil)	Verbesserung (pVerb)	Fehlschlag	Rückfall (pRueck)
Amorolfine AMO	0,320 – 0,396 (0,358)	0,246 – 0,330 (0,289)	0,316 – 0,391 (0,353)	0,139
Ciclopirox CIC	0,266 – 0,361 (0,313)	0,138 – 0,311 (0,265)	0,361 – 0,484 (0,422)	0,136
Tioconazole TIO	0,222	0,445	0,333	0,200
Griseofulvin GRI	0,053 – 0,492 (0,273)	0,275 – 0,519 (0,396)	0,192 – 0,471 (0,331)	0,166 – 0,471 (0,318)
Itraconazole ITR	0,297 – 0,679 (0,488)	0,203 – 0,573 (0,391)	0,066 – 0,177 (0,121)	0,132 – 0,409 (0,270)
Terbinafine (Sekundärtherapie) TER	0,776	0,123	0,101	0,088

Tab. 2: Wahrscheinlichkeiten

2.3 Konsequenzen und Ziele

Wie bereits erwähnt hat die Entscheidung für eine der Initialtherapien im folgenden verschiedene Konsequenzen, die über einen Zeitraum von fünf Jahren erfasst werden. Die Konsequenzen werden hier lediglich in Form der verursachten Kosten gemessen, welche ihrerseits anhand von Honorartabellen, Interviews von Ärzten und Medikamentenlisten der Krankenkassen ermittelt wurden.

Als Zielgröße werden daher in der vorliegenden Studie lediglich die verursachten Kosten betrachtet, so dass es sich hier um ein uniattributives Entscheidungsproblem handelt, wobei niedrige Kosten gegenüber hohen Kosten präferiert werden. Die optimale Entscheidung ist demnach die Entscheidung, die die erwarteten Kosten minimiert. Es liegt kein Zielkonflikt vor.

Denkbar wäre auch die Berücksichtigung weiterer Zielvariablen, die das Problem zu einem multiattributiven Entscheidungsproblem erweitern würde. Interessant wäre hier vor allem eine Berücksichtigung möglicher Nebenwirkungen, gemessen an den Auswirkungen auf die Lebensqualität. Da es sich jedoch in der vorliegenden Untersuchung um eine retrospektive Betrachtung handelte, ist die Erfassung der Lebensqualität und deren Beeinträchtigung durch Nebenwirkungen nicht möglich. Dies führt zu Verzerrungen zugunsten der oralen Medikamente, da diese zwar seltene, doch zum Teil gravierende Nebenwirkungen zeigen, die bei Eintreten eine erhebliche Beeinträchtigung der Lebensqualität nach sich ziehen, wogegen die topisch applizierten Medikamente eher nur geringfügige oder gar keine Nebenwirkungen aufweisen.

Des weiteren wird in der vorliegenden Untersuchung von risikoneutralen Entscheidern ausgegangen, so dass eine Entscheidung auf Basis von Erwartungswerten möglich ist. Aus Vereinfachungsgründen wird im folgenden trotz des langen Betrachtungszeitraums von fünf Jahren auf die Abbildung der Zeitpräferenz verzichtet.

3. Entscheidungsmodell

Als Grundlage der Analyse wird nun auf Basis des oben definierten Entscheidungsproblems ein Entscheidungsmodell aufgestellt, welches im folgenden in Form eines Entscheidungsbaumes visualisiert wird. Wie oben bereits erwähnt, werden die Entscheidungen in $t = 0$ für die anzuwendende Initialtherapie miteinander verglichen. Diese kann die drei bereits erwähnten gesundheitlichen Zustände Heilung, Verbesserung und Fehlschlag nach sich ziehen.

Ist die Initialtherapie erfolgreich, so stoppt die Behandlung bis zu einem eventuellen Rückfall. Erreicht die Initialtherapie lediglich eine Verbesserung des gesundheitlichen Zustands zwischen 50% und 90%, so wird die Behandlung mit dem selben Wirkstoff fortgesetzt, was annahmegemäß zur Heilung führt.

Schlägt die Initialtherapie fehl, so kommt es zu einer vorher festgelegten Sekundärtherapie, und bei deren Scheitern zur Tertiärtherapie. Aus Vereinfachungsgründen wird angenommen, dass bei der Bestimmung der Wahrscheinlichkeiten für den Erfolg der Sekundärtherapie vollständige Informationen vorliegen, d.h. punktgenaue Wahrscheinlichkeiten angegeben werden können. Ferner wird angenommen, dass der Erfolg einer eventuell durchzuführenden Sekundär- bzw. Tertiärtherapie nicht vom Erfolg vorhergehender Therapien abhängt, die Ereignisse also unabhängig voneinander sind. Diese Annahme ist durchaus als kritisch zu betrachten, da angenommen werden kann, dass ein Scheitern der Initialtherapie häufig auf eine schwer zu behandelnde Infektion zurückzuführen ist, die auch den Erfolg der Sekundärtherapie erschweren kann. Die Annahme wird aus Vereinfachungsgründen dennoch getroffen. Führt auch die Sekundärtherapie nicht zum Erfolg, so kommt es zu einer operativen Entfernung des Nagels mit anschließender Behandlung mit Terbinafine.

Tritt nach einer erfolgreichen Behandlung ein Rückfall ein, so wird die Behandlung mit dem zuvor erfolgreichen Wirkstoff wiederholt, was annahmegemäß in 90% der Fälle zu einer erneuten Heilung führt.

Das aus diesen Überlegungen resultierende entscheidungstheoretische Modell ist für den Fall, dass Ciclopirox als erste Behandlungsform gewählt wird, in Abbildung 1 in Form eines Entscheidungsbaumes verdeutlicht. Die anderen Wirkstoffe sind analog modelliert.

4. Analyse der Daten

Im folgenden soll nun versucht werden, das Entscheidungsproblem zu lösen, d.h. die kostenminimale der sechs Initialtherapien zu ermitteln. Die Vorgehensweise ist dabei in mehrere Schritte untergliedert, die den unterschiedlichen Grad der Berücksichtigung des oben entwickelten Entscheidungsmodells widerspiegeln. Zur Durchführung der Analyse wurde das Programm DATA ™ 3.5 von TreeAge verwendet.

4.1 Entscheidung bei vollständiger Information

In einem ersten Schritt werden die reinen Kosten einer Erstbehandlung mit den betreffenden fünf Medikamenten verglichen. Die häufig von Gesundheitsbehörden angewendete Vergleichsmethode berücksichtigt weder die Erfolgswahrscheinlichkeiten noch eventuell notwendige Sekundärtherapien. Es werden lediglich die gesamten therapeutischen Kosten der Initialtherapie ermittelt. Diese setzen sich zusammen aus den Kosten des Medikaments, der medizinischen Behandlung und den Laborkosten. Dieser Vergleich entspricht dem Vergleich auf Basis des Entscheidungsbaumes unter Annahme einer Heilungswahrscheinlichkeit von 1 und einer Rückfallwahrscheinlichkeit von 0, was offensichtlich nicht der Realität entspricht. Tabelle 3 zeigt in Spalte 1 die Ergebnisse.

Die reinen Erstbehandlungskosten fließen auch in die Bestimmung der Konsequenzen der einzelnen Äste des Entscheidungsbaumes ein. Zur Bestimmung der angefallenen Kosten jedes einzelnen Astes im Entscheidungsbaum sind ferner die Kosten beim Fortsetzen der Behandlung im Falle einer Verbesserung und im Falle eines Rückfalls, sowie die Kosten eventueller Sekundär- und Tertiärtherapien zu berücksichtigen. Diese sind in den Spalten 2 bis 5 der Tabelle 3 aufgeführt.

Unter Berücksichtigung des Entscheidungsbaumes sollen nun in einem zweiten Schritt die erwarteten Kosten der einzelnen Medikamente ermittelt werden. Dabei wird zunächst angenommen, dass die Entscheidung auf Basis vollständiger Informationen stattfindet. Zu diesem Zweck werden statt der Bandbreiten für die Erfolgswahrscheinlichkeiten die ermittelten durchschnittlichen Wahrscheinlichkeiten eingesetzt und die erwarteten Kosten auf Basis des oben ermittelten Entscheidungsbaumes berechnet. Tabelle 4 zeigt die ermittelten Ergebnisse.

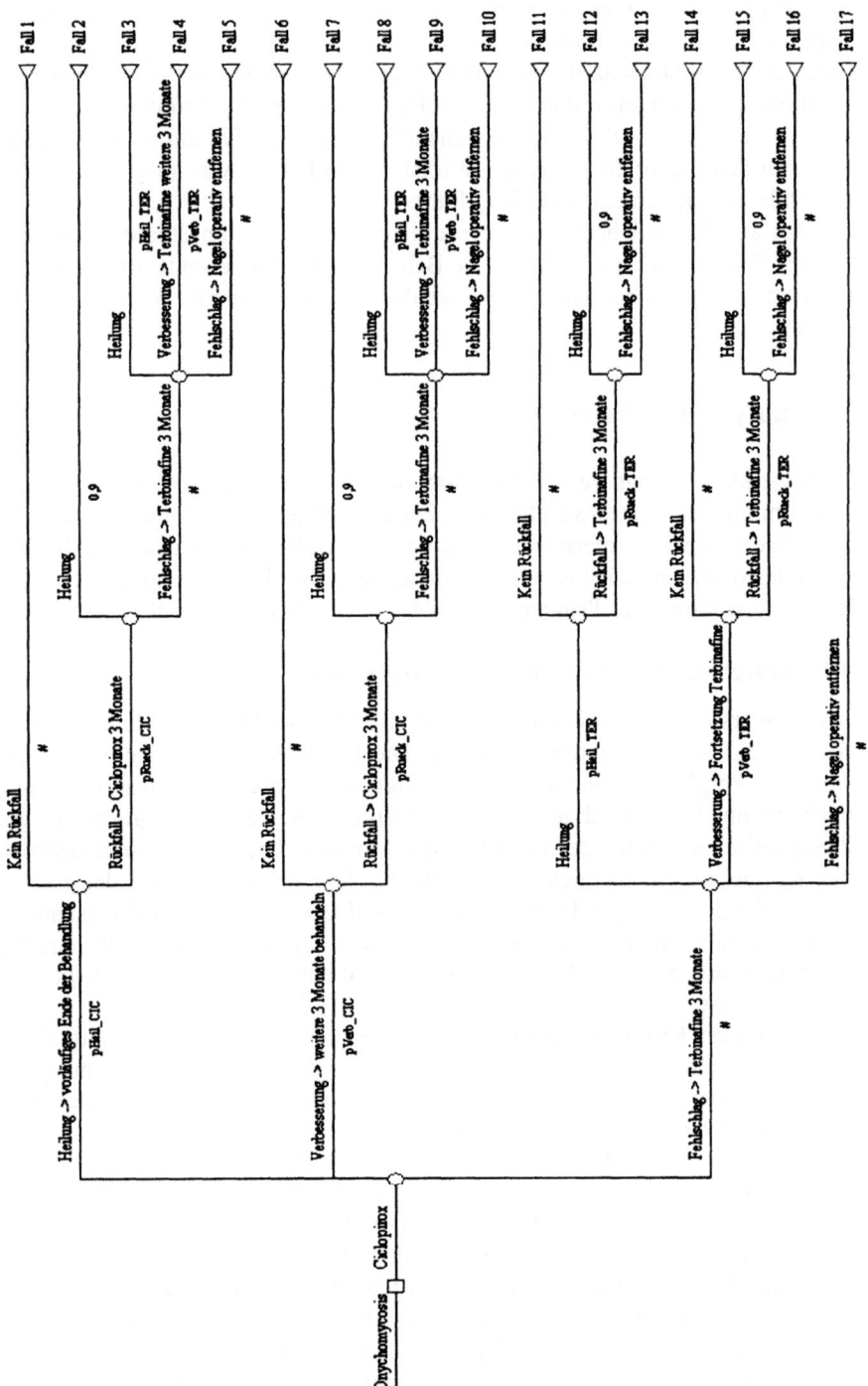

Abb. 1: Entscheidungsbaum bei Wahl der Alternative Ciclopirox

Pharmakoökonomische Analyse von Onychomycose-Behandlungen

Wirkstoff	Initialbehandlung	Weiterbehandlung bei Verbesserung	Behandlung nach Rückfall	Sekundärbehandlung	Tertiärbehandlung
Amorolfine	171,98	56,22	98,42	-	-
Ciclopirox	138,01	0	64,45	-	-
Tioconazole	498,08	382,32	424,52	-	-
Griseofulvin	1.417,58	1.275,49	1.344,02	-	-
Itraconazole	597,21	463,90	523,65	-	-
Terbinafine	-	421,08	475,81	475,81	-
Operative Nagelentfernung	-	-	-	-	391,67

Tab. 3: Behandlungskosten

Wirkstoff	Erwartete Kosten
Amorolfine	416,77
Ciclopirox	404,07
Tioconazole	934,84
Griseofulvin	2.421,89
Itraconazole	989,89

Tab. 4: Erwartete Kosten bei Annahme vollständiger Information

Es zeigt sich, dass bei dieser Betrachtungsweise die Wirkstoffe Ciclopirox und Amorolfine deutlich besser sind als ihre Wettbewerber. Ciclopirox ist nach dieser Analyse der kostengünstigste Wirkstoff, jedoch mit nur geringen Vorteilen gegenüber Amorolfine. Wären vollständige Informationen tatsächlich gegeben, so wäre an dieser Stelle das Entscheidungsproblem gelöst. Da die Wahrscheinlichkeiten jedoch nur in Form von Intervallen eingegrenzt werden können, muss nun im folgenden diese Ungenauigkeit bei der Entscheidungsfindung berücksichtigt werden. Gegenstand des nächsten Abschnitts ist es daher, zu zeigen, ob sich auch unter Berücksichtigung der unvollständigen Wahrscheinlichkeitsinformation eine vollständige Ordnung der Alternativen ergibt, oder keine eindeutige Aussage mehr möglich ist.

4.2 Entscheidung bei unvollständiger Information

Im folgenden soll die unvollständige Wahrscheinlichkeitsinformation in Form von Intervallen für die Erfolgs- und Rückfallwahrscheinlichkeiten explizit berücksichtigt werden.

Unter der oben getroffenen Annahme risikoneutraler Entscheider ist eine Möglichkeit, um auch bei unvollständiger Information zu einer eindeutigen Entscheidung zu gelangen, die Überprüfung möglicher Erwartungswertdominanzen zwischen den Alternativen. Dabei liegt Erwartungswertdominanz einer Alternative a über eine Alternative b bei steigender Nutzenfunktion genau dann vor, wenn für jede zulässige Wahrscheinlichkeitsverteilung der Erwartungswert der Alternative a mindestens genauso groß und für mindestens eine zulässige Wahrscheinlichkeitsverteilung strikt größer ist als der Erwartungswert der Alternative b. Da bei der hier betrachteten Zielgroße Kosten, kleinere gegenüber größeren Werten präferiert werden, kehrt sich der genannte Zusammenhang genau um.

Im folgenden soll daher festgestellt werden, ob eine Erwartungswertdominanz bestimmter Wirkstoffe in bezug auf die Kosten vorliegt. In diesem Fall wäre es möglich, die Alternativenmenge um die dominierten Wirkstoffe zu reduzieren und so eine Lösung herbeizuführen oder zumindest die Komplexität der Entscheidung deutlich zu reduzieren. Sind $p_a(i)$ mit $i = 1,...,17$ die Wahrscheinlichkeiten der 17 möglichen Zustände $a(i)$ in $t = 5$ der Alternative a, und $K_a(i)$ die damit verbundenen Kostenwirkungen, dann sind zur Überprüfung der Erwartungswertdominanz die folgenden linearen Programmierungsprobleme für jedes Alternativenpaar a und b zu lösen:

$$Min\left(\sum_{i=1}^{17}[p_a(i)K_a(i) - p_b(i)K_b(i)]\right) \text{ und}$$

$$Max\left(\sum_{i=1}^{17}[p_a(i)K_a(i) - p_b(i)K_b(i)]\right)$$

unter den Nebenbedingungen, dass

$$p_x(i)^- \leq p_x(i) \leq p_x(i)^+$$

$$\sum_{i=1}^{17} p_x(i) = 1$$

$$p_x(i) \geq 0$$

Ist das Minimum und damit auch das Maximum größer als null, dann dominiert Alternative b die Alternative a im Erwartungswert. Sind dagegen sowohl das Maximum als auch das Minimum kleiner als null, dann wird a gegenüber b präferiert. Haben Minimum und Maximum unterschiedliche Vorzeichen, dann liegt keine Erwartungswertdominanz vor.

Im vorliegenden Entscheidungsproblem lässt sich die Betrachtung dadurch vereinfachen, dass für die Sekundär- und Tertiärtherapie annahmegemäß vollständige Informationen vorliegen. Die in Unterbäumen ausgedrückten Konsequenzen der Sekundär- und Tertiärtherapien lassen sich daher auf ihren Erwartungswert reduzieren, wodurch sich die Anzahl möglicher Behandlungskonsequenzen auf sieben verringern lässt.

Pharmakoökonomische Analyse von Onychomycose-Behandlungen

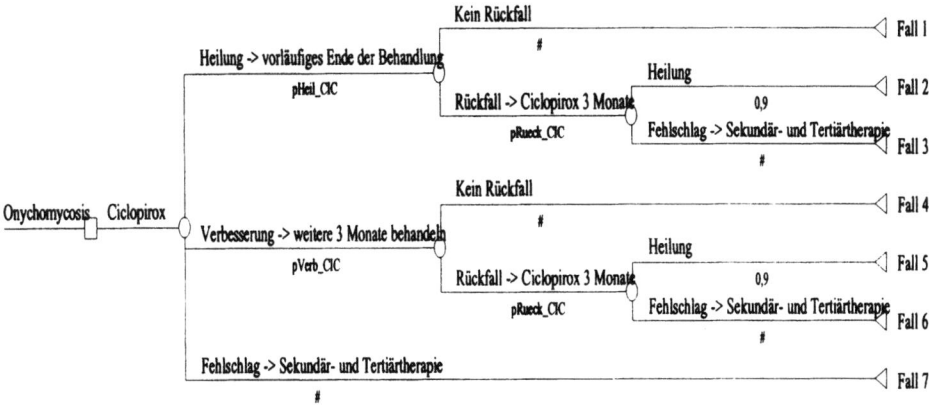

Abb. 2: Reduzierter Entscheidungsbaum

Anhand des so reduzierten Entscheidungsbaumes fällt sofort auf, dass die Lösung des obigen linearen Programmierungsproblems im vorliegenden Fall durch einfache „Backward induction" erlangt werden kann. Die Differenz der erwarteten Kosten der Alternative a und der der Alternative b, $EW(K(a)) - EW(K(b))$, wird nämlich genau dann minimal, wenn die erwarteten Kosten der Alternative a minimal und die der Alternative b maximal sind. Umgekehrt erhält man analog das Maximum der gesuchten Differenz. Bezeichnet man den Fall minimaler Kosten als den Best Case und den maximaler Kosten als den Worst Case, dann muss zur Überprüfung auf Erwartungswertdominanz lediglich der Best Case jedes Medikaments mit dem Worst Case der restlichen Medikamente und umgekehrt verglichen werden. Hat eines der Medikamente bei dieser Betrachtung sowohl im Best als auch im Worst Case niedrigere Kosten als seine Wettbewerber, dann liegt Erwartungswertdominanz vor.

Zur Ermittlung der erwarteten Worst- bzw. Best-Case-Kosten wird für jede Handlungsalternative der Entscheidungsbaum rückwärts durchschritten (Backward Induction) und die niedrigst- respektive höchstmögliche Wahrscheinlichkeit für Heilung oder Verbesserung und die höchst- respektive niedrigstmögliche Wahrscheinlichkeit für einen Rückfall angenommen. Die Wahrscheinlichkeit eines Fehlschlags ergibt sich aus dem Komplement von Heilung und Verbesserung. Überschreitet bei Ermittlung des Best Case die Summe aus höchstmöglicher Heilungs- und Verbesserungswahrscheinlichkeit den Betrag von 1, so wird für die Verbesserungswahrscheinlichkeit das Komplement der höchstmöglichen Heilungswahrscheinlichkeit angenommen. Dies ist ohne Einschränkung möglich, da die erwarteten Kosten im Falle einer Heilung immer kleiner sind als die im Falle einer Verbesserung, so dass diese Vorgehensweise zur korrekten Ermittlung der erwarteten Best-Case Kosten führt. Tabelle 5 zeigt die Relation zwischen den erwarteten Kosten der Wirkstoffe, falls für einen der Best und für den anderen der Worst Case angenommen wird. Dabei signalisiert der Eintrag $e_{i,j} = >$ (bzw. <), dass die erwarteten Kosten des Wirkstoffes i im Worst Case größer (bzw. kleiner) als die erwarteten Kosten des Wirkstoffs j im Best Case sind. Man sieht, dass die Wirkstoffe Ciclopirox und Amorolfine die restlichen Wettbewerber im Erwartungswert dominieren. Dies ergibt sich daraus, dass die erwarteten Kosten sowohl für Ciclopirox als auch für Amorolfine im Worst und im Best Case niedriger sind als die der anderen drei Wettbewerber.

Best Worst	AMO	CIC	TIO	GRI	ITR
AMO	-	>	<	<	<
CIC	>	-	<	<	<
TIO	>	>	-	<	>
GRI	>	>	>	-	>
ITR	>	>	>	<	-

Tab. 5: Dominanzbeziehungen

Aufgrund des Vorliegens von Erwartungswertdominanz können daher die Wirkstoffe Tioconazole, Griseofulvin und Itraconazole von der weiteren Betrachtung ausgeschlossen werden. Bei der isolierten Betrachtung von Ciclopirox und Amorolfine lässt sich jedoch keine vollständige Ordnung angeben. Aus diesem Grund soll nun untersucht werden, welche Einflussgrößen, für die lediglich unvollständige Informationen vorliegen, die Ordnung der beiden verbliebenen Medikamente beeinflussen, um anschließend die Fälle zu determinieren, in denen Ciclopirox bzw. Amorolfine der kosteneffektivste Wirkstoff ist.

Bei der Betrachtung der Tabelle 2 wird deutlich, dass bei den Wirkstoffen Amorolfine und Ciclopirox lediglich bei den Heilungs- und Verbesserungswahrscheinlichkeiten unvollständige Informationen vorliegen. Demnach wird die Entscheidung für eines der Medikamente von den Ausprägungen der Wahrscheinlichkeiten pHeil_CIC, pHeil_AMO, pVerb_CIC und pVerb_AMO determiniert. Das folgende Tornadodiagramm verdeutlicht, wie durch Variation eines der Parameter die optimale Entscheidung beeinflusst wird.

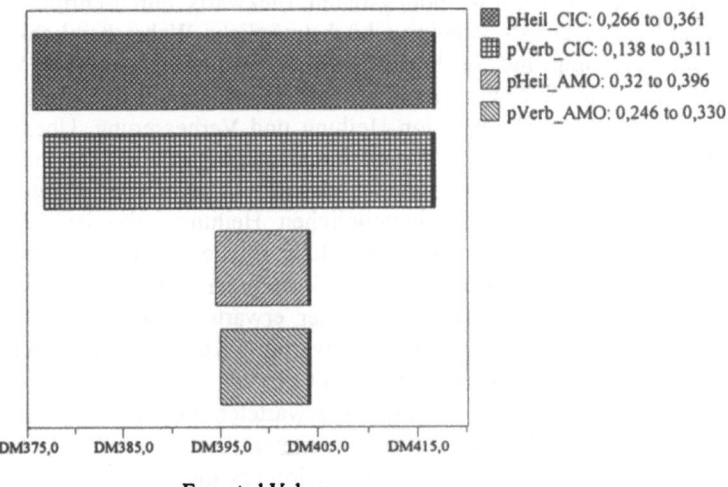

Abb. 3: Tornadodiagramm

Die gestrichelte vertikale Linie verdeutlicht den Erwartungswert bei Annahme der mittleren Wahrscheinlichkeiten und die horizontalen Balken zeigen Abweichungen von diesem Erwartungswert in Folge einer Schwankung der entsprechenden Einflussgröße. Anhand der Abbildung wird deutlich, dass die Heilungs- und Verbesserungswahrscheinlichkeit von Amorolfine alleine genommen einen geringeren Einfluss auf den Erwartungswert der optimalen Entscheidung haben als die Heilungs- und Verbesserungswahrscheinlichkeit von Ciclopirox.

Zur Lösung des Entscheidungsproblems ist aber neben der isolierten Variation der Einflussgrößen vor allem deren simultane Variation von Bedeutung. Zunächst soll zu diesem Zweck eine simultane Variation der jeweiligen Heilungswahrscheinlichkeiten untersucht werden. Hierzu wird eine Sensitivitätsanalyse durchgeführt, die die Heilungswahrscheinlichkeiten der beiden Wirkstoffe gleichzeitig schwanken lässt und jeweils die optimale Entscheidung berechnet. Die Verbesserungswahrscheinlichkeiten bleiben in Höhe einer mittleren Wahrscheinlichkeit konstant. Abbildung 4 zeigt die Ergebnisse.

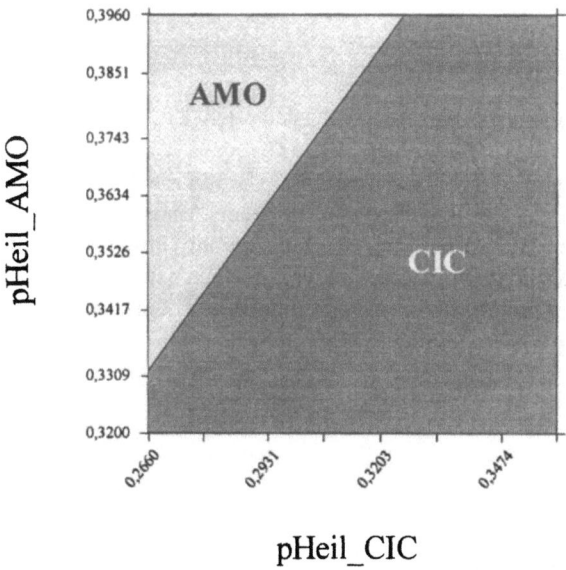

Abb. 4: Sensitivitätsanalyse für pHeil_AMO und pHeil_CIC mit Korrelation $r = 0$

Eine gleichzeitige Einbeziehung der Verbesserungswahrscheinlichkeit kann dadurch erreicht werden, dass man eine Korrelation zwischen der Heilungs- und der Verbesserungswahrscheinlichkeit bei der Variation der Werte berücksichtigt. Interpretiert man eine Variation der Heilungswahrscheinlichkeit als die Annahme stärkerer oder geringerer Wirkung, dann liegt es nahe eine positive Korrelation zwischen Heilungs- und Verbesserungswahrscheinlichkeit anzunehmen. Mit sinkender Wahrscheinlichkeit einer Heilung sinkt auch die Wahrscheinlichkeit, dass durch die Behandlung mit dem entsprechenden Wirkstoff eine Verbesserung des Initialzustands eintritt. Unterstellt man eine Korrelation von $r = 1$, d.h. bei minimaler Heilungswahrscheinlichkeit ist auch die Verbesserungswahrscheinlichkeit minimal und umgekehrt, dann zeigt Abbildung 5 die optimalen Entscheidungen in den entsprechenden Bereichen.

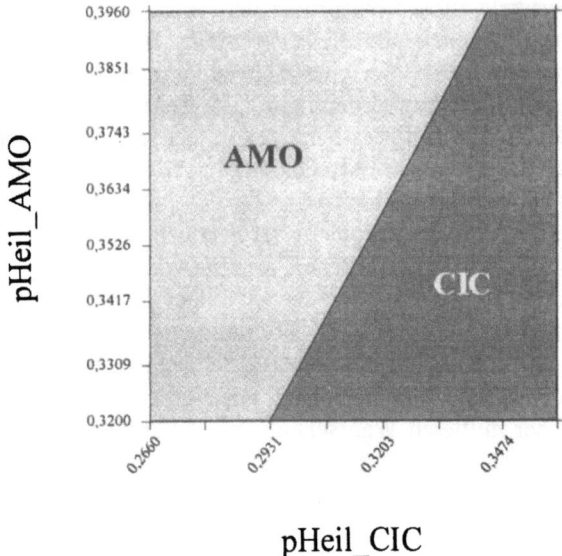

Abb. 5: Sensitivitätsanalyse für pHeil_AMO und pHeil_CIC mit Korrelation $r = 1$

Fasst man die Ergebnisse mit Korrelation $r = 0$ und $r = 1$ in einer Abbildung zusammen, so zeigt sich, dass es Bereiche gibt, in denen Amorolfine bei beliebiger positiver Korrelation kostengünstiger ist als Ciclopirox und umgekehrt Bereiche, in denen Ciclopirox dem Wirkstoff Amorolfine vorzuziehen ist. Zwischen diesen Bereichen kommt es bei der Entscheidung auf die unterstellte Korrelation zwischen Heilungs- und Verbesserungswahrscheinlichkeit an.

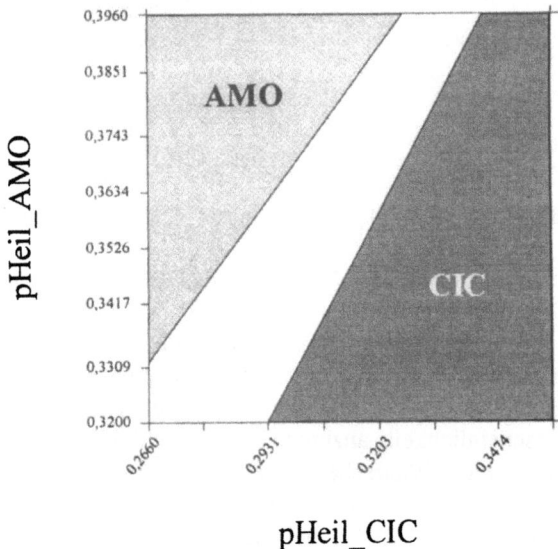

Abb. 6: Zusammenfassung der Sensitivitätsanalyse bei Korrelationen $r = 0$ und $r = 1$

Insgesamt lässt sich sagen, dass auch die Sensitivitätsanalyse keinen der beiden Wirkstoffe als die überwiegend kostengünstigere Alternative offenbart.

5. Simulation der Verteilung der Kosten

In diesem abschließenden Abschnitt soll nun versucht werden, das Problem der unvollständigen Information dadurch zu lösen, dass eine Annahme über die Verteilung der Wahrscheinlichkeiten in den jeweiligen Intervallen getroffen wird. Auf diese Weise liegt keine unvollständige Information mehr vor und es ist möglich, die Verteilung der Kosten jeder möglichen Entscheidung zu ermitteln. Eine direkte Bestimmung der Verteilungen ist jedoch aufgrund der Komplexität der Entscheidung nicht möglich, so dass auf die Monte-Carlo Simulation zurückgegriffen werden muss, um die Verteilungen anzunähern.

Zu diesem Zweck wird zunächst angenommen, dass die Wahrscheinlichkeiten für Heilung, Verbesserung etc. in den ermittelten Intervallen gleichverteilt sind. Es wird also eine Gleichverteilung als Wahrscheinlichkeitsverteilung zweiter Ordnung angenommen.

Aufbauend auf dieser Annahme ist es nun möglich, durch Monte-Carlo-Simulation die Verteilung der Kosten jedes Wirkstoffes zu simulieren. Hierzu wird zunächst für jede Wahrscheinlichkeitsverteilung zweiter Ordnung durch Zufallsziehung eine Ausprägung der jeweiligen Wahrscheinlichkeit ermittelt. So wird beispielsweise per Zufallsziehung die Wahrscheinlichkeit 0,29 aus dem Intervall [0,266; 0,361] für die Heilungswahrscheinlichkeit von Ciclopirox gezogen und in den Entscheidungsbaum eingesetzt. Sind auf diese Weise sämtliche Wahrscheinlichkeiten ermittelt worden, so ist es möglich, auf Basis des Entscheidungsbaums die Verteilung der Kosten für die in diesem Fall ermittelten Wahrscheinlichkeiten zu bestimmen. Der Entscheidungsbaum kann z.B. auf die Kosten-Wahrscheinlichkeitspaare (138,01; 0,4649), (202,46; 0,0664), (613,82; 0,3265), usw. reduziert werden, da die Wahrscheinlichkeiten durch die zuvor erfolgten Zufallsziehungen nun punktgenau vorliegen. Durch eine letzte Zufallsziehung kann dann mithilfe der soeben ermittelten Kostenverteilung eine Ausprägung der Kosten simuliert werden, z.B. 613,82 DM. Dieses Vorgehen wird n-mal wiederholt, so dass sich n zufällig erzeugte Kostenbeträge ergeben. Bei großem n nähert sich die relative Häufigkeit einzelner Ausprägungen den Wahrscheinlichkeiten an. Durch Kumulation der relativen Häufigkeiten ist es dann auch möglich, die Verteilungsfunktion und deren Komplement zu ermitteln.

In der vorliegenden Studie wurden 10.000 Ausprägungen der Kosten auf die oben beschriebene Art und Weise simuliert und daraus die Verteilungsfunktion ermittelt. Da wie oben gezeigt die beiden Wirkstoffe Ciclopirox und Amorolfine ihre Wettbewerber in bezug auf deren Kostenwirkung im Erwartungswert dominieren, werden hier nur die Verteilungen der Kosten dieser beiden Wirkstoffe simuliert und miteinander verglichen. Abbildung 7 zeigt die resultierenden Verteilungsfunktionen.

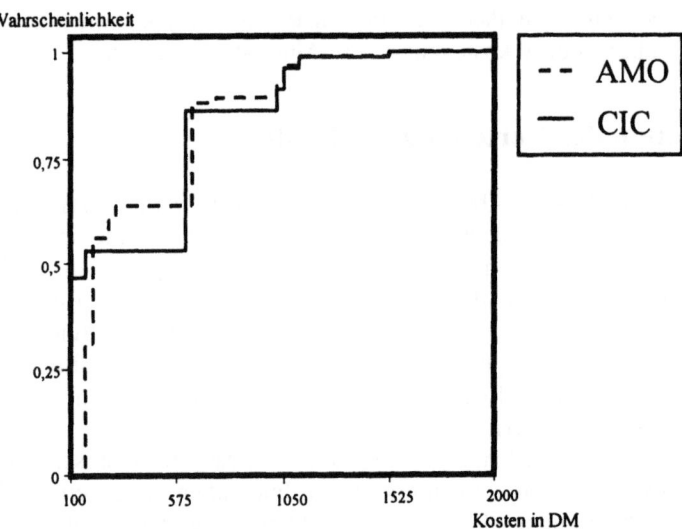

Abb. 7: Simulierte Wahrscheinlichkeitsverteilungen der Kosten von Amorolfine und Ciclopirox

Die simulierten Verteilungsfunktionen zeigen, dass keine stochastische Dominanz erster Ordnung zwischen den beiden Wirkstoffen Ciclopirox und Amorolfine vorliegt, da keine der beiden Verteilungsfunktionen eindeutig unterhalb der anderen liegt. Auch eine Untersuchung möglicher Dominanz zweiter Ordnung ergibt keine eindeutige Ordnung der Alternativen. Dominanz zweiter Ordnung liegt dann vor, wenn bei erwartungswertgleichen Verteilungen die eine Verteilung durch mean-preserving spreads aus der anderen Verteilung gewonnen werden kann. Das bedeutet, dass eine Alternative trotz gleichen Erwartungswertes riskanter ist als die zweite Alternative, da sie eine größere Streuung aufweist. Ein Entscheider mit monoton wachsender und konkaver Nutzenfunktion würde in diesem Fall immer die Alternative mit dem geringeren Risiko präferieren.

Auf Basis der Mittelwerte ist Amorolfine mit durchschnittlichen Kosten in Höhe von 417 DM dem Wirkstoff Ciclopirox vorzuziehen, der bei der Simulation im Mittel 427 DM an Kosten verursachte. Bemerkenswert ist die Ordnung anhand der mittleren Kosten vor dem Hintergrund, dass nach einer Kalkulation auf Basis durchschnittlicher Wahrscheinlichkeiten Ciclopirox in Erwartungswert nur 404 DM an Kosten verursacht, und damit 13 DM weniger erwartete Kosten als Amorolfine. Es zeigt sich, dass auch die Simulation der Verteilung der Kosten von Amorolfine und Ciclopirox keine eindeutige Präferenzaussage zulässt.

6. Fazit

Abschließend kann man sagen, dass das vorliegende Entscheidungsproblem ohne zusätzliche Informationen nicht eindeutig gelöst werden kann. Geht man von risikoneutralen Entscheidern aus, dann können lediglich die Wirkstoffe Tioconazole, Griseofulvin und Itraconazole aufgrund von Erwartungswertdominanz ausgeschlossen werden. Zwischen den verbleibenden zwei Wirkstoffen Amorolfine und Ciclopirox liegt jedoch keine Erwartungswertdominanz vor, so dass bei Berücksichtigung der unvollständigen Informationen keine eindeutige Ordnung determiniert werden kann. Löst man das Problem der unvollständigen Informationen, indem man eine Verteilung zweiter Ordnung für die Wahrscheinlichkeiten annimmt, so lässt sich im Entscheidungsproblem zwischen den verbleibenden Wirkstoffen Amorolfine und Ciclopirox eine eindeutige Lösung herbeiführen. Die Simulation der Kostenverteilung offenbart jedoch, dass die Annahme der Risikoneutralität auch in diesem Fall eine notwendige Bedingung für das Vorliegen einer eindeutigen Ordnung der beiden Wirkstoffe ist, da die simulierte Verteilung der Kosten weder stochastische Dominanz erster noch zweiter Ordnung signalisiert.

FALLSTUDIE H

FRANZ EISENFÜHR

Berufungsliste für eine Professur

Stichwörter: Zielstrukturierung – Multiattributive Wertfunktion – Zielgewichtung – Wahrscheinlichkeitsmessung – Sensitivitätsanalyse – Additive Nutzenfunktion – Gruppenentscheidung

1. Das Problem

Prof. Dr. Ackermann, Professor für Betriebswirtschaftslehre an einer deutschen Universität, war im November 2000 Vorsitzender einer Berufungskommission für die Wiederbesetzung einer zum Sommersemester 2002 vakant werdenden betriebswirtschaftlichen Professur mit dem Schwerpunkt Steuerlehre.

Professuren werden öffentlich ausgeschrieben. Eine Berufungskommission der zuständigen Fakultät wählt aus den Bewerbungen, die bis zum Ablauf der gesetzten Frist eingehen, die drei geeignetsten aus und bringt sie in eine Rangfolge (Platz 1 bis Platz 3). Dieser Listenvorschlag wird der Fakultät vorgelegt. Schließt sich die Fakultät dem Vorschlag an, gibt sie ihn zur Genehmigung dem Senat der Fakultät weiter. Stimmt auch dieser zu, geht die Dreierliste an das zuständige Ministerium des Bundeslandes. Das Ministerium kann von der Liste abweichen, arbeitet sie aber in der Regel in der von der Fakultät gewünschten Reihenfolge ab: Zunächst wird der Erstplazierte berufen; lehnt er den Ruf ab, erhält der Zweitplazierte den Ruf usw. Kommt die Besetzung der freien Stelle nicht zustande, kann die Fakultät sie neu ausschreiben.

Mitglieder der Berufungskommission waren neben Ackermann zwei weitere betriebswirtschaftliche Fachkollegen, Becker und Zanker, sowie je ein Professor der Volkswirtschaftslehre und der Soziologie. Außerdem nahmen je ein Vertreter der Studentenschaft und der wissenschaftlichen Mitarbeiter stimmberechtigt teil.

Es ist Brauch in der Fakultät, dass sich bei der Besetzung einer betriebswirtschaftlichen Professur die jeweiligen fachfremden Professoren in der Kommission dem Vorschlag der drei Betriebswirte anschließen, sofern diese untereinander einig sind. Es schien Ackermann also wichtig, zu versuchen, mit seinen beiden betriebswirtschaftlichen Fachkollegen zu einer gemeinsamen Dreierliste zu kommen. Zu diesem Zweck nahm er sich vor, die Bewerbungen gründlich zu analysieren.

Schon bevor die Bewerbungsfrist abgelaufen war, überlegte sich Ackermann die Kriterien, nach denen er die Bewerber beurteilen wollte. Dies schien ihm auch deshalb sinnvoll, weil er in vielen vergangenen Bewerbungsverfahren die Erfahrung gemacht hatte, dass die Kommissionen keine klaren Vorstellungen über die Kriterien und deren Gewichtung entwickelten. Vielmehr wurden immer nur Ad-hoc-Argumente für oder gegen einzelne Kandidaten herangezogen. Ackermann glaubte, dass das Bewertungsschema, das er aufstellen wollte, ihm auch in zukünftigen Verfahren nützlich sein würde.

2. Die Kriterien von Ackermann

Bei jeder Professur spielt die Beurteilung der *wissenschaftlichen Qualifikation* der Bewerber eine große Rolle. Sie lässt sich aufteilen in die allgemeine wissenschaftliche Leistungsfähigkeit und die spezielle Eignung für die ausgeschriebene Stelle („Einschlägigkeit"). Die allgemeine wissenschaftliche Leistungsfähigkeit wird hauptsächlich anhand der Publikationen beurteilt. Dabei spielen die Anzahl der Publikationen, die Art (Monographien, Aufsätze, Beiträge zu Sammelwerken) und das Niveau eine Rolle.

Ein zweites Kriterium ist die *didaktische Befähigung* der Bewerber. Da in der Regel alle in die engere Auswahl kommenden Bewerber zu einem Probevortrag vor der Kommission eingeladen werden, besteht die Gelegenheit, das didaktische Geschick zu beurteilen. Darüber hinaus kann man Erkundigungen an der Heimatuniversität des Bewerbers einziehen. Besonders die Studentenvertreter nutzen diese Möglichkeit, herauszubekommen, wie der Bewerber in der Lehre bei den Studenten ankommt.

Professoren haben nicht nur Forschung und Lehre wahrzunehmen, sondern müssen auch Managementaufgaben in der Selbstverwaltung erfüllen. Dekanat, Rektorat, Vorsitz von Prüfungsämtern und viele andere Posten sind immer wieder neu zu besetzen. Es ist daher wünschenswert, dass neu hinzukommende Kollegen gewisse *Managementfähigkeiten* besitzen.

Manche Professoren wollen mit Kollegen lehrstuhlübergreifende Forschungskooperationen realisieren. Sie wünschen sich daher von den Bewerbern fachliche *Kooperationsbereitschaft*.

Ein weiteres Kriterium hat sich in der neueren Vergangenheit im Fach Betriebswirtschaftslehre als wichtig erwiesen: die „Annahmewahrscheinlichkeit". Nicht jeder Bewerber, der einen Ruf erhält, nimmt diesen auch tatsächlich an. Zunächst muss er mit dem Ministerium des berufenden Bundeslandes Fragen seiner persönlichen Bezüge klären, sodann mit der Fakultät über die Ausstattung des Lehrstuhls (Mitarbeiter, Mittel, Räume) verhandeln. Erhält er ein schriftliches Angebot, legt er dies seiner Heimatuniversität vor und führt „Bleibeverhandlungen". Gewöhnlich kann er dadurch seine Ausstattung verbessern. Manche Bewerbungen zielen gar nicht auf die Annahme eines eventuellen Rufes, sondern nur auf die Bleibeverhandlung. Sagt der Bewerber schließlich ab – was mindestens ein halbes Jahr Verzögerung bedeutet – ist möglicherweise der Nächstplazierte nicht mehr verfügbar, da er zwischenzeitlich ein anderes Angebot angenommen hat. Somit ist die Einschätzung der Annahmewahrscheinlichkeit für die Auswahl und die Listenplazierung von großer Bedeutung. Tendenziell ist es bei älteren und arrivierten Kollegen weniger wahrscheinlich als bei jungen Privatdozenten, dass sie einen Ruf annehmen werden. Aber auch andere Faktoren sind zu beachten, wie schulpflichtige Kinder, die ein Hindernis für einen Ortswechsel bedeuten könnten.

Ackermann erstellte eine Zielhierarchie und überlegte sich die Skalen, auf denen die Zielausprägungen gemessen werden können. Diese Daten gab er in die entscheidungsanalytische Software *Logical decisions®*, Version 5.0 ein. Dabei handelt es sich um ein Produkt, das für die Analyse von Entscheidungen unter Mehrfachzielen geeignet ist und das er über die Internet-Adresse www.logicaldecisions.com bezogen hatte. Das Programm lieferte eine grafische Darstellung des Zielsystems (Abbildung 1).

Die wissenschaftliche Qualifikation wollte Ackermann durch *Anzahl und Niveau der Publikationen* messen. Arbeiten unterschiedlicher Qualität und unterschiedlichen Volumens brachte Ackermann dadurch auf einen Nenner, dass er sie in „Aufsatzäquivalente" umrechnete: Die Maßeinheit war ein Aufsatz in einer erstklassigen Zeitschrift. Für die *Einschlägigkeit* definierte Ackermann drei Ausprägungen: Völlig einschlägig, Hinreichend, Gering aber akzeptabel.

Die *didaktische Eignung* sollte mit zwei Attributen gemessen werden: der Beurteilung durch die Studenten der Heimatuniversität des Bewerbers und den Eindruck beim Probevortrag; beides auf einer Schulnotenskala von 1 bis 6.

Um die *Managementfähigkeiten* der Bewerber zu erfassen, wollte Ackermann auf die bisherigen Tätigkeiten der Bewerber in der Hochschulselbstverwaltung, in Verbänden u. ä. zurückgreifen und bildete die drei Kategorien Sehr gut, Durchschnittlich, Eher gering.

Die Bewertung der *Kooperationsbereitschaft* sollte sich aus einem persönlichen Gespräch ergeben und ebenfalls mittels Schulnoten erfolgen.

Für die *Annahmewahrscheinlichkeit* bot sich schließlich ein Maß zwischen null (Kommt mit Sicherheit nicht) und eins (Kommt sicher) an.

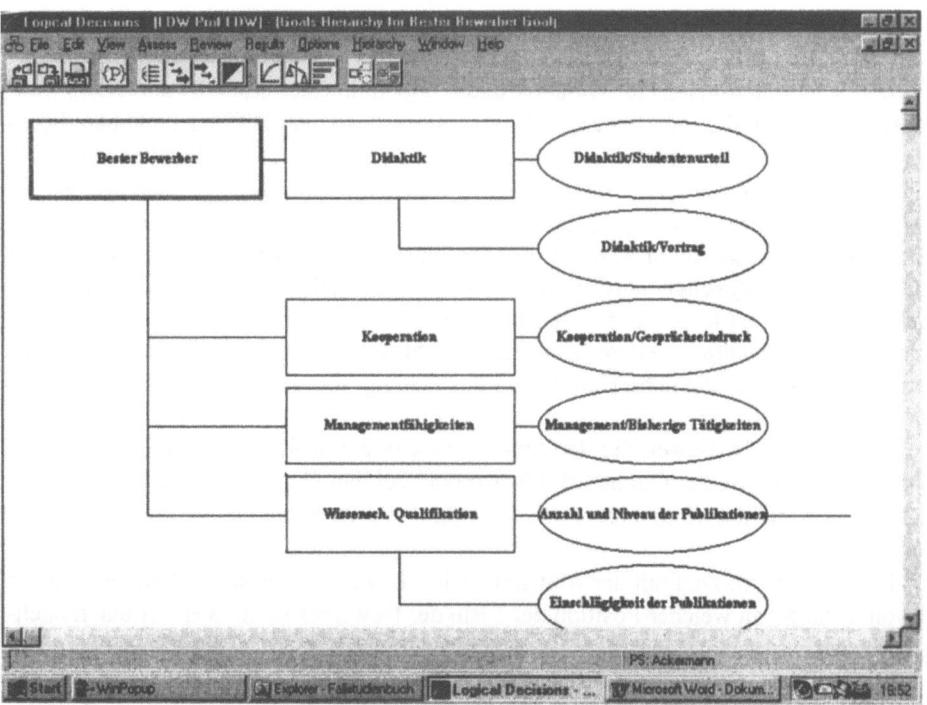

Abb. 1: Darstellung der Zielhierarchie in *Logical decisions*®

3. Das Bewertungsmodell von Ackermann

Es ist günstig, die entwickelten Kriterien in einem additiven Wertmodell zusammenzufassen. Das setzt allerdings voraus, dass der Entscheider bezüglich dieser Zielvariablen wechselseitige Präferenzunabhängigkeit empfindet. Für eine messbare Wertfunktion ist sogar Differenzunabhängigkeit erforderlich (EISENFÜHR/WEBER 1999, S. 119 ff.)

Ackermann stellte fest, dass zwischen einigen Attributen prinzipiell Präferenzabhängigkeiten bestanden. So hielt er z.B. eine bestimmte Verbesserung der Didaktik für um so wertvoller, je höher die wissenschaftliche Qualifikation war. Das gleiche galt für die Bewertung der Kooperationsbereitschaft: Je qualifizierter der Kollege, desto wertvoller seine Bereitschaft zur Zusammenarbeit.

Natürlich werden die Abhängigkeiten um so stärker, je breiter die betreffenden Merksmalsausprägungen streuen. Die Skalen für die wissenschaftliche Qualifikation, Einschlägigkeit und Managementfähigkeit reichten nicht bis zu extrem schlechten Ausprägungen. Bei einem wissenschaftlich völlig ungeeigneten Bewerber wäre die Didaktik gleichgültig gewesen; solche Bewerber zog man aber ohnehin nicht in Betracht. Unterschiede der didaktischen Eignung waren nicht wesentlich anders zu bewerten, wenn der Bewerber fachlich nur hinreichend gut oder sehr gut einzuschätzen war. Die Differenzunabhängigkeit konnte insoweit als annähernd gegeben gelten.

Die Schulnotenskalen (für Didaktik und Kooperationsbereitschaft) umfassten zwar einen sehr weiten Bereich (Sehr gut bis ungenügend), so dass Differenzunabhängigkeit der übrigen Attribute generell nicht anzunehmen war. Bei totaler didaktischer Unfähigkeit wäre ein Zuwachs an wissenschaftlicher Qualifikation weniger nützlich als bei guter pädagogischer Befähigung. Ackermann meinte jedoch, dass die Kandidaten, die letztlich in die enge Wahl gezogen werden würden, keine extreme Streubreite ihrer didaktischen Fähigkeiten aufweisen würden. Schließlich hatten alle während ihrer Lehrjahre als Assistenten Lehrveranstaltungen durchgeführt und danach, soweit sie Professuren innehatten, weitere jahrelange Erfahrungen gesammelt. Deshalb schien es ihm vertretbar, die fachliche Kompetenz unabhängig von der Ausprägung der Didaktik zu bewerten.

Hinsichtlich der Bewertung der Annahmewahrscheinlichkeit empfand Ackermann, dass diese stark von der Qualität des Bewerbers bei den übrigen Attributen abhing. Je höher ein Kandidat eingeschätzt wurde, desto wichtiger wurde die Annahmewahrscheinlichkeit.

Ein zweites Problem mit der Annahmewahrscheinlichkeit bestand darin, dass diese davon abhängt, an welcher Position der Liste der Bewerber steht. Wer auf einen nachgeordneten Listenplatz gesetzt wird, ist motiviert, sich auch anderswo zu bewerben (die Information sickert gewöhnlich schnell durch). Da der Verhandlungsprozess des Erstplazierten Monate beansprucht, ist die Chance, dass der Zweit- oder gar Drittplazierte noch zur Verfügung steht, wenn der Ruf an ihn gehen soll, geringer.

Ackermann beschloss deshalb, dieses Kriterium aus der Bewertung der Bewerber herauszulassen. Es sollte stattdessen erst bei der Bewertung ganzer Listen herangezogen werden, d.h. er wollte die Situation als Entscheidung unter Risiko modellieren (siehe unten Abschnitt 7). Für die übrigen Attribute entschloss er sich zu einem additiven Wertmodell.

Für jedes Attribut mussten Unter- und Obergrenzen definiert werden. Bei den Schulnotenskalen war diese schon gegeben, ebenso bei den dreistufigen Skalen für Einschlägigkeit und Management. Hinsichtlich des Merkmals „Anzahl und Niveau der Publikationen" entschied Ackermann sich für ein Intervall von 4 bis 25 Aufsatzäquivalenten, da Bewerber mit weniger Publikationen nicht in Betracht gezogen werden würden und solche mit mehr Publikationen nicht zu erwarten waren.

Für die Bestimmung der Einzelwertfunktionen bediente er sich der Hilfe des Programms *Logical decisions®*. Es bietet lineare, exponentielle und – nach der Halbierungsmethode – beliebig gestaltbare Einzelwertfunktionen an. Abbildung 2 und 3 zeigen beispielhaft zwei der Funktionen.

Die Wertfunktion für die Publikationen ist stark gekrümmt. Das bedeutet, dass Ackermann steigenden Anzahlen von Publikationen einen sinkenden Grenznutzen beimaß. Als Nachweis der wissenschaftlichen Leistungsfähigkeit bewertete er den Übergang von vier auf sieben Aufsatzäquivalente etwa so hoch wie den von sieben auf 25. Die Wertfunktion für die studentischen Auskünfte über die Didaktik weist einen Knick auf. Im Bereich der Schulnoten von vier bis sechs fällt die Bewertung linear und relativ schwach. Eine Verbesserung über die Note vier hinaus führt zu einem zunächst starken, aber stetig abnehmenden Wertzuwachs.

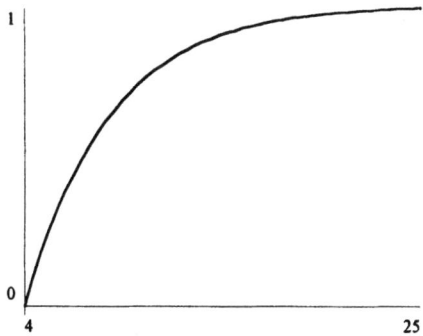

Abb. 2: Einzelwertfunktion für die Publikationen

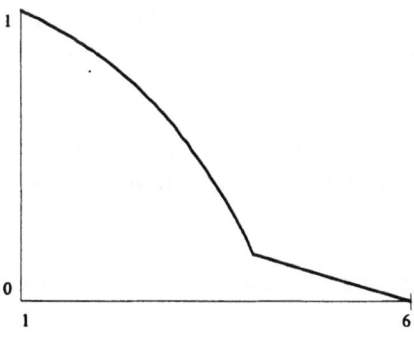

Abb. 3: Einzelwertfunktion für Didaktik (Studentisches Urteil)

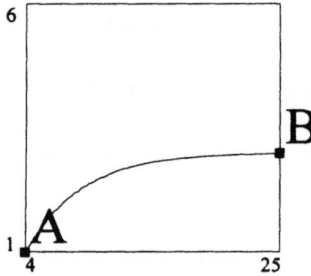

Niveau der Publikationen (Aufsatzäquivalente)

Abb. 4: Tradeoff zwischen Publikationen und didaktischer Vortragsqualität: B wird so lange variiert, bis es A gleichwertig ist. Die Verbindungslinie zeigt Kombinationen gleichen Wertes

Anschließend wandte sich Ackermann der Gewichtung der Kriterien zu. Unter den Optionen von *Logical decisions*® befindet sich auch die Tradeoff-Methode. Er wählte diese aus und bestimmte die für sechs Attribute notwendigen fünf Tradeoffs.

Abbildung 4 zeigt beispielsweise den Tradeoff zwischen Publikationen und didaktischer Bewertung des Vortrags.

Aus den fünf Tradeoffmessungen ergaben sich alle übrigen Tradeoffs sowie die folgenden Gewichte.

Wissensch. Qualifikation	0,290	Publikationen	0,145
		Einschlägigkeit	0,145
Didaktik	0,409	Stud. Auskunft	0,145
		Vortrag	0,264
Management	0,011		
Kooperation	0,290		

Ackermann konnte zunächst nicht glauben, dass die Didaktik das Kriterium mit dem höchsten Gewicht sein sollte, beträchtlich höher als die wissenschaftliche Qualifikation. Dies schien seiner Intuition völlig zu widersprechen. Auch dass die Kooperationsbereitschaft das gleiche Gewicht aufwies wie die wissenschaftliche Qualifikation, schien äußerst unplausibel, ebenso das geringe Gewicht der Managementfähigkeiten. Ihm wurde jedoch schnell klar, dass die Gewichte von den Bandbreiten der Attribute abhingen. Die Attribute der Didaktik konnten auf der Schulnotenskala von Sehr gut bis Ungenügend streuen, also über eine sehr große Bandbreite. Demgegenüber waren die Publikationen über dem Intervall von vier bis 25 Aufsatzäquivalenten definiert. Ackermann machte sich klar, dass er bei der Wahl zwischen zwei fiktiven Bewerbern mit den Eigenschaften

(a) Didaktik mangelhaft, Publikationen 25   (b) Didaktik sehr gut, Publikationen 4

b vorziehen würde, d.h. den Übergang von absolut miserabler auf sehr gute Didaktik höher schätzte als den von vier auf 25 Aufsatzäquivalente. Somit war die Höhergewichtung der Didaktik im Einklang mit seinen Präferenzen. Das hohe Gewicht für die Kooperationsbereitschaft erklärte sich ebenfalls aus der großen Bandbreite der Schulnoten: Die Differenz zwischen absoluter Kooperationsverweigerung und sehr großer Kooperationsbereitschaft wurde ebenso hoch eingeschätzt wie die zwischen der geringsten und der größten angenommenen Publikationenzahl. Dass die Managementfähigkeiten nur ein Gewicht von 0,011 erreichten, beruhte auf der relativ geringen Bandbreite von Eher gering bis sehr gut; hätte die Bandbreite bis zu „absolut chaotisch" gereicht, wäre das Gewicht dieses Merkmals zweifellos höher ausgefallen.

4. Die Bewerber

Nach Ablauf der Bewerbungsfrist traf sich die Kommission zu einer ersten Sichtung der Bewerbungen. Es lagen 14 Bewerbungen vor. Aus denen wurde zunächst eine Vorauswahl getroffen, um sich mit offensichlich aussichtslosen Bewerbern nicht weiter beschäftigen zu müssen. Ausgeschieden wurden Bewerber, die weder die Habilitation noch eine gleichwertige Qualifikation aufwiesen und bei denen ein Habilitationsverfahren auch noch nicht eröffnet war. Ferner wurden solche Bewerber, deren wissenschaftliches Profil überhaupt nicht auf die ausgeschriebene Stelle passte, nicht weiter berücksichtigt. Es blieben sieben Bewerbungen übrig:

Prof. Dr. Peter Altmeister
Prof. Dr. Gotthilf Binse
Dr. Frank Frisch (im Habilitationsverfahren)
Dr. Alfons Grübel, Privatdozent
Dr. Sabine Neuling, Privatdozentin
Prof. Dr. Renate Selten
Prof. Dr. Jens Überall.

Diese Kandidaten wurden von der Kommission zu Probevorträgen eingeladen. Die drei Betriebswirtschaftslehre-Professoren, die der Kommission angehörten, trafen sich vor oder nach jedem Probevortrag zu einem privaten Gespräch mit dem Bewerber. In solchen Gesprächen ließen sich Aufschlüsse über die Interessen und Einstellungen der Kandidaten gewinnen. Insbesondere ihre Bereitschaft zur fachlichen Kooperation, aber auch die Chancen, dass der Bewerber gegebenenfalls den Ruf annehmen würde, ließen sich so besser abschätzen. Ackermann achtete darauf, dass er alle die Fragen stellte, die zur Bewertung der Bewerber nach seinen Kriterien nötig waren.

5. Ackermanns Rangliste

Nach dieser Prozedur ordnete Ackermann jedem Bewerber hinsichtlich jedes Attributs eine Ausprägung zu.
    Diese Wertungen gab er in *Logical decisions*® ein und erhielt sofort die Rangliste der Bewerber angezeigt (Abbildung 5).
    Die Graphik ließ auch erkennen, wie sich die Gesamtbewertung jedes Bewerbers aus den gewichteten Einzelwerten zusammensetzte.

	Publika-tionen	Einschlägig-keit	Didaktik/ Stud.	Didaktik/ Vortrag	Koope-ration	Manage-ment
Altmeister	21	Völlig	2	1	4	Sehr gut
Binse	14	Gering	2	5	1	Durchschnitt
Frisch	4	Völlig	2	2	3	Durchschnitt
Grübel	16	Hinreichend	5	4	4	Eher gering
Neuling	8	Hinreichend	1	2	2	Durchschnitt
Selten	12	Hinreichend	3	2	3	Durchschnitt
Überall	20	Hinreichend	2	4	4	Sehr gut

Ackermanns persönliche optimale Dreierliste lautete also

1. Altmeister
2. Neuling
3. Selten.

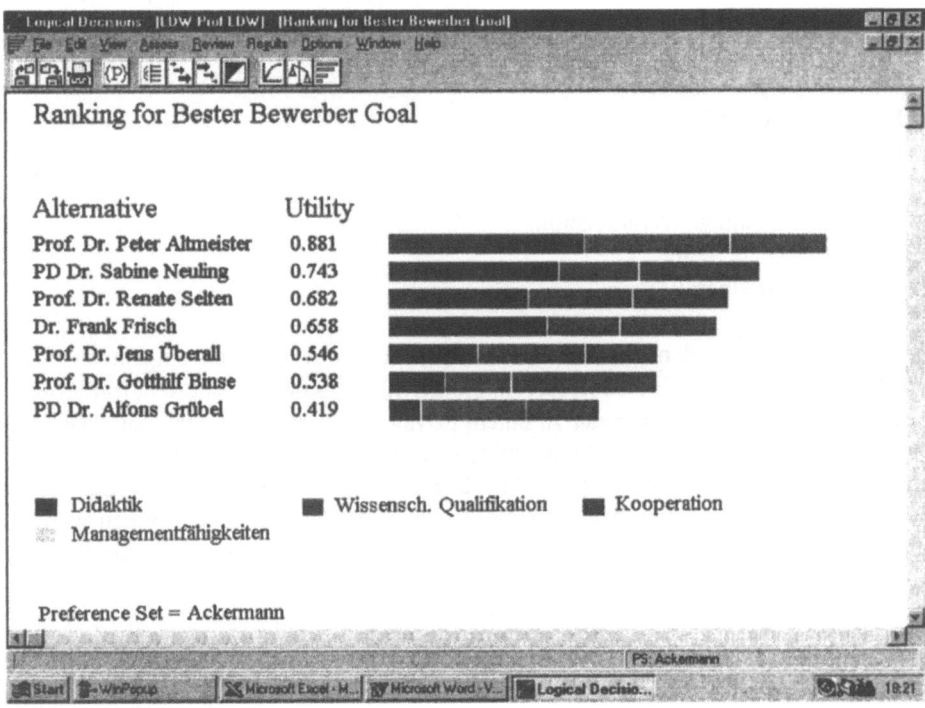

Abb. 5: Rangfolge der Bewerber in *Logical decisions*®. In diesem Programm wird der Begriff *utility* anstelle von *value* verwendet

6. Versuch einer gemeinsamen Rangliste der betriebswirtschaftlichen Fachvertreter

Ackermann zog, nachdem er sich Klarheit über seine persönlichen Präferenzen bezüglich der Bewerber verschafft hatte, den Kollegen Becker hinzu und erläuterte ihm die Methodik sowie die Ergebnisse seiner Analyse. Becker war zunächst skeptisch, ob man mit diesem Verfahren alle relevanten Aspekte einbeziehen könnte. Er ließ sich jedoch dazu überreden, „spaßeshalber" mitzumachen und seine eigenen Präferenzen mit dem gleichen Werkzeug zu entwickeln. Das Programm *Logical decisions*® bietet die Möglichkeit, mehrere Präferenzsätze (Einzelwertfunktionen und Gewichtungsschemata) zu speichern, die auf dem gleichen Zielsystem und der gleichen Alternativenmenge operieren. Über das Zielsystem waren sich Ackermann und Becker einig.

Beckers Präferenzen unterschieden sich von denen Ackermanns vor allem darin, dass Becker Spezialist im externen Rechnungswesen war und ihm sehr daran lag, mit dem zu berufenden Fachvertreter für Steuerlehre gemeinsame Forschungsprojekte in Gang zu setzen. Mit Altmeister als älterem Kollegen glaubte er diese Hoffnung kaum realisieren zu können. So ergab sich für Becker die optimale Liste

1. Neuling
2. Selten
3. Frisch.

Ackermann nahm nun Kontakt mit dem dritten Betriebswirt in der Kommission, Prof. Zanker, auf. Dieser war nicht gewillt, sich an „Spielereien" wie der Bestimmung von Wertfunktionen zu beteiligen. Für ihn war klar, dass nur gut ausgewiesene und hinreichend einschlägige Kollegen in Frage kamen; andere Kriterien interessierten ihn wenig. Kurz und bündig teilte er mit, dass er für eine Liste

1. Altmeister
2. Überall
3. Grübel

sei.

Ackermann lag sehr daran, unter den Betriebswirten Einigkeit zumindest über die Personen zu erzielen, die auf die Dreierliste kommen sollten. Die Frage nach den Rangplätzen wollte er zunächst verschieben. Derzeit waren noch sechs Namen im Gespräch; lediglich Binse wurde von niemandem in Betracht gezogen. Ackermann versuchte, die Anzahl der Namen zu reduzieren. Der Bewerber Grübel war bei ihm auf der letzten Position gelandet. Auch Becker hielt nichts von Grübel, der didaktisch einen recht unglücklichen Eindruck gemacht hatte und von dem er sich keine Kooperation versprach. Ackermann und Becker gelang es, Zanker dazu zu bewegen, auf Grübel zu verzichten und an seine Stelle Selten zu setzen.

Ackermann versuchte, die Anzahl der Kandidaten noch weiter zu reduzieren. Die einzigen Namen, die nur auf je einer Liste erschienen, waren Frisch und Überall. Da Zanker nicht bereit war, noch ein weiteres Zugeständnis zu machen, überredete Ackermann Becker, auf Frisch zugunsten von Überall zu verzichten. Er wies darauf hin, dass Frisch nur sehr wenige Publikationen aufzuweisen hatte; hierbei wurde er von Zanker lebhaft unterstützt. Überall sei dagegen nicht nur hervorragend ausgewiesen, sondern habe sich auch in vielen Management-Positionen bewährt und könne so der Fakultät nützlich sein. Becker sah ein, dass er nachgeben musste, um eine einheitliche Position der Betriebswirte zu ermöglichen, und willigte ein.

Insgesamt waren jetzt noch vier Namen im Spiel: Altmeister, Neuling, Selten und Überall. Die persönlichen Wunschlisten waren die folgenden.

	Ackermann	Becker	Zanker
Platz 1	*Altmeister*	*Neuling*	*Altmeister*
Platz 2	*Neuling*	*Selten*	*Überall*
Platz 3	*Selten*	*Überall*	*Selten*

Eine weitere Reduktion auf drei Bewerber schien Ackermann im Moment nicht möglich.

7. Berücksichtigung der Unsicherheit

Während der nächsten Fakultätssitzung träumte Ackermann von einem idealen Berufungsverfahren. Er war Dekan und rief den an erster Stelle plazierten Bewerber an: „Wir wollen Sie haben. Kommen Sie?"

Antwort: „Vielen Dank, das ehrt mich sehr. Meine Forderungen bezüglich der Ausstattung habe ich Ihnen ja schon mit der Bewerbung zugeschickt. Ich nehme an, dass Sie die erfüllen werden."

Dekan: „Nein, statt vier können wir Ihnen nur drei Assistenten geben."

Bewerber: „Schade. Na, ich überlege es mir. Ende der Woche gebe ich Ihnen Bescheid."

Dekan: „In Ordnung. Bis Freitag 12 Uhr brauche ich Ihre Antwort. Wenn Sie den Ruf bis dahin nicht annehmen, gehe ich davon aus, dass Sie nicht interessiert sind, und rufe den Zweitplazierten an."

Zurück in der (deutschen) Wirklichkeit empfand Ackermann es als notwendig, die Wahrscheinlichkeiten in Betracht zu ziehen, mit denen ein Bewerber einen Ruf auch tatsächlich annehmen würde. Neben der grundsätzlichen Bereitschaft, die Fakultät zu wechseln, spielt dabei eine Rolle, auf welchem Rangplatz der Bewerber steht. Tendenziell ist die Kommenswahrscheinlichkeit beim Erstplazierten am höchsten und beim Letztplazierten am geringsten, weil wegen der durch Verhandlungen verstrichenen Zeit andere Chancen wahrgenommen werden können. Für jeden Bewerber waren also drei bedingte „Annahmewahrscheinlichkeiten" p_{ij} zu bilden, die ausdrückten, mit welchem Grad an Vertrauen man erwartete, dass Bewerber i, der auf Listenplatz j stand, einen an ihn ergehenden Ruf annehmen würde.

Diese Wahrscheinlichkeiten waren naturgemäß recht subjektiv, aber doch durch objektive Fakten begründbar. Etablierte Professoren mit guter Ausstattung in einem angenehmen akademischen Umfeld, womöglich mit einer berufstätigen Ehefrau und schulpflichtigen Kindern, werden weit weniger zu einem Wechsel bereit sein als frischgebackene, unverheiratete Privatdozenten. Ackermann erstellte eine Matrix mit den entsprechenden subjektiven Annahmewahrscheinlichkeiten.

Berufungsliste für eine Professur

	Platz 1	Platz 2	Platz 3
Altmeister	0,40	0,35	0,30
Neuling	0,75	0,60	0,35
Selten	0,70	0,60	0,50
Überall	0,60	0,50	0,40

Zu seinem Bedauern hatte Ackermann keine allzu großen Hoffnungen, dass sein Favorit Altmeister einen Ruf annehmen würde. Man könnte ihm keine wesentlich besseren Bedingungen bieten, als er sie bereits in seinem jetzigen Institut hatte. Auf dezente Fragen im Gespräch hatte Altmeister zwar lebhaftes Interesse bekundet, jedoch keine konkreten Beweggründe genannt, die ihn zu einem Wechsel motivierten. Am größten war die Chance wohl bei Neuling, jedoch nur, wenn man schnell zum Zug kam. Frau Neuling würde sicherlich auch von anderen Universitäten Angebote erhalten.

Auf Basis der Annahmewahrscheinlichkeiten ließ sich berechnen, mit welchen Wahrscheinlichkeiten die drei auf einer Liste Plazierten den Lehrstuhl schließlich besetzen würden (Kommenswahrscheinlichkeiten). Ist p_{xj} die (bedingte) Annahmewahrscheinlichkeit des auf Platz j gesetzten Bewerbers x, so ergeben sich die (unbedingten) Rufwahrscheinlichkeiten und Kommenswahrscheinlichkeiten laut folgender Tabelle.

Listen-platz	Bewerber	Rufwahrscheinlichkeit	Annahmewahrscheinlichkeit	Kommenswahrscheinlichkeit
1	a	1	p_{a1}	$P_{a1} = p_{a1}$
2	b	$1 - p_{a1}$	p_{b2}	$P_{b2} = (1 - p_{a1}) \cdot p_{b2}$
3	c	$(1 - p_{a1}) \cdot (1 - p_{b2})$	p_{c3}	$P_{c3} = (1 - p_{a1}) \cdot (1 - p_{b2}) \cdot p_{c3}$

8. Die Bewertung von Berufungslisten

Die Entscheidung, um die es ging, betraf eine Auswahl nicht zwischen Kandidaten, sondern zwischen Dreierlisten. Eine Dreierliste ist eine Lotterie mit den möglichen Konsequenzen

Der Erstplazierte kommt,
Der Zweitplazierte kommt,
Der Drittplazierte kommt,
Keiner kommt.

Das anerkannte Kriterium für die Wahl zwischen Lotterien ist der Nutzenerwartungswert. Der Nutzen einer Dreierliste L, bei der Kandidat a auf Platz 1, Kandidat b auf Platz 2 und Kandidat c auf Platz 3 steht, ist

$$u(L) = P_{a1} \cdot u(a) + P_{b2} \cdot u(b) + P_{c3} \cdot u(c) + (1 - P_{a1} - P_{b2} - P_{c3}) \cdot u(KK).$$

Dabei bedeutet z.B. P_{b2} die Kommenswahrscheinlichkeit von b, wenn er auf Platz 2 gesetzt wird. *KK* steht für „Keiner kommt", d.h. die Liste ist erschöpft und eine Neuausschreibung erforderlich.

Für die Nutzenwerte $u(\cdot)$ der Bewerber erwog Ackermann die Bewertungen einzusetzen, die sich aus der vorhergehenden Analyse mittels des Programms *Logical decisions*® ergeben hatten. Zwar wäre theoretisch eine Nutzenbestimmung mit Hilfe einer Basisreferenzlotterie angezeigt gewesen, doch hielt Ackermann es für wesentlich einfacher und auch vertretbar, statt einer Nutzenfunktion die Wertfunktion heranzuziehen. Zum einen war diese aufgrund sorgfältiger Überlegungen generiert worden und somit zuverlässiger als eine holistische Bewertung, zum anderen schien Ackermann kein Grund vorzuliegen, eine Risikoscheu im engeren Sinne anzunehmen, da nur Kandidaten in Betracht gezogen wurden, die der Kommission als gute Wahl erschienen.

Ein anderer Gesichtspunkt drängte sich jetzt jedoch auf. Da die Berufungsverfahren beträchtlichen Zeitverlust mit sich brachten, wenn nicht der Erstplazierte kam, musste die Dauer der Vakanz als Attribut in die Beurteilung einer Liste einbezogen werden. Jedes Semester der Vakanz stellte die Fakultät vor das Problem, die Lehre sicherzustellen. Im Spezialfach musste für Lehrstuhlvertretung oder Lehraufträge gesorgt werden, was angesichts der angespannten Marktlage nicht einfach war. In der Allgemeinen Betriebswirtschaftslehre hatten die übrigen Kollegen die Last mit zu tragen, indem sie zusätzliche Vorlesungen, Übungen und Seminare anboten.

Somit waren für die Bewertung jeder Besetzung zwei Attribute wesentlich, die Qualität des potentiellen Lehrstuhlinhabers – wie er sie anhand seines multiattributiven Modells ermittelt hatte – und die Dauer der Vakanz. Zur Vereinfachung unterstellte Ackermann, dass jeder zusätzliche Ruf ein Semester Vakanz bedeutete. Das heißt: Nimmt der Erstplazierte den Ruf an, entsteht keine Vakanz; nimmt der Zweitplazierte an, bleibt der Lehrstuhl ein Semester vakant; kommt erst der Drittplazierte, entsteht eine Vakanz von zwei Semestern. Über den Fall „Keiner kommt" wollte Ackermann sich erst später Gedanken machen.

Ackermann fragte sich, ob die Bewertung einer Besetzung als Funktion von Qualität und Vakanz, $u(Q, V)$ additiv zerlegbar sei, und kam zu dem Schluss, dass für ihn persönlich die additive Nutzenunabhängigkeit gegeben war. Dies ergab sich daraus, dass er zwischen den beiden Lotterien

Bester Bewerber (Altmeister), keine Vakanz	p=0,5
Viertbester Bewerber (Überall), 2 Semester Vakanz	p=0,5

und

Bester Bewerber (Altmeister), 2 Semester Vakanz	p=0,5
Viertbester Bewerber (Überall), keine Vakanz	p=0,5

indifferent war (EISENFÜHR/WEBER 1999, S. 271 ff.). Somit galt das Nutzenmodell

$$u(Q, V) = k\, u_Q + (1 - k)\, u_V.$$

Das bedeutete, dass Bewerberqualität und Vakanzdauer unabhängig voneinander bewertet werden konnten. Der Schaden, der durch eine Vakanz entstand, war nicht davon abhängig, welche Qualität der Bewerber hatte, der schließlich die Stelle einnehmen würde.

Die Einzelnutzenfunktion u_Q war, wie dargelegt, identisch mit der Wertfunktion v_Q. Die Einzelnutzenfunktion u_V galt es noch zu bestimmen. Offensichtlich erhielt eine Vakanz von null Semestern den Nutzen eins. Als schlechtestes Ergebnis nahm Ackermann eine Vakanz von zwei Semestern an und ordnete ihm den Nutzen null zu. Somit blieb nur noch eine einsemestrige Vakanz zu bewerten. Ackermann fragte sich also, bei welcher Wahrscheinlichkeit er eine sichere einsemestrige Vakanz als gleichwertig einer Lotterie ansehen würde, die entweder zu null oder zwei Semestern Vakanz führen würde, und kam zu folgender Aussage:

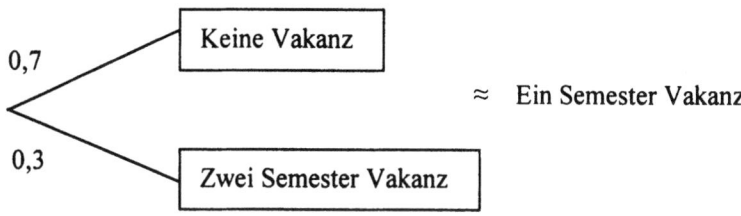

Der Einzelnutzen von einem Semester Vakanz betrug also 0,7. Diese Bewertung ergab sich daraus, dass die Überbrückung des ersten Vakanzsemesters weniger Probleme aufwerfen würde als die des zweiten, da der ausscheidende Lehrstuhlinhaber sich bereit erklärt hatte, noch für ein Semester nach seiner Emeritierung eine Vorlesung und ein Seminar anzubieten.

Nun blieb noch der Skalierungsfaktor k zu bestimmen. Dies war das Gewicht für die Kandidatenqualität, entsprechend war $1 - k$ das Gewicht für die Vakanz. Zu diesem Zweck fragte Ackermann sich, ob er indifferent zwischen den beiden folgenden Konsequenzen wäre:

(1) Bester Bewerber (Altmeister), 2 Semester Vakanz
(2) Viertbester Bewerber (Überall), keine Vakanz.

Er entschied sich für (1). Um Indifferenz herzustellen, musste er Alternative 2 verbessern, und er ersetzte den viertbesten durch den drittbesten bzw. zweitbesten Bewerber. Er kam zu dem Ergebnis, dass der Übergang vom besten auf den zweitbesten Bewerber (Neuling) genau der Preis war, den er für die Vermeidung von zwei Vakanzsemestern akzeptieren würde. Indem er die Bewertungen der Bewerber einsetzte, erhielt er die Gleichung

$$0{,}831\, k + 0 = 0{,}743\, k + 1 - k.$$

Das ergab $k = 0{,}919$. Die Nutzenfunktion lautete also

$$u(Q, V) = 0{,}919\, u_Q + 0{,}081\, u_V.$$

An dieser Stelle wurde Ackermann klar, dass noch ein weiteres Problem zu lösen war: Wie sollte das „Platzen" der Liste (KK) bewertet werden? Für den Fall einer Neuausschreibung war weder das Niveau der neuen Bewerber noch die Dauer der Vakanz des Lehrstuhls abschätzbar. Diesem Ereignis einfach den Nutzen null zuzuordnen, schien zu willkürlich.

Natürlich ließ sich dieser Fall nicht multiattributiv bewerten, denn über den Kandidaten, der bei einer Neuausschreibung eines Tages den Lehrstuhl übernehmen würde, war noch nichts bekannt, ebenso wenig über die Dauer der Vakanz. Der Fall *KK* musste holistisch bewertet werden. Dabei war in Betracht zu ziehen, dass mit einer längeren Vakanz gerechnet werden musste, die den Kollegen und Studierenden Probleme bereiten würde. Die Marktlage war nicht günstig; man konnte nicht erwarten, nach einem Scheitern der Liste bessere Bewerber zu bekommen. Auf Nachwuchs an Hochschullehrern war keine große Hoffnung zu setzen, da im Fach Steuerlehre Nachwuchskräfte brillante Chancen in der Wirtschaft hatten. Auch war der beträchtliche Arbeitsaufwand zu berücksichtigen, den jedes Berufungsverfahren verursacht.

Zunächst stellte Ackermann die bisherigen Bewertungen (ohne Berücksichtigung der Vakanzdauer) zusammen. Die Obergrenze der Bewertung, $v=1$, war durch einen fiktiven Bewerber („Idealbesetzung") definiert, der auf allen Attributen die beste definierte Ausprägung erreichte, also:

Erstklassige Publikationen: 25   Einschlägigkeit: Völlig einschlägig
Didaktik (Studenten): Note 1   Didaktik (Vortrag): Note 1
Kooperation: Note 1   Managementfähigkeit: Sehr gut.

Die Untergrenze, $v=0$, war für den fiktiven Bewerber mit den schlechtesten Ausprägungen bestimmt („Minimalbesetzung"):

Erstklassige Publikationen: 4   Einschlägigkeit: Gering, aber akzeptabel
Didaktik (Studenten): Note 6   Didaktik (Vortrag): Note 6
Kooperation: Note 6   Managementfähigkeit: Eher gering.

Zuerst fragte Ackermann sich, ob das Scheitern der Liste besser oder schlechter zu bewerten sei als die Minimalbesetzung. Wissenschaftlich war die Minimalbesetzung noch akzeptabel. Die mangelnde didaktische Befähigung wäre sicherlich ein großes Manko. Aber Ackermann erinnerte sich, dass unter seinen früheren Lehrern auch einige sehr tüchtige gewesen waren, deren Vorlesungen er als nicht hilfreich empfunden hatte, die dieses Manko aber durch Literaturangaben und den Einsatz guter Mitarbeiter in Übungen kompensiert hatten. Auf wissenschaftliche Kooperation mit diesem fiktiven Kollegen wäre freilich nicht zu hoffen. Ackermann empfand diese fiktive Lösung gegenüber dem Scheitern des Verfahrens als das geringere Übel. Das bedeutete $v(KK) < 0$.

Es handelte sich aber hier um einen Fall von Risiko, und das Wertmodell enthielt keine Berücksichtigung der Risikoaversion. Deshalb beschloss Ackermann, eine Abschätzung des Nutzens $u(KK)$ mit Hilfe einer Lotterie durchzuführen. Die Lotterie konnte entweder zur Gewinnung des besten Kandidaten oder zum Scheitern führen. Als besten Kandidaten wählte er den in seinen Augen besten realen Kandidaten, nicht den theoretischen Idealkandidaten, den er sich nicht so gut vorstellen konnte.

Das für Ackermann bestmögliche Ergebnis wäre, dass der von ihm meistpräferierte Bewerber Altmeister auf Platz 1 stünde und den Ruf ohne Verzug annähme; dies hätte den Nutzen 0,919 · 0,831 + 0,081 · 1 = 0,845. Ein mittleres Ergebnis wäre, dass Überall auf Platz 3 den Ruf nach zwei Semestern Vakanz annähme; der Nutzen betrüge 0,919 · 0,546 + 0,081 · 0 = 0,502. Das schlechteste Ergebnis wäre das Scheitern der Liste (Keiner kommt).

Der Nutzen $u(KK)$ musste aus einer Indifferenzaussage zwischen einer Lotterie, die das Scheitern einschloss, und einer sicheren Konsequenz abgeleitet werden. Ackermann stellte sich folgende Lotterie vor:

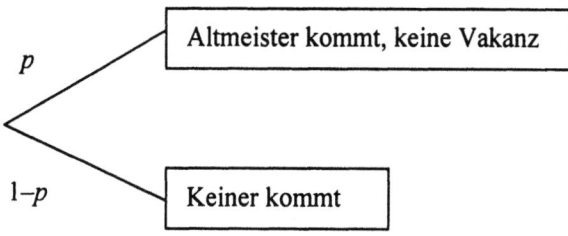

Er fragte sich, bei welcher Wahrscheinlichkeit p er diese Lotterie für gleichwertig halten würde mit der Gewissheit, Überall nach zwei Semestern Vakanz zu bekommen. Bei $p=0,7$ würde er die Lotterie vorziehen, bei $p=0,5$ das Erscheinen von Überall nach zwei Semestern Vakanz. Schließlich entschied er sich für $p=2/3$.

Damit erhielt er die Gleichung

$$2/3 \cdot 0,845 + 1/3 \cdot u(KK) = 0,502.$$

Daraus ließ sich auf den gesuchten Nutzen des Scheiterns der Liste schließen:

$$u(KK) = -0,184.$$

Ackermann entschloss sich daher, den Nutzen –0,184 für das Scheitern der Liste zu verwenden.

Aus ästhetischen Gründen war er versucht, den Nutzen aller Konsequenzen auf das Intervall [0, 1] zu normieren. Dies hätte jedoch an der Rangfolge der Lotterien nichts geändert, deshalb sparte er sich die Mühe.

Ackermann fühlte sich nun aufatmend in der Lage, jede mögliche Dreierliste L aus den vier verbliebenen Bewerbern zu bewerten gemäß

$$u(L) = P_{a1} \cdot u(a) + P_{b2} \cdot u(b) + P_{c3} \cdot u(c) + (1 - P_{a1} - P_{b2} - P_{c3}) \cdot (-0,184),$$

worin $P(\cdot)$ die absoluten Kommenswahrscheinlichkeiten der Bewerber und $u(\cdot)$ deren Nutzen, zusammengesetzt aus der Bewerberqualität und der Vakanz bedeuteten.

Aus n Bewerbern lassen sich

$$\frac{n!}{(n-3)!}$$

Dreierlisten bilden. Das waren im vorliegenden Fall mit vier Bewerbern 24 mögliche

Listen. Ackermann führte die Berechnungen mit Hilfe einer *Excel*-Tabelle durch. Hieraus berechnete er die Kommenswahrscheinlichkeiten für alle auf einer Liste enthaltenen Kandidaten sowie die Nutzenerwartungswerte (NEW) aller Listen.

Spitzenreiter wurde die Liste Neuling - Selten - Altmeister. Auf den zweiten Rang kam Beckers Wunschliste. Ackermanns urpsrüngliche Favoritin, die Liste Altmeister - Neuling - Selten, lag auf Platz 6. Zanker hatte sich auf die Liste Altmeister - Überall - Selten festgelegt; diese kam jedoch nur auf Platz 17.

Rang	Platz 1	Platz 2	Platz 3	NEW	Anmerkungen
1	Neuling	Selten	Altmeister	0,684	
2	Neuling	Selten	Überall	0,683	Beckers Liste
3	Neuling	Altmeister	Selten	0,680	
4	Neuling	Überall	Selten	0,670	
5	Neuling	Altmeister	Überall	0,659	
6	Altmeister	Neuling	Selten	0,656	
7	Neuling	Überall	Altmeister	0,655	
8	Selten	Neuling	Altmeister	0,633	
9	Selten	Neuling	Überall	0,632	
10	Altmeister	Neuling	Überall	0,626	
11	Altmeister	Selten	Neuling	0,609	
12	Altmeister	Selten	Überall	0,602	
13	Selten	Altmeister	Neuling	0,597	
14	Selten	Altmeister	Überall	0,591	
15	Selten	Überall	Neuling	0,589	
16	Selten	Überall	Altmeister	0,587	
17	Altmeister	Überall	Selten	0,570	Zankers Liste
18	Überall	Neuling	Selten	0,562	
19	Überall	Neuling	Altmeister	0,543	
20	Altmeister	Überall	Neuling	0,541	
21	Überall	Selten	Neuling	0,530	
22	Überall	Selten	Altmeister	0,527	
23	Überall	Altmeister	Selten	0,521	
24	Überall	Altmeister	Neuling	0,496	

Ackermann war froh darüber, dass seine eigene Präferenz sich fast völlig mit der von Becker deckte. Er musste nur noch versuchen, den Kollegen Zanker davon zu überzeugen, dass Altmeister nicht auf den ersten Platz gesetzt werden sollte, da die Aussicht, ihn gewinnen zu können, zu gering sei. Er konnte dies mit um so größerer Überzeugung tun, als er darauf hinweisen konnte, dass er selbst ursprünglich Altmeister an die erste Stelle hatte setzen wollen.

Zanker sträubte sich dagegen, eine junge Privatdozentin (Neuling) auf Platz 1 und einen sehr gut ausgewiesenen Kollegen (Altmeister oder Überall) nur auf Platz 3 zu setzen. Er ließ sich von den Vorschlägen Ackermanns und Beckers vorläufig nicht überzeugen und behielt sich vor, bis zur nächsten Sitzung der Berufungskommission noch einmal über die Sache nachzudenken.

Ackermann hätte den Dissens mit Zanker gern aufgelöst. Grundsätzlich konnte der Dissens auf unterschiedlichen Einschätzungen folgender Faktoren beruhen:

Berufungsliste für eine Professur

- Gewichte der Kriterien
- Verläufe der Einzelwertfunktionen
- Ausprägungen der Kriterien bei den Bewerbern
- Annahmewahrscheinlichkeiten.

Leider war Zanker nicht bereit, sich auf eine detaillierte Analyse einzulassen, bei der man die Ursachen des Dissenses hätte lokalisieren können. Zanker hatte jedoch gesagt, dass er die pessimistische Einschätzung von Altmeisters Kommensbereitschaft nicht teile. Er kenne Altmeister seit langem und wisse, dass dieser in seiner jetzigen Fakultät gewisse Probleme habe. Er schätze die Chance, Altmeister zu gewinnen, auf „mindestens 60 zu 40".

Ackermann gestand sich ein, dass die Annahmewahrscheinlichkeiten der schwächste Punkt in seiner Analyse waren. Er beschloss daher, eine Sensitivitätsanalyse durchzuführen. Er variierte die Annahmewahrscheinlichkeit Altmeisters, indem er sie auf 45%, 50%, 55% und 60% setzte, und zwar auf allen drei möglichen Listenplätzen. Es ergaben sich die folgenden Nutzenerwartungswerte für die 24 Listen. Die Wunschlisten von Becker und Zanker sind markiert.

0,45				0,50				0,55				0,60			
Neu	Sel	Alt	0,698	Neu	Sel	Alt	0,703	Neu	Alt	Sel	0,710	Alt	Neu	Sel	0,719
Neu	Alt	Sel	0,695	Neu	Alt	Sel	0,702	Neu	Sel	Alt	0,707	Neu	Alt	Sel	0,718
Neu	Sel	Üb	0,683	Alt	Neu	Sel	0,687	Alt	Neu	Sel	0,703	Neu	Sel	Alt	0,712
Neu	Alt	Üb	0,678	Neu	Alt	Üb	0,687	Neu	Alt	Üb	0,696	Neu	Alt	Üb	0,705
Neu	Üb	Alt	0,673	Neu	Sel	Üb	0,683	Neu	Üb	Alt	0,685	Alt	Neu	Üb	0,699
Alt	Neu	Sel	0,672	Neu	Üb	Alt	0,679	Neu	Sel	Üb	0,683	Neu	Üb	Alt	0,691
Neu	Üb	Sel	0,670	Neu	Üb	Sel	0,670	Alt	Neu	Üb	0,681	Alt	Sel	Neu	0,687
Sel	Neu	Alt	0,650	Alt	Neu	Üb	0,662	Neu	Üb	Sel	0,670	Neu	Sel	Üb	0,683
Alt	Neu	Üb	0,644	Sel	Neu	Alt	0,656	Alt	Sel	Neu	0,668	Alt	Sel	Üb	0,683
Sel	Neu	Üb	0,632	Alt	Sel	Neu	0,648	Alt	Sel	Üb	0,662	Neu	Üb	Sel	0,670
Alt	Sel	Neu	0,628	Alt	Sel	Üb	0,642	Sel	Neu	Alt	0,661	Sel	Neu	Alt	0,667
Alt	Sel	Üb	0,622	Sel	Neu	Üb	0,632	Sel	Alt	Neu	0,639	Alt	Üb	Sel	0,662
Sel	Alt	Neu	0,618	Sel	Alt	Neu	0,629	Alt	Üb	Sel	0,639	Sel	Alt	Neu	0,650
Sel	Alt	Üb	0,613	Sel	Alt	Üb	0,624	Sel	Alt	Üb	0,635	Sel	Alt	Üb	0,646
Sel	Üb	Alt	0,608	Alt	Üb	Sel	0,616	Sel	Neu	Üb	0,632	Alt	Üb	Neu	0,642
Alt	Üb	Sel	0,593	Sel	Üb	Alt	0,615	Sel	Alt	Üb	0,622	Sel	Neu	Üb	0,632
Sel	Üb	Neu	0,589	Alt	Üb	Neu	0,592	Alt	Üb	Neu	0,617	Sel	Üb	Alt	0,629
Alt	Üb	Neu	0,567	Sel	Üb	Neu	0,589	Sel	Üb	Neu	0,589	Sel	Üb	Neu	0,589
Üb	Neu	Alt	0,566	Üb	Neu	Alt	0,574	Üb	Neu	Alt	0,581	Üb	Neu	Alt	0,589
Üb	Neu	Sel	0,562	Üb	Neu	Sel	0,562	Üb	Alt	Sel	0,569	Üb	Alt	Sel	0,581
Üb	Sel	Alt	0,550	Üb	Sel	Alt	0,557	Üb	Sel	Alt	0,565	Üb	Sel	Alt	0,573
Üb	Alt	Sel	0,545	Üb	Alt	Sel	0,557	Üb	Neu	Sel	0,562	Üb	Alt	Neu	0,566
Üb	Sel	Neu	0,530	Üb	Alt	Neu	0,538	Üb	Alt	Neu	0,552	Üb	Sel	Neu	0,562
Üb	Alt	Neu	0,524	Üb	Sel	Neu	0,530	Üb	Sel	Neu	0,530	Üb	Neu	Sel	0,530

Mit wachsender Annahmewahrscheinlichkeit wurde Altmeister interessanter und gelangte vom dritten auf den zweiten und schließlich sogar auf den ersten Listenplatz.

Beckers Liste sackte im Rang ab, Zankers Liste stieg auf, war jedoch nach Ackermanns Präferenzen immer unterlegen.

Eine Annahmewahrscheinlichkeit Altmeisters von 60 oder mehr Prozent erschien Ackermann utopisch. Er war bereit, maximal 50% anzunehmen. Das hieß, er würde eine Liste Neuling - Selten - Altmeister vorschlagen und notfalls einer Liste Neuling - Selten - Überall zustimmen, wenn Becker von dieser Priorität nicht abzubringen wäre.

9. Die Entscheidung der Berufungskommission

Im Januar 2001 fand die abschließende Kommissionssitzung statt. Ackermann als Vorsitzender ließ die Vor- und Nachteile der in die Endauswahl gekommenen Bewerber noch einmal Revue passieren und ging dabei auch auf die unterschiedlichen Chancen ihrer Gewinnung ein. Er und Becker plädierten für ihren gemeinsamen Listenvorschlag Neuling - Selten - Überall. Zanker gab seine abweichende Meinung kund und plädierte für eine Liste Altmeister - Überall - Selten.

Da die Betriebswirte sich nicht einig waren, fühlten sich die Professoren der anderen Fächer frei, ihre eigenen Eindrücke von der fachlichen und didaktischen Qualität der Bewerber auszusprechen. Hierbei mussten sie sich weitgehend auf die Probevorträge stützen, die sie angehört hatten. Neuling, Altmeister und Selten hatten mit ihren Vorträgen Anklang gefunden, Überalls Vortrag hingegen war ihnen größtenteils unverständlich erschienen.

Bei den Studentenvertretern lag Frau Neuling ganz vorn, nicht nur wegen ihres Vortrags, sondern auch wegen der Auskunft der Fachschaft von ihrer Heimatuniversität. Sie erklärten ihre deutliche Sympathie für eine Liste Neuling - Altmeister - Selten. Die Vertreter der wissenschaftlichen Mitarbeiter verhielten sich neutral und erklärten, mit beiden Vorschlägen leben zu können.

Die Frauenbeauftragte war sichtlich erfreut darüber, zwei Frauen auf den vorderen Plätzen von Ackermanns und Beckers Liste zu sehen.

Zanker sah ein, dass er Frau Neuling nicht vom ersten Platz würde verdrängen können. Als Kompromiss bot er an, dieser Plazierung zuzustimmen, wenn Altmeister auf Platz 2 käme. Ackermann war einverstanden, Becker wollte Selten auf Platz 2 sehen.

Ackermann ließ über Platz 1 und 2 abstimmen und erhielt eine mehrheitliche Zustimmung zu dem Kompromiss. Nun musste noch Platz 3 besetzt werden. Hier hätte Zanker gern Überall gesehen, doch sprachen sich alle anderen Redner für Selten aus.

Ackermann ließ daher über den Vorschlag

1. Priv.-Doz. Dr. Sabine Neuling
2. Prof. Dr. Peter Altmeister
3. Prof. Dr. Renate Selten

abstimmen. Diese Liste wurde von der Kommission einstimmig angenommen. Alle Kommissionsmitglieder wussten, dass nur bei einer einstimmigen Entscheidung die Chance bestand, den Vorschlag ohne Diskussion durch die Fakultät zu bringen.

Ackermann war mit dieser Lösung zufrieden. Sie lag bei ihm auf Rang drei, bei etwas optimistischerer Einschätzung von Altmeisters Kommensbereitschaft sogar auf

Rang zwei, und der Nutzenabstand zu Rang eins war minimal.

10. Epilog

Nachdem die Schlacht geschlagen war, dachte Ackermann darüber nach, ob sich seine Analyse auch in zukünftigen Stellenbesetzungsverfahren verwenden lassen würde und welche Verbesserungen am Bewertungsmodell für Bewerber und am Nutzenmodell für Berufungslisten wünschenswert schienen.

Er war sicher, dass ihm die Analyse zu einem wesentlich besseren Verständnis des Problems verholfen hatte. Er war von der Richtigkeit seiner eigenen Wahl überzeugter gewesen als in früheren Verfahren, und er war in den Verhandlungen der Kommission besser darauf vorbereitet, Ad-hoc-Argumenten für oder gegen einzelne Kandidaten zu begegnen.

Andererseits fielen ihm auch einige Schwachpunkte ein, über die nachzudenken sich lohnen würde. Beispielsweise schien die Bewertung der wissenschaftlichen Qualifikation nur anhand von Anzahl und Qualität der Publikationen fragwürdig. In der Kommission war mehrmals gesagt worden, die Nachwuchswissenschaftler Frisch und Neuling hätten ja schon aus Zeitgründen nicht so viele Publikationen vorlegen können wie die älteren Bewerber. Dieses Argument lief darauf hinaus, die Zahl der Publikationen in Beziehung zu der Dienstzeit der Bewerber zu setzen. Dagegen ließ sich allerdings anführen, viele Publikationen seien nun einmal ein besserer Nachweis als wenige. Im Zusammenhang mit Überall wurde geäußert, dieser habe zwar viel publiziert, doch liege die letzte bedeutende Veröffentlichung schon fünf Jahre zurück, was bedeuten könne, dass von ihm nicht mehr viel zu erwarten wäre. Ackermann nahm sich vor, einmal in Ruhe zu überlegen, wie die wissenschaftliche Qualifikation treffender und umfassender gemessen werden könnte.

Auch die Beurteilung der didaktischen Eignung gefiel ihm noch nicht so recht. Sie stützte sich auf Auskünfte von Fachschaften und den Eindruck beim Probevortrag. Zu letzterem war zu kritisieren, dass die Kandidaten bei der Einladung zum Vortrag keine Vorgaben erhielten, was man von ihnen erwartete. Jeder Kandidat musste selbst spekulieren, ob die Kommission mehr Wert auf wissenschaftlichen Tiefgang oder auf Allgemeinverständlichkeit legte. Im ersten Fall würde er sich ein sehr spezielles Thema wählen, das nur wenige Kommissionsmitglieder verstanden, und das Risiko eingehen, dass man ihm Unverständlichkeit ankreidete. Im zweiten Fall würde er sich auf ein Auditorium mit breit gestreuter Kompetenzverteilung einstellen und riskieren, dass die engeren Fachkollegen einen Mangel an theoretischem Gehalt kritisierten. Unbehagen empfand Ackermann auch darüber, dass der mündliche Vortrag überbewertet würde. Ein wissenschaftliches Studium ist hauptsächlich Literaturstudium und Hochschuldidaktik mehr als nur Rhetorik. Deshalb sollte berücksichtigt werden, welches schriftliche Material ein Hochschullehrer zur Verfügung stellte, ob er den Studierenden Übungsmöglichkeiten gab und zusätzliche Kommunikation z.B. über E-Mails ermöglichte.

Die Gewichtung der Attribute könnte vermutlich auch nicht auf jeden zukünftigen Fall übertragen werden. Ackermann kam der Gedanke, dass die Gewichtung einzelner Kriterien, wie Einschlägigkeit, Kooperationsbereitschaft oder Managementbegabung, von situativen Faktoren abhängen sollte. Verfügt eine Fakultät beispielsweise über genügend gute Manager, ist dieses Kriterium bei Berufungen weniger bedeutsam. Ebenso verhielt es sich mit der Bewertung des Scheiterns der Liste. In Fächern, in denen viele gute Bewerber auf dem Markt waren, brauchte einer Neuausschreibung nicht ein so geringer Nutzen zugeordnet zu werden wie in der Mangelsituation, mit der Ackermanns Kommission konfrontiert war.

Berufungen sind langfristige Entscheidungen. Möglicherweise bleibt der neu berufene Kollege bis zum Erreichen der Altersgrenze Mitglied der Fakultät. Die Entscheidung darüber liegt bei ihm. Daher sollten bei Berufungen die strategischen Ziele der Fakultät – so sie denn existieren – eine Rolle spielen und nicht nur die Anforderungen des Tagesgeschäfts. In welche Richtung will die Fakultät sich entwickeln (Grundlagenforschung oder Anwendungsbezug, wissenschaftliches Prestige oder Erfolg in der Ausbildung etc.)? Welche Kompetenzen sollen ausgebaut, welche abgebaut werden? Welche neuen Studiengänge, welche Weiterbildungsangebote, welche interuniversitären Kooperationen könnten in Zukunft interessant sein? Berufungsentscheidungen sind die wichtigste Chance, die Weichen in die richtige Richtung zu stellen.

Ackermann war sich bewusst, dass strategische Aspekte in der Arbeit seiner Kommission keine Rolle gespielt hatten und in seinem Bewertungsmodell fehlten. Es gab noch viel zu tun.

FALLSTUDIE I

ALEXANDER KLOS

Die Vergabe der Fußballweltmeisterschaft 2006

Stichwörter: Generierung eines Zielsystems – Aggregation individueller Präferenzen

1. Einleitung

Die Fußballweltmeisterschaft ist eines der wichtigsten und größten Sportereignisse überhaupt. Entsprechend attraktiv ist das Ausrichten einer WM für das gastgebende Land. Nach Angaben der FIFA (Fédération Internationale de Football Association) kamen beispielsweise zu den 64 Spielen der WM 1998 in Frankreich drei Millionen Zuschauer, um nur eine Zahl zu nennen, welche die Bedeutung der Veranstaltung aufzeigt.

Welches Land Gastgeber einer Weltmeisterschaft wird, entscheidet das Exekutivkomitee der FIFA.[1] So entschied dieses 24köpfige Gremium am 6. Juli 2000 in Zürich über die Vergabe der WM 2006.

Zur Wahl standen Deutschland, England, Marokko und Südafrika. Im entscheidenden letzten Wahlgang konnte sich Deutschland gegen Südafrika bei einer Stimmenthaltung mit 12 zu 11 Stimmen durchsetzen. Es lässt sich vermuten, dass der verwendeten Abstimmungsregel bei einer solch knappen Entscheidung eine besondere Bedeutung zukommt.

Die Relevanz, sich innerhalb dieses Kontexts über Gruppenentscheidungsmechanismen Gedanken zu machen, zeigt sich auch anhand des immensen Presseechos.[2] Zum Beispiel trat Charles Dempsey, das Mitglied des Exekutivkomitees, welches im letzten Wahlgang sich der Stimme enthalten hatte, zurück, Deutschland geriet in Korruptionsverdacht und Südafrika legte aufgrund dieser Verdächtigungen offiziell Einspruch ein, welcher jedoch von der FIFA abgewiesen wurde.

Die vorliegende Fallstudie ist wie folgt strukturiert. Zunächst wird das Entscheidungsproblem eines einzelnen Mitgliedes des Exekutivkomitees betrachtet. Fokussiert wird dabei auf die Ziele des Entscheiders. Wie können Ziele in diesem Kontext generiert werden? Wie können die sich ergebenden Ziele strukturiert werden? Derartige Fragen werden in Abschnitt 2 behandelt. Anschließend steht die Aggregation der individuellen Präferenzen im Mittelpunkt. An dem konkreten Fall der WM-Vergabe werden die Verwendung verschiedener Abstimmungsregeln und Möglichkeiten zu ihrer Beurteilung diskutiert. In Abschnitt 4 findet sich eine Aufgabe zur Aggregation individueller Präferenzen.

---

[1] „Das Exekutivkomitee ist das ausführende Organ der FIFA", vergleiche Artikel 10 Absatz 2 der Statuten der FIFA (2000).
[2] Der interessierte Leser kann sich hierüber mit Hilfe eines der zahlreich vorhandenen Internetarchive verschiedener Zeitungen informieren.

2. Die Generierung eines Zielsystems auf Individualebene

Vor der Abstimmung über den Austragungsort der WM 2006 muss jedes Mitglied des Exekutivkomitees zunächst seine Individualpräferenz bestimmen. Der einzelne Entscheider muss das Problem der Alternativenfindung lösen, sich Erwartungen über mögliche Umwelteinflüsse bilden, die Wirkungen von Aktionen und Umwelteinflüssen beurteilen und sich über seine Ziele und Präferenzen klar werden. Die Bestimmung der Handlungsalternativen liegt bei dem vorliegenden Problem auf der Hand. Die Alternativenmenge ist durch die Bewerber um die Austragung bereits vorgegeben. Die Modellierung der sonstigen Komponenten des Entscheidungsproblems gestaltet sich weitaus komplexer.

Grundsätzlich gilt, dass die einzelnen Module des betrachteten Problems nicht völlig getrennt voneinander beschrieben werden können. Die Modellierung von Umwelteinflüssen könnte beispielsweise neue Ziele ans Licht bringen, an welche der Entscheidungsträger noch gar nicht gedacht hat. Man spricht in diesem Zusammenhang von rekursiver Modellierung.

Entgegen der üblichen Vorgehensweise bei rekursiver Modellierung wird hier ein besonders wichtiger Aspekt herausgegriffen: die Generierung eines Zielsystems. Dass dieser Teilaspekt des Entscheidungsproblems nicht unabhängig von den anderen Modulen gesehen werden kann, sollte man jedoch im Hinterkopf behalten.

Die Vergabe einer Fußballweltmeisterschaft ist ein komplexes Problem und die vollständige Beschreibung eines denkbaren Zielsystems entsprechend umfangreich. In der vorliegenden Fallstudie soll daher der Prozess der Generierung eines Zielsystems dargestellt werden. Eine komplette Formulierung kann von dem Leser zur Übung in Eigenarbeit erstellt werden.

In dem folgenden Abschnitt wird diskutiert, wie man in einem ersten Schritt Ziele überhaupt zu Tage fördern kann. Anschließend werden Mittel-Ziel-Relationen eliminiert und eine Zielhierarchie für das betrachtete Problem aufgestellt. Mit einer Diskussion verschiedener Möglichkeiten zur Messung des Zielerreichungsgrads wird Gliederungspunkt 2 abgeschlossen.

2.1 Die Generierung von Zielen

Im Lehrbuch „Rationales Entscheiden" (EISENFÜHR/WEBER 1999) werden fünf mögliche Quellen genannt, anhand derer ein Entscheidungsträger seine Ziele erarbeiten kann. Bezogen auf die WM-Vergabe soll für jede dieser Quellen ein denkbares Beispiel genannt werden.

1. *Mängel:* Ein generelles Problem von Veranstaltungen im Bereich des Profifußballs sind gewaltsame Auseinandersetzungen am Rande der jeweiligen Spiele. Dies hat sich beispielsweise bei der WM 98 in Frankreich gezeigt, als es in Lens zu schweren Ausschreitungen kam. Ein Ziel eines Mitglieds des Exekutivkomitees wird sicher die *Minimierung/Verhinderung von Ausschreitungen* sein.
2. *Vergleich der vorliegenden Alternativen:* Wer die infrastrukturelle Situation in Deutschland und Marokko vergleicht, könnte zu dem Schluss kommen, dass sich diese nicht unwesentlich voneinander unterscheiden. Als weiteres Ziel bietet sich somit eine *möglichst gute Infrastruktur* der Bewerberländer an.

3. *Strategische Ziele:* Im folgenden soll angenommen werden, dass die Mitglieder des Exekutivkomitees nicht nur selbstlos ihren Sport fördern, sondern auch an die finanzielle Situation der FIFA denken. Das strategische Ziel *wirtschaftlicher Erfolg* ist dann für die Vergabeentscheidung relevant.
4. *Externe Vorgaben:* Jedes Mitglied des Exekutivkomitees gehört einem nationalen Verband an. Es ist anzunehmen, dass die einzelnen Verbände, in welcher Form auch immer, die Entscheidung ihrer Repräsentanten zu beeinflussen versuchen. Ein weiteres mögliches Ziel wäre somit die *Wahrung der Interessen des Verbandes*.
5. *Betroffene Personen:* In der Diskussion um die WM-Vergabe 2006 wurde immer wieder an das Prinzip der Rotation erinnert. Auf den Internetseiten zur südafrikanischen Bewerbung konnte man beispielsweise lesen: „Technical arguments aside, the strongest case for South Africa's bid to host the 2006 FIFA World Cup is the Principle of Rotation advocated by FIFA almost a decade ago. This Principle aimed to ensure that each confederation had the opportunity to offer a country under its banner a chance of hosting the World Cup, on a rotation basis." Die Vergabeentscheidung betrifft die FIFA als Ganzes und deren Interessen, wie zum Beispiel *Rotation zwischen den Konföderationen*[3], können eine weitere Quelle für die zu generierenden Ziele darstellen.

Nach sorgfältigem Nachdenken könnte eine Liste der Ziele eines Mitgliedes des Exekutivkomitees wie folgt aussehen:

- Minimierung/Verhinderung von Ausschreitungen
- möglichst gute Infrastruktur
- Gewinnerzielung für die FIFA
- Wahrung der Interessen des Verbandes
- Rotation zwischen den Konföderationen
- Unfallvermeidung
- hohe Polizeipräsenz in den Stadien
- .....

Die Punkte am Ende der Aufzählung sollen andeuten, dass es sich hierbei um keine erschöpfende Liste handelt, sondern nur ein Teil der denkbaren Ziele aufgeführt ist.

In einem nächsten Schritt sind Mittel-Ziel-Beziehungen innerhalb der aufgelisteten Ziele zu beseitigen. Was darunter zu verstehen ist und wie eine solche Beseitigung durchgeführt werden kann, sind Fragen, die im folgenden Abschnitt diskutiert werden sollen.

2.2 Eliminierung von Mittel-Ziel-Beziehungen

Ein Zielsystem sollte nur Fundamentalziele enthalten. „Ein Fundamentalziel ist ein Ziel, das um seiner selbst willen verfolgt wird und für den Entscheider keiner Begründung mehr bedarf" (EISENFÜHR/WEBER 1999, Seite 56). Hiervon zu unterschei-

---

[3] Zur Begriffsbestimmung der Konföderation heißt es in Artikel 9 Absatz 1 der Statuten der FIFA: „Der FIFA angeschlossene Verbände, die geografisch dem gleichen Kontinent angehören, können sich zu durch die FIFA anerkannten Konföderationen zusammenschließen", vergleiche FIFA (2000). Der entsprechende europäische Verband ist die UEFA (Union des Associations Européennes de Football).

den sind Instrumentalziele, welche nur verfolgt werden, um andere, fundamentale Ziele zu erreichen.

Ob ein Ziel fundamental oder instrumental ist, muss immer vor dem Hintergrund des betrachteten Entscheidungskontexts beurteilt werden. Es erscheint wenig sinnvoll, innerhalb eines engen Entscheidungskontexts auf die fundamentalsten Ziele zurückzugreifen.[4]

Um Mittel-Ziel-Relationen zu eliminieren, muss ein Entscheider jedes Ziel hinterfragen, warum es verfolgt werden sollte. Beispielsweise sind in dem gegebenen Kontext die Ziele *Minimierung/Verhinderung von Ausschreitungen* und *Unfallvermeidung* nur instrumental im Hinblick auf das Fundamentalziel *Sicherheit*. Hier erkennt man bereits einen Vorteil der Eliminierung von Mittel-Ziel-Relationen. Es wird eine „Doppelzählung" vermieden.

Ebenfalls um ein Instrumentalziel handelt es sich bei *hohe Polizeipräsenz in den Stadien*. Man erhofft sich, hiermit eine möglichst hohe *Sicherheit* der Stadionbesucher gewährleisten zu können.

Zwei weitere Gründe, die für die Eliminierung von Mittel-Ziel-Relationen sprechen, kann man sich anhand dieses Beispiels klar machen. Es ist nicht sichergestellt, ob eine hohe Polizeipräsenz tatsächlich zu größerer Sicherheit in den Stadien führt („unsichere Wirkung"). Potentielle Randalierer könnten sich provoziert und in die Enge getrieben fühlen, was unter Umständen zu einem Ausbrechen von Gewalttätigkeiten führen könnte.

Selbst wenn man einen positiven Einfluss der hohen Polizeipräsenz auf das Ziel Sicherheit unterstellt, so resultiert aus der Eliminierung der weitere Vorteil, dass eine „nicht eindeutige Wirkung" des Instrumentalziels vermieden werden kann. Ein weiteres Fundamentalziel könnte die *positive Außendarstellung der WM* sein, welches bei Verfolgung des Ziels *hohe Polizeipräsenz* negativ beeinträchtigt sein könnte.

2.3 Aufstellen einer Zielhierarchie

Eine Zielhierarchie visualisiert das Zielsystem und fasst Fundamentalziele zu Oberzielen zusammen beziehungsweise spaltet sie in Unterziele auf. Für den hier betrachteten Fall könnte ein Teil der Zielhierarchie wie in Abbildung 1 dargestellt (s. nächste Seite) aussehen.

2.4 Messung des Zielerreichungsgrads

Nach Abschluss der Zielformulierung stellt sich natürlich sofort die Frage, wie der jeweilige Zielerreichungsgrad gemessen werden soll. Der wünschenswerteste und einfachste Fall ist die Verwendung eines natürlichen Attributs. Hiervon spricht man, „wenn sich aus der Formulierung des Ziels praktisch eindeutig ergibt, welche Variable gemeint ist" (EISENFÜHR/WEBER 1999, Seite 67). Ein Beispiel für ein natürliches Attribut ist die Verwendung des erwarteten Gewinns für das Ziel *Gewinnerzielung für die FIFA*.

Auch für das Ziel *Finanzielle Potenz der Bewerber* bietet sich ein monetäres Attribut an. Hier könnte man beispielsweise die „Finanzkraft" als Zielvariable benutzen, die sich aus der Unterstützungsbereitschaft von Sponsoren, nationaler Regierung, nationalem Ligaverband, etc. ergibt.

---

[4] Vergleiche EISENFÜHR/WEBER (1999) für eine Diskussion dieses Aspekts.

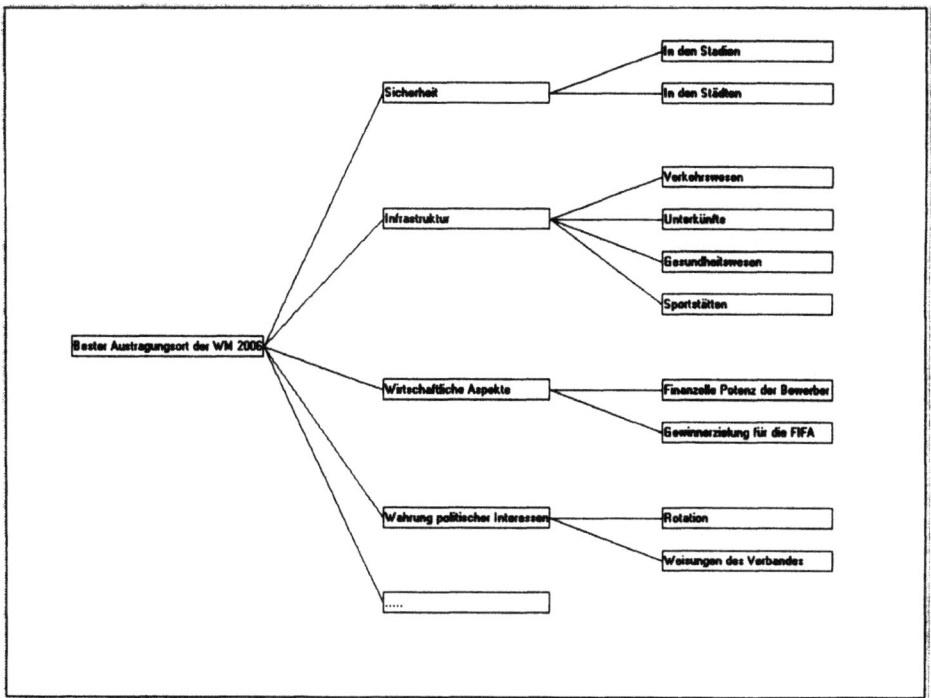

Abb. 1: Ausschnitt eines möglichen Zielsystems

Für die unter *Wahrung politischer Interessen* subsumierten Ziele existieren, wie für die *Gewinnerzielung der FIFA*, natürliche Attribute. Entweder befolgt ein Mitglied des Exekutivkomitees das Prinzip der *Rotation* oder es befolgt es nicht. Entweder ein Entscheider hält sich an die *Weisungen seines Verbands* oder er tut es nicht. Für diese Ziele kann der Erreichungsgrad mit Hilfe einer binären Variable gemessen werden, die nur die Werte null und eins annehmen kann.

Die Messung des Zielerreichungsgrads bezüglich der *Sicherheit in den Städten und Stadien* gestaltet sich schwieriger. Hierfür liegen keine natürlichen Attribute auf der Hand. Statt dessen muss man sich eines künstlichen oder eines Proxy-Attributs bedienen.

Künstliche Attribute werden in der Regel durch Kombination mehrerer Zielvariablen konstruiert. Die bereits erwähnte „Finanzkraft" kann hierzu gezählt werden. Proxy-Attribute dagegen messen nicht einmal die Erreichung des eigentlichen Ziels, sondern dienen als Hilfslösung, wenn sich die Zielerreichung weder durch ein natürliches noch durch ein künstliches Attribut messen lässt.

Bezüglich des betrachteten Ziels *Sicherheit in den Städten* beziehungsweise *Sicherheit in den Stadien* erscheint ein künstliches Attribut nur schwerlich konstruierbar. Der Entscheider kann jedoch auf ein Proxy-Attribut zurückgreifen. Denkbar wären zum Beispiel die Anzahl der Handgreiflichkeiten zwischen Fans oder die Anzahl der vorläufigen Festnahmen. In Hinblick auf das Ziel *Sicherheit in Städten* kann das verwendete Proxy-Attribut mit dem Ausmaß der Sachbeschädigung verknüpft werden. Dieser Punkt scheint aufgrund der Sensibilität von Stadtbewohner bezüglich derartiger Schädigungen besonders relevant zu sein. Die Verknüpfung mit weiteren

Hilfsgrößen zur Messung des Zielerreichungsgrads ist darüber hinaus beziehungsweise statt dessen möglich.

Eine häufig anzutreffende Problematik ist mit den unter *Infrastruktur* genannten Zielen verbunden. Grundsätzlich wäre eine weitere Untergliederung der Ziele denkbar und zum Zweck der möglichst genauen Ausgestaltung des Systems auch wünschenswert. Dagegen spricht jedoch, dass ein Zielsystem generell einfach sein sollte. Je mehr Ziele betrachtet werden, um so komplexer ist die Formulierung des auf dem generierten System aufbauenden Entscheidungsproblems.

Um die Einfachheit des Zielsystems zu garantieren, könnten die Ziele *Sportstätten, Unterkünfte, Gesundheits- und Verkehrswesen* mit Hilfe künstlicher Attribute gemessen werden. Beispielsweise wäre es für *Unterkünfte* denkbar, ein Attribut zu definieren, das aus verschiedenen Teilaspekten, wie der Anzahl der verfügbaren Betten oder der ausreichenden Verfügbarkeit von Übernachtungsmöglichkeiten in verschiedenen Preisklassen besteht.

Mit der Definition eines sinnvollen Attributs für jedes Ziel ist der Prozess zur Generierung eines Zielsystems abgeschlossen. Auf weitere Aspekte des individuellen Entscheidungsproblems soll hier nicht weiter eingegangen werden. Im folgenden wird angenommen, dass jedes Mitglied des Exekutivkomitees sein Entscheidungsproblem gelöst und eine vollständige und transitive Präferenzordnung bezüglich der zu bewertenden Alternativen formuliert hat. Betrachtet wird nun, wie die individuellen Präferenzen der 24 Entscheidungsträger zu einer Gruppenentscheidung aggregiert werden können und somit der Austragungsort der WM 2006 bestimmt werden kann.

3. Aggregation über individuelle Präferenzen

Bei der Entscheidung über die Vergabe der WM wird über die ordinalen Präferenzen der Entscheidungsträger aggregiert. Daher ist es nicht möglich, einen interpersonellen Nutzenvergleich durchzuführen, wie dies bei Betrachtung kardinaler Präferenzen generell möglich wäre. Dies sollte nicht als Nachteil angesehen werden, da es strittig ist, ob Nutzen überhaupt über verschiedene Personen hinweg vergleichbar ist.

Mit Hilfe der Abstimmung soll die „beste" Alternative ermittelt werden. Die Ermittlung einer vollständigen und transitiven Gruppenpräferenz ist für die WM-Vergabe 2006 nicht von Interesse. Dies wird zu einem späteren Zeitpunkt nützlich sein, denn nicht mit allen nachfolgend verwendeten Abstimmungsregeln kann eine vollständige und transitive Gruppenpräferenz ermittelt werden.

In Abschnitt 3.1 sollen zunächst die frei zugänglichen Fakten der Abstimmung vom 6. Juli 2000 dargestellt und, soweit dies möglich ist, interpretiert werden. Anschließend wird diskutiert, welchen Einfluss die Verwendung alternativer Abstimmungsregeln auf die Vergabeentscheidung gehabt haben könnte. Abschnitt 3.3 enthält einige Anmerkungen zum Unmöglichkeitstheorem von Arrow und Abschnitt 3.4 schließt den Gliederungspunkt 3 mit einer kurzen Diskussion verschiedener Kriterien zur Beurteilung von Abstimmungsregeln ab.

3.1 Die Abstimmung über die Vergabe der WM 2006

Zunächst sind die Fakten der Abstimmung vom 6. Juli 2000 festzuhalten. Für die Fallstudie sind dabei die verwendete Aggregationsregel und der genaue Verlauf der

Abstimmung von besonderem Interesse. Die folgenden Angaben beziehen sich auf Presseerklärungen der FIFA, die im Juli 2000 veröffentlicht wurden.

Um die Austragung der WM hatten sich Brasilien, Deutschland, England, Marokko und Südafrika beworben. Da Brasilien wenige Tage vor der Abstimmung seine Kandidatur zurückzog, verbleiben vier Bewerber.

Bei der verwendeten Abstimmungsregel handelt es sich um eine Variante der Hare-Regel, welche auch bei der Bestimmung des Austragungsorts der Olympischen Spiele zum Einsatz kommt (SCHAUENBERG 1992). Jedes Mitglied des Exekutivkomitees vergibt in jedem Wahlgang eine Stimme. Die Abstimmung findet in geheimer Wahl statt. Erreicht eine Alternative in einem Wahlgang die absolute Mehrheit, bei 24 Wahlberechtigten also mindestens 13 Stimmen, so ist diese Alternative gewählt. Erreicht kein Bewerber die absolute Mehrheit, so wird die Alternative, welche die wenigsten Stimmen erhielt, eliminiert und es kommt zu einem weiteren Wahlgang. Dies wird solange fortgesetzt, bis eine Alternative die absolute Mehrheit erreicht hat.

Bei dieser Ausgestaltung der Abstimmungsregel sind zwei Formen von Pattsituationen denkbar. Es könnten zum einen mehrere Alternativen in einem Wahlgang die wenigsten Stimmen erhalten. In dem Fall würde sich eine Stichwahl zwischen den betroffenen Bewerbern anschließen. Erreichen mehrere Alternativen in der Stichwahl die wenigsten Stimmen, wäre die Stimme von FIFA-Präsident Joseph Blatter ausschlaggebend.

Darüber hinaus ist es im letzten Wahlgang möglich, dass die beiden verbliebenen Alternativen die gleiche Anzahl Stimmen auf sich vereinigen. Der FIFA-Präsident würde in diesem Fall das gastgebende Land der Fußballweltmeisterschaft 2006 bestimmen.

Die folgende Tabelle fasst den Abstimmungsverlauf vom 6. Juli 2000 zusammen:

	1. Wahlgang	2. Wahlgang	3. Wahlgang
Deutschland	10	11	12
England	5	2	-
Marokko	3	-	-
Südafrika	6	11	11
Stimmenthaltung	-	-	1
Summe	**24**	**24**	**24**

Tab. 1: Abstimmungsverlauf

Nimmt man an, dass Blatter bei einer Pattsituation zwischen Deutschland und Südafrika im letzten Wahlgang für Südafrika gestimmt hätte, stellt dieser Ausgang das denkbar knappste Ergebnis dar.

Um das Wahlergebnis interpretieren zu können, sind einige Annahmen zu treffen. Es wird im folgenden davon ausgegangen, dass die Mitglieder des Exekutivkomitees rational gehandelt haben. Darüber hinaus werden nur die beobachtbaren Stimmenbewegungen interpretiert.[5]

Verfügte kein Mitglied des Exekutivkomitees bereits im Vorfeld der Abstimmung über Informationen bezüglich der Präferenzen der anderen Mitglieder, kann mit Hilfe

---

[5] SCHAUENBERG (1992) trifft in seiner Fallstudie zur Vergabe der Olympischen Spiele 1996 die gleichen Annahmen.

des ersten Wahlgangs eindeutig auf die Erstpräferenz der Entscheider geschlossen werden. Fünf Entscheidungsträger präferierten beispielsweise England gegenüber allen anderen Alternativen. Die Interpretation des zweiten Wahlgangs gestaltet sich schwieriger. Hätten alle Entscheider aufrichtig abgestimmt, so hätten die drei Stimmen für Marokko sich gemäß der Zweitpräferenz der Marokkobefürworter auf die verbleibenden Alternativen verteilen müssen. Statt dessen reduzierte sich die Stimmenanzahl Englands von fünf auf zwei. Aus diesem Ergebnis muss nicht zwangsläufig folgen, dass einige Entscheider sich irrational verhalten haben.

Was könnte den Rückgang der Stimmen für England verursacht haben? Bei den folgenden Überlegungen soll vorausgesetzt werden, dass bis auf die drei Englandwechsler[6] alle Mitglieder des Exekutivkomitees im zweiten Wahlgang gemäß ihrer wahren Präferenz abgestimmt haben.

Wären die Zwischenergebnisse der einzelnen Wahlgänge bekannt gegeben worden, wäre taktisches Abstimmungsverhalten denkbar. Wenn die drei Englandwechsler annehmen mussten, dass England im zweiten Wahlgang eliminiert werden würde, wäre ein vorzeitiger Wechsel auf die Zweitpräferenz konsistent mit rationalem Verhalten gewesen. Ohne Informationen über die Zweitpräferenz der Marokkobefürworter ist dies jedoch nicht anzunehmen. England hätte durchaus Chancen gehabt, sich im zweiten Wahlgang gegen Südafrika durchzusetzen.

Setzt man voraus, dass die Englandwechsler über die Präferenzen der anderen Entscheider informiert gewesen sind, wäre strategisches Abstimmungsverhalten möglich gewesen. Von strategischem Abstimmungsverhalten spricht man, wenn Teile der Gruppe versuchen, die Gruppenentscheidung durch die Angabe falscher Präferenzen zu ihren Gunsten zu beeinflussen. In Abschnitt 3.4 wird anhand zweier Beispiele gezeigt werden, wie man derartige Strategien erfolgreich durchführen kann.

Haben die Englandwechsler sich strategisch verhalten und war dieses Verhalten von Erfolg gekrönt, so kann es unter den getroffenen Annahmen nur zum Ziel gehabt haben, Marokko im ersten Wahlgang zu eliminieren. Darüber hinaus muss die wahre Erstpräferenz dieser Entscheider entweder Südafrika oder Deutschland gewesen sein.

Angenommen die Englandwechsler hätten das beschriebene Ziel verfolgt und es erfolgreich verwirklicht. Liesse sich nachweisen, dass Marokko auch ohne strategisches Verhalten eliminiert worden wäre, so kann strategisches Verhalten nicht die Motivation der Englandwechsler gewesen sein. Es ist daher der Frage nachzugehen, wie die Wahl bei aufrichtigem Abstimmungsverhalten verlaufen wäre.

Für den Fall, dass alle Englandwechsler in Wahrheit Deutschland präferiert hätten, wäre Deutschland bereits im ersten Wahlgang gewählt worden. Eine möglichst frühe Eliminierung Marokkos kann dann als Motiv für die Angabe falscher Präferenzen ausgeschlossen werden.

Hätte es für Deutschland nicht zur absoluten Mehrheit gereicht, beispielsweise weil die Zweitpräferenz aller drei Englandwechsler Südafrika gelautet hätte, wäre England im ersten Wahlgang mit zwei Stimmen eliminiert worden. Unabhängig von der Zweitpräferenz der beiden Englandbefürworter wäre jedoch Marokko im zweiten Wahlgang eliminiert worden. Marokko hätte maximal fünf Stimmen erzielen können, wobei Deutschland und Südafrika jeweils mindestens sechs Stimmen erreicht hätten.

---

[6] Die drei Entscheider, welche im ersten Wahlgang für England und im zweiten Wahlgang für eine andere Alternative gestimmt haben, werden im folgenden als die „Englandwechsler" bezeichnet.

Strategisches Verhalten, um Marokko in der ersten Runde zu eliminieren, kann somit unter den getroffenen Annahmen nicht die Motivation der Englandwechsler gewesen sein. Es verbleiben zwei Möglichkeiten. Erstens, die beobachtbaren Stimmenbewegungen resultieren aus einem gescheiterten Versuch, die Gruppenpräferenz zu beeinflussen, und es kann aufgrund der wenigen vorliegenden Fakten nicht rekonstruiert werden, was das Ziel des Manipulationsversuchs war. Bei entsprechender Informationssituation könnten falsche Erwartungen einiger Entscheider oder spieltheoretische Überlegungen eine Rolle gespielt haben. Die zweite Möglichkeit wäre nicht rationales Verhalten zumindest einiger Mitglieder des Exekutivkomitees.

Hält man die zweite Erklärungsmöglichkeit für unwahrscheinlich, legt obige Analyse die Vermutung nahe, dass sich einige Entscheider bei der Abstimmung strategisch verhalten haben. Es sei jedoch ausdrücklich darauf hingewiesen, dass dies nicht zwingend (nur) die Englandwechsler sein müssen. Es wurde ausschließlich versucht, die beobachtbaren Stimmenveränderungen zu interpretieren und darüber hinaus angenommen, dass alle Entscheider außer den Englandwechslern aufrichtig abgestimmt haben. Wären Informationen über den Verlauf der Abstimmung auf individueller Basis zugänglich, könnte sich ein ganz anderes Bild ergeben.

In dem folgenden Abschnitt soll gezeigt werden, wie sich die Verwendung verschiedener Abstimmungsregeln auf das Abstimmungsergebnis auswirken kann. Aufgrund der unzureichenden Informationen zum Wahlverlauf ist es nicht möglich, genauere Aussagen über die Individualpräferenz einzelner Entscheider auf Basis der öffentlich zugänglichen Informationen zu treffen. Weitergehende Annahmen sind notwendig.

3.2 Der Einfluss verschiedener Abstimmungsregeln

Im folgenden wird unterstellt, dass die individuellen Präferenzen der Mitglieder des Exekutivkomitees den in Tabelle 2 dargestellten entsprechen. Die Erstpräferenz der Entscheider ist dabei so spezifiziert worden, wie es in Abschnitt 3.1. vermutet worden ist.

| Fraktion 1 | Fraktion 2 | Fraktion 3 | Fraktion 4 |
10 Personen	6 Personen	5 Personen	3 Personen
Deutschland [a]	Südafrika [b]	England [c]	Marokko [d]
Marokko [d]	England [c]	Südafrika [b]	England [c]
Südafrika [b]	Deutschland [a]	Marokko [d]	Südafrika [b]
England [c]	Marokko [d]	Deutschland [a]	Deutschland [a]

Tab. 2: Hypothetische Präferenzstruktur

Der Buchstabe in den eckigen Klammern wird als Abkürzung für die jeweilige Alternative benutzt. Bis auf weiteres sei aufrichtiges Abstimmungsverhalten unterstellt.

Verwendet man die Hare-Regel, so würde im ersten Wahlgang Marokko und im zweiten Wahlgang Südafrika eliminiert werden. In der entscheidenden Stichwahl würde sich England gegen Deutschland mit 14 zu zehn Stimmen durchsetzen.

Im Lehrbuch „Rationales Entscheiden" werden verschiedene Abstimmungsregeln vorgestellt. Bei der Verwendung dieser Regeln kommt es zu den nachfolgend dargestellten Ergebnissen. Auf eine detaillierte Beschreibung der einzelnen Abstimmungsregeln wird verzichtet und auf EISENFÜHR/WEBER (1999) verwiesen.

- *Regel der einfachen Mehrheit:* In diesem einfachsten Fall ist sofort ersichtlich, dass Deutschland sich mit zehn Stimmen durchsetzen würde.
- *Regel der absoluten Mehrheit:* Nachdem es keinem Kandidaten gelingen würde, im ersten Wahlgang die absolute Mehrheit zu erreichen, würde sich eine Stichwahl zwischen Deutschland und Südafrika anschließen. Südafrika ginge aus ihr als Sieger hervor.
- *Regel der Mehrheit der Paarvergleiche:* Alle denkbaren Paarvergleiche sind in der folgenden Tabelle wiedergegeben:

Paarvergleiche	Stimmenzahl	Präferierte Alternative
a vs. b	10:14	b
a vs. c	10:14	c
a vs. d	16:8	a
b vs. c	16:8	b
b vs. d	11:13	d
c vs. d	11:13	d

Tab. 3: Denkbare Paarvergleiche

Es kommt zu einer Pattsituation zwischen Marokko und Südafrika. Jede der beiden Alternativen gewinnt zwei Paarvergleiche. Diese Regel verfügt über eine unangenehme Eigenschaft, die sie mit verschiedenen anderen Regeln teilt. Es kann nicht notwendigerweise eine beste Alternative bestimmt werden.
- *Regel der sukzessiven Paarvergleiche:* Vergleicht man zunächst die beiden europäischen Bewerber, so wird England gegenüber Deutschland präferiert. England würde dann ebenfalls einen Paarvergleich gegen Südafrika gewinnen, jedoch letztlich an Marokko scheitern. Ein Problem dieser Regel ist, dass die Ermittlung der besten Alternative von der Reihenfolge der Paarvergleiche abhängt. Beginnt man beispielsweise mit den afrikanischen Bewerbern, gewinnt zunächst Marokko. Ein nachfolgender Vergleich mit England und anschließend Deutschland würde Deutschland als beste Alternative zur Folge haben.
- *Borda-Regel:* Bei Verwendung der Borda-Regel geht nun, im Gegensatz zu den bisherigen Abstimmungsregeln, die Position der jeweiligen Alternative in den einzelnen Präferenzordnungen in die Ermittlung der besten Alternative mit ein. Bei vier Bewerbern vergibt jeder Entscheider an seine Erstpräferenz drei Punkte, an seine Zweitpräferenz zwei Punkte, an die Alternative, welche an dritter Stelle der Präferenzordnung steht, einen Punkt und an den verbleibenden Bewerber null Punkte. Im betrachteten Beispiel würde Deutschland 36 ($10\cdot3+6\cdot1+5\cdot0+3\cdot0$), Südafrika 41 ($10\cdot1+6\cdot3+5\cdot2+3\cdot1$), England 33 ($10\cdot0+6\cdot2+5\cdot3+3\cdot2$) und Marokko 34 ($10\cdot2+6\cdot0+5\cdot1+3\cdot3$) Punkte erhalten. Südafrika wäre somit die gewählte Alternative.
- *Approval Voting:* Es wird bei der Verwendung von Approval Voting zusätzlich angenommen, dass jeder Entscheider den Alternativen zustimmen kann, welche in seiner individuellen Präferenzordnung an erster und zweiter Stelle stehen. England wird mit 14 Stimmen gewählt. Es zeigt sich, dass die Gruppenpräferenz von der Anzahl der Alternativen abhängt, denen die einzelnen Entscheider zustimmen können. Könnte jeder Entscheider beispielsweise den drei ersten Alternativen seiner Präferenzordnung zustimmen, würde Südafrika gewählt werden. Würde jedes

Mitglied des Exekutivkomitees nur seiner Erstpräferenz eine Stimme geben, so resultiert daraus das gleiche Ergebnis wie bei Verwendung der Regel der einfachen Mehrheit.

Wie bereits erwähnt worden ist, sind die verwendeten individuellen Präferenzordnungen hypothetisch. Sie scheinen dennoch nicht komplett abwegig zu sein. Es lässt sich daher vermuten, dass für die tatsächlichen Präferenzordnungen das Gleiche gilt, wie für die hier angenommenen: Die Bestimmung der besten Alternative hängt von der verwendeten Abstimmungsregel ab.

3.3 Das Unmöglichkeitstheorem von Arrow

Über welche Eigenschaften sollte eine Abstimmungsregel verfügen? ARROW (1952, 1963) stellte vier einfache Anforderungen an eine Aggregationsfunktion[7], die wohl jeder als wünschenswert bezeichnen würde. Im einzelnen sind dies:

- *ein uneingeschränkter Definitionsbereich:* Es muss möglich sein, den Aggregationsmechanismus auf alle denkbaren individuellen Präferenzordnungen anzuwenden.
- *die Pareto-Bedingung:* Präferieren alle Entscheider eine Alternative a gegenüber einer Alternative b, so muss auch die Gruppe a gegenüber b präferieren.
- *die Unabhängigkeit von irrelevanten Alternativen:* Die Präferenz der Gruppe zwischen zwei Alternativen darf nur von den individuellen Präferenzen bezüglich dieser Alternativen abhängen. Das zusätzliche Betrachten oder das Weglassen anderer irrelevanter Alternativen darf die Gruppenpräferenz nicht beeinflussen.
- *die Diktatorbedingung:* Es darf kein Gruppenmitglied geben, für das für beliebige Alternativen a und b mit a $\succ$ b folgt, dass auch die gesamte Gruppe a gegenüber b präferiert.

Hiervon ausgehend konnte Arrow zeigen, dass es keine Aggregationsfunktion gibt, die für mehr als zwei Alternativen diesen Anforderungen genügt. Somit verletzt jede der in Abschnitt 3.2 betrachteten Regeln zumindest eine der genannten Bedingungen.

Aus dem Unmöglichkeitstheorem von Arrow folgt, dass es nicht die „beste" Abstimmungsregel gibt, die allgemein anerkannten Anforderungen genügt und allen anderen vorzuziehen ist. Vielmehr ist es notwendig in Abhängigkeit externer Gegebenheiten, wie zum Beispiel der Größe des entscheidenden Gremiums, einen geeigneten Aggregationsmechanismus im Vorfeld zu bestimmen.

Eine solche Festlegung der Abstimmungsregel sollte zu einem Zeitpunkt stattfinden, an dem die individuellen Präferenzordnungen noch nicht bestimmt worden sind. Ansonsten könnten strategische Überlegungen die Wahl des Aggregationsmechanismus beeinflussen. Wäre sich beispielsweise Fraktion 1 darüber im Klaren, dass Deutschland eine polarisierende Alternative ist, also entweder weit vorne oder weit hinten in den individuellen Präferenzordnungen steht, so wird die Fraktion an der Verhinderung einer positionalen Abstimmungsregel interessiert sein. Ein Aggregationsmechanismus wird als positional bezeichnet, wenn nicht nur die beste Alternative der einzelnen Entscheider bei der Aggregation berücksichtigt wird, sondern darüber

---

[7] „Eine Aggregationsfunktion ist ... eine mathematische Funktion, die jeder möglichen Kombination individueller Präferenzen genau eine kollektive Präferenz zuordnet" (EISENFÜHR /WEBER 1999, Seite 341).

hinaus auch die Anordnung der Alternativen innerhalb der einzelnen individuellen Präferenzordnungen in die Bildung der Gruppenpräferenz mit eingeht. Zu dieser Klasse von Abstimmungsregeln zählt beispielsweise die Borda-Regel.

In dem folgenden Abschnitt werden Kriterien diskutiert, anhand derer Abstimmungsregeln bewertet werden können. Die Verwendung dieser Kriterien kann die anfängliche Festlegung eines Aggregationsmechanismus unterstützen.

3.4 Kriterien zur Beurteilung von Abstimmungsregeln

In manchen Situationen kann es notwendig sein, nicht nur die beste Alternative einer Gruppe zu bestimmen, sondern zusätzlich eine vollständige und transitive Gruppenpräferenz zu erzeugen. In unserem Fall ist dies nicht notwendig. Dennoch kann man sich anhand des Beispiels klar machen, dass nicht jede Abstimmungsregel in der Lage ist, aus vollständigen und transitiven Individualpräferenzen eine Gruppenpräferenz zu erzeugen, die über die gleichen Eigenschaften verfügt.

Wie bereits in Abschnitt 3.2 erwähnt worden ist, hängt beispielsweise bei Verwendung der Regel der sukzessiven Paarvergleiche die Gruppenpräferenz von der Reihenfolge der Paarvergleiche ab. Darüber hinaus ist Tabelle 3 zu entnehmen, dass bei Verwendung von Paarvergleichen Deutschland gegenüber Marokko, Marokko gegenüber Südafrika und Südafrika gegenüber Deutschland präferiert wird. Die Verwendung dieser Regel führt somit zu einer intransitiven Gruppenpräferenz. Dieses Ergebnis wird als Condorcet-Paradoxon bezeichnet.

Ein weiteres Kriterium ist, dass bei einer Abstimmungsregel niemals ein Condorcet-Verlierer gewählt beziehungsweise ein Condorcet-Gewinner nicht gewählt werden sollte. Als Condorcet-Verlierer wird dabei eine Alternative bezeichnet, die alle möglichen Paarvergleiche mit anderen Alternativen verliert. Ein Condorcet-Gewinner gewinnt alle möglichen Vergleiche.

Dieses intuitiv einsichtige Kriterium wird bei Verwendung der Regel der einfachen Mehrheit und den individuellen Präferenzen, welche in Tabelle 4 festgehalten sind, verletzt. Deutschland wird als beste Alternative gewählt, obwohl es sich hierbei um einen Condorcet-Verlierer handelt.

| Fraktion 1 | Fraktion 2 | Fraktion 3 | Fraktion 4 |
10 Personen	6 Personen	5 Personen	3 Personen
Deutschland [a]	Südafrika [b]	England [c]	Marokko [d]
Marokko [d]	England [c]	Südafrika [b]	England [c]
Südafrika [b]	Marokko [d]	Marokko [d]	Südafrika [b]
England [c]	Deutschland [a]	Deutschland [a]	Deutschland [a]

Tab. 4: Hypothetische Präferenzstruktur

In Tabelle 4 ist lediglich die Präferenz der Fraktion 2 bezüglich Deutschland und Marokko vertauscht worden. In dem originären Beispiel, also bei Verwendung der Präferenzstrukturen aus Tabelle 2, ist die zuletzt beschriebene Anforderung für jede Abstimmungsregel erfüllt. Die einfache Ursache hierfür ist, dass es in dem Fall weder einen Condorcet-Gewinner noch einen Condorcet-Verlierer gibt.

Eines der wichtigsten Kriterien zur Beurteilung von Abstimmungsregeln ist die Anfälligkeit gegenüber strategischem Verhalten. Die naheliegendste Form von strategischem Verhalten ist in unserem Beispiel die Durchsetzung der Zweitpräferenz einer Fraktion, nachdem diese erkannt hat, dass ihre Erstpräferenz nicht durchsetzbar ist. Hierzu müssen die Mitglieder der manipulierenden Fraktion Informationen über die Präferenzen der anderen Gruppenmitglieder besitzen. Zwei Beispiele sollen mögliches strategisches Verhalten illustrieren.

Wie bereits dargestellt wurde, führt die Verwendung der Hare-Regel zu England als beste Alternative. Wäre Fraktion 1 über die Präferenzen der anderen Entscheidungsträger informiert, könnten sie Marokko als Austragungsort durchsetzen, eine Alternative, die von Fraktion 1 gegenüber England präferiert wird. Dies kann durch die Angabe falscher Präferenzen erfolgen, in dem Fraktion 1 bereits zu Beginn der Abstimmung für Marokko votiert.

Ein weiteres Beispiel kann bei Verwendung der Regel der absoluten Mehrheit konstruiert werden. Bei Angabe wahrer Präferenzen würde Südafrika gewählt werden. Fraktion 4 ist jedoch bei entsprechenden Informationen in der Lage, England als Austragungsort durchzusetzen, in dem sie bereits im ersten Wahlgang für das Mutterland des Fußballs stimmt.

Die hier vorgestellte Liste von Beurteilungskriterien ist keinesfalls erschöpfend. Es lassen sich weitere Kriterien finden. Da es keine grundsätzlich überlegene Abstimmungsregel gibt, kann an dieser Stelle nur wiederholt werden, dass die jeweiligen Regeln immer vor dem Hintergrund der exogenen Gegebenheiten bewertet werden sollten. Strategisches Verhalten wird beispielsweise in unübersichtlich großen Gruppen nur eine untergeordnete Rolle spielen.

Das 24köpfige Exekutivkomitee hingegen kann als überschaubares Gremium bezeichnet werden. Inwieweit die Hare-Regel gegenüber strategischem Verhalten anfällig ist, ist somit für die Auswahl des Aggregationsmechanismus durchaus relevant. In Abschnitt 3.1 ist bereits darauf hingewiesen worden, dass die Stimmenbewegungen im Verlauf der Abstimmung sich nicht rational rekonstruieren lassen, wenn nur die beobachtbaren Stimmenbewegungen interpretiert werden. Strategisches Verhalten verschiedener Mitglieder des Exekutivkomitees könnte eine mögliche Ursache hierfür sein.

4. Übungsaufgabe

Die nachfolgende Aufgabe gibt Ihnen die Möglichkeit, weitere Erkenntnisse über die Aggregation individueller Präferenzen zu gewinnen. Mit Hilfe eines einfachen Zufallsgenerators wurde eine hypothetische Struktur von individuellen Präferenzen erzeugt. Tabelle 5 fasst das Ergebnis zusammen.

| Fraktion 1 | Fraktion 2 | Fraktion 3 | Fraktion 4 |
5 Personen	8 Personen	8 Personen	3 Personen
England [c]	Südafrika [b]	Deutschland [a]	Südafrika [b]
Deutschland [a]	England [c]	England [c]	Marokko [d]
Marokko [d]	Deutschland [a]	Südafrika [b]	Deutschland [a]
Südafrika [b]	Marokko [d]	Marokko [d]	England [c]

Tab. 5: Hypothetische Präferenzstruktur

Die Fragen a) bis e) beziehen sich auf Abschnitt 3.

a) Bestimmen Sie für jede der hier genannten Abstimmungsregeln die beste Alternative!
b) Angenommen es würde zu einer Abstimmung über den zu verwendenden Aggregationsmechanismus kommen. Welche Abstimmungsregel wäre die Erstpräferenz von Fraktion 4?
c) Gibt es einen Condorcet-Gewinner? Wenn ja, bei welchen Aggregationsmechanismen wird dieser nicht gewählt?
d) Gibt es einen Condorcet-Verlierer? Wenn ja, bei welchen Aggregationsmechanismen wird dieser gewählt?
e) Nehmen Sie an, dass Fraktion 3 über die Präferenzen aller Entscheider informiert ist. Die anderen Mitglieder des Exekutivkomitees verfügen jedoch nicht über diese Informationen und werden aufrichtig abstimmen. Die verwendete Abstimmungsregel sei die Borda-Regel. Können die Mitglieder der Fraktion 3 das Abstimmungsergebnis durch strategisches Verhalten zu ihren Gunsten beeinflussen?

Auf der Webpage zum Fallstudienbuch finden sich Lösungshinweise zu dieser Aufgabe.

5. Abschließende Bemerkungen

Die Zielstrukturierung ist ein wichtiger Bestandteil des präskriptiven Prozesses zur Entscheidungsfindung. Das hier vorgestellte Vorgehen zur Generierung eines Zielsystems sollte einen möglichen Ablauf dieses mitunter schwierigen Unterfangens aufzeigen.

Bezüglich der Aggregation individueller Präferenzen ist insbesondere festzuhalten, dass die Gruppenpräferenz von der verwendeten Abstimmungsregel abhängt und bei entsprechender Informationslage mit strategischem Abstimmungsverhalten gerechnet werden muss. Jeder Mensch beteiligt sich an Gruppenentscheidungen. An die hier dargestellten Ergebnisse sollten Sie sich erinnern, wenn Sie das nächste Mal mit anderen Personen zusammen eine Entscheidung treffen. Nicht nur hier zeigt sich der Praxisbezug der präskriptiven Entscheidungstheorie.

FALLSTUDIE J

MARKUS GLASER

Behavioral Financial Engineering: Entwicklung von Finanzinnovationen unter Berücksichtigung deskriptiver Entscheidungstheorien

Stichwörter: Präskriptive vs. deskriptive Entscheidungstheorie – Erwartungsnutzentheorie – Prospekt-Theorie – Wertfunktion – Wahrscheinlichkeitsgewichtungsfunktion – Parameterbestimmung – Framing-Effekte – Mental Accounting – Behavioral Finance

1. Einleitung und Problemstellung

In den letzten Jahren konnte eine zunehmende Verbreitung strukturierter Finanzprodukte beobachtet werden. Ein strukturiertes Finanzprodukt entsteht, wenn verschiedene Basisfinanzprodukte, wie z.B. Aktien, Anleihen oder Optionen, miteinander verknüpft werden. Eine solche Finanzinnovation unterscheidet sich damit z.B. in den resultierenden Zahlungsströmen von den Basisfinanzprodukten.

Ein Beispiel für ein strukturiertes Finanzprodukt stellt die Gruppe der Discount-Zertifikate dar. Bei diesem Zertifikat erwirbt der Anleger nicht die Aktie eines Unternehmens selbst, sondern ein Finanzprodukt, dessen mögliche Auszahlungen zu einem bestimmten, vorher festgelegten späteren Zeitpunkt an den Kurs der Aktie gekoppelt sind. Kauft ein Investor ein Discount-Zertifikat mit einjähriger Laufzeit auf die Aktie eines Unternehmens A, so erhält er in einem Jahr den Wert des Aktienkurses als Auszahlung, maximal jedoch eine vorher festgelegte Obergrenze. Liegt der Aktienkurs des Unternehmens A in einem Jahr oberhalb dieser Grenze, profitiert der Anleger nicht von dem höheren Kurs, da die maximal mögliche Auszahlung des Zertifikates nach oben beschränkt und damit unattraktiver als die Aktie ist. Damit Investoren ein solches Produkt überhaupt nachfragen, muss es an anderer Stelle attraktiver als die Aktie sein. Dies wird erreicht, indem der Anleger für das Zertifikat nicht den heutigen Kurswert der Aktie des Unternehmens A bezahlen muss, sondern nur den um einen Abschlag („Discount") verringerten Preis.

Dies ist nur ein Beispiel aus der Fülle der angebotenen strukturierten Finanzprodukte. Insbesondere in der jüngsten Vergangenheit wird der Markt mit neuen Finanzprodukten förmlich überschwemmt. Häufig wird diese Entwicklung erklärt durch

- die immer individueller werdenden Bedürfnisse der Anleger, die speziell auf sie zugeschnittene Finanzprodukte erfordern,
- die hohen Gewinnmargen, welche die Bankhäuser mit strukturierten Finanzprodukten erwirtschaften können, sowie
- die Möglichkeit der Bankhäuser, durch das Anbieten komplexer, strukturierter Finanzprodukte Kompetenz zu signalisieren.

Für die Entwicklung dieser Finanzprodukte gibt es in den Bankhäusern spezielle Abteilungen, die für Produktentwicklung bzw. Financial Engineering zuständig sind. Als wichtigster Erfolgsfaktor bei der Entwicklung der Finanzprodukte gilt die Akzeptanz beim Kunden. Häufig führen sogar Vorschläge von Kunden zu einer neuen Produktidee.

Bei der Produktentwicklung wird außerdem das Risiko der Bank analysiert, welches durch die Emission des Finanzproduktes entsteht. Zudem muss geklärt werden, ob das Produkt auch unter Berücksichtigung steuerlicher Aspekte für den Kunden interessant ist. Es wird untersucht, welchen Preis das Bankhaus für das strukturierte Produkt am Markt durchsetzen kann, so dass die Entwicklungskosten gedeckt und Gewinne erzielt werden können.

Diese Fallstudie befasst sich mit der gezielten Entwicklung eines Finanzproduktes für eine bestimmte Kundengruppe des Bankhauses Cogni-Invest. In den Entwicklungsprozess fließen dabei die Wünsche der Kunden ein, die mit Hilfe einer Befragung ermittelt werden. Es wird erläutert, wie Erkenntnisse der deskriptiven Entscheidungstheorie und der verhaltenswissenschaftlichen Finanzmarktforschung („Behavioral Finance") den Produktentwicklungsprozess bereichern und verbessern können. Ausführlich diskutiert wird dabei, wie Erkenntnisse über das Anlageverhalten und die Risikoeinstellung der Kunden mittels Befragung gewonnen werden können. Außerdem wird der Unterschied zwischen präskriptiven („rationalen") und deskriptiv korrekten Entscheidungstheorien und deren jeweilige Implikationen für das angesprochene Entscheidungsproblem diskutiert und erläutert.

2. Das Bankhaus Cogni-Invest

Die Entwicklung eines neuen Finanzproduktes wird dargestellt anhand des Produktentwicklungsprozesses des Bankhauses Cogni-Invest, das eine lange Tradition als Emittent von strukturierten Finanzprodukten hat.

Für eine relative kleine Gruppe langjähriger Kunden soll ein strukturiertes Finanzprodukt entworfen werden. Hierfür wurden vor einiger Zeit zwei Projektteams gebildet, die Informationen über die Wünsche der Kunden gewinnen und Vorschläge für Finanzprodukte ausarbeiten sollten. Ein Team setzt sich aus Mitarbeitern der Abteilung „Rationales Entscheiden" zusammen, das andere Team aus Mitarbeitern der „Behavioral Finance"-Abteilung von Cogni-Invest.

Beim heutigen Meeting werden die Ergebnisse der jeweiligen Projektteams gemeinsam diskutiert. Zuerst legt der Leiter des Teams „Rationales Entscheiden", Eugen Eumax, seine Ergebnisse den versammelten Mitarbeitern dar, danach trägt die Leiterin des Teams „Behavioral Finance", Anke Anker, ihre Erkenntnisse vor.

3. Die Aktie der Cancer-Fight-Bio-Tech AG

Eugen Eumax hat ermittelt, dass die Anleger der Zielkundengruppe großes Interesse am Wachstumsmarkt Biotechnologie haben. Besondere Beachtung in der Zielkundengruppe findet das Unternehmen Cancer-Fight-Bio-Tech (CFBT) AG, welches in einem Jahr ein vielversprechendes Krebsmedikament auf den Markt bringen wird. Ein strukturiertes Finanzprodukt sollte deshalb an diese Aktie gekoppelt werden. Bei einem Erfolg wird sich der Kurs der Aktie von heute 20 Geldeinheiten (ab sofort GE) voraussichtlich etwa verdoppeln. Misslingt allerdings die Einführung des Medikaments, könnte der Aktienkurs auf die Hälfte einbrechen. Experten rechnen im Moment mit einer Erfolgswahrscheinlichkeit von 70 % (siehe Abb. 1).

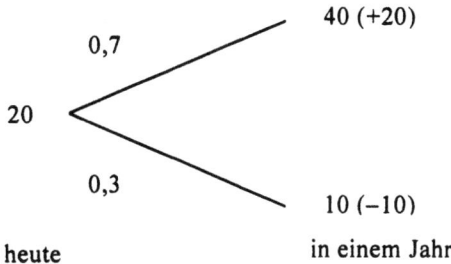

Abb. 1: Der Aktienkursverlauf der CFBT-Aktie

4. Ergebnisse des Projektteams „Rationales Entscheiden"

4.1 Die Kunden als Erwartungsnutzenmaximierer

Eugen Eumax von der Abteilung „Rationales Entscheiden" nimmt an, dass die Kunden Erwartungsnutzenmaximierer sind. Falls die Präferenz eines Entscheiders bezüglich riskanter Alternativen die Axiome vollständige Ordnung, Stetigkeit und Unabhängigkeit erfüllt, so existiert eine als Nutzenfunktion bezeichnete Funktion u, deren Erwartungswert die Präferenz der Anleger abbildet. Die der Aktie und den im Folgenden betrachteten, strukturierten Finanzprodukten zugrundeliegenden Zahlungsströme werden von Eugen Eumax vereinfacht als Lotterien dargestellt. Eine Lotterie a wird genau dann einer Lotterie b vorgezogen, wenn gilt:

$$EU(a) = \sum_{i=1}^{n} p_i \cdot u(a_i) > \sum_{j=1}^{m} p'_j \cdot u(b_j) = EU(b),$$

wobei a_i, b_j die möglichen Konsequenzen der Lotterien a,b und p_i, p'_j die zugehörigen Wahrscheinlichkeiten bezeichnen.

Außerdem ist, so Herr Eumax, zu beachten, dass die Anleger bei der Bestimmung ihres Nutzens beim Eintreten der möglichen Konsequenzen jeweils ihr Gesamtvermögen betrachten. Eugen Eumax argumentiert, dass er aus Vereinfachungsgründen die Alternativenmenge aus der Perspektive des Anlegers einschränkt auf die beiden Alternativen „Kaufen einer Aktie" oder „Kaufen einer Einheit des strukturierten Finanzproduktes". Als Marktzinssatz nimmt er aufgrund der herrschenden Niedrigzinsphase r=0 an. Als Ausgangsvermögen der Anleger der relevanten Kundengruppe bringt er ca. 100 GE in Erfahrung. Da Studien ermittelt haben, dass der durchschnittliche Anleger abnehmende absolute und konstante relative Risikoaversion besitzt, wird von Eugen Eumax eine logarithmische Funktion als Nutzenfunktion der Entscheider angenommen:

$$u(x) = \ln(x).$$

Diese Nutzenfunktion besitzt, wie leicht nachzurechnen ist, abnehmende absolute Risikoaversion r(x),

$$r(x) = -\frac{u''(x)}{u'(x)} = \frac{1}{x},$$

sowie konstante relative Risikoaversion r*(x),

$$r^*(x) = -\frac{u''(x)}{u'(x)} \cdot x = 1.$$

4.2 Vergleich von Aktie und Discount-Zertifikat aus der Perspektive des Erwartungsnutzenmaximierers

Die Aktie stellt sich damit für einen Endvermögensbetrachter als folgende Lotterie dar:

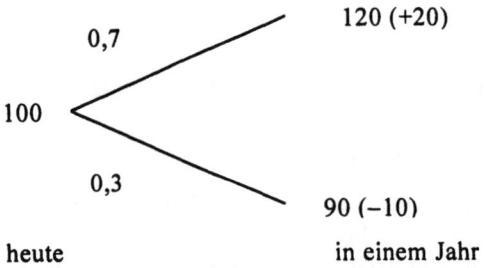

Abb. 2: Die Aktie als Lotterie aus der Perspektive eines Endvermögensbetrachters

Ein Erwartungsnutzenmaximierer bewertet diese Lotterie unter der Annahme der oben dargestellten logarithmischen Nutzenfunktion sowie eines Ausgangsvermögens von 100 GE wie folgt:

$$EU(Aktie) = 0{,}7 \cdot \ln(120) + 0{,}3 \cdot \ln(90) = 4{,}701.$$

Eugen Eumax untersucht danach die Gruppe der Discount-Zertifikate aus der Perspektive eines Erwartungsnutzenmaximierers. Bei einem Discount-Zertifikat erhalten die Kunden die Möglichkeit, die Aktie zu einem Preis zu erwerben, der um einen Abschlag („Discount") unterhalb des aktuellen Börsenkurses der Aktie liegt. Herr Eumax schlägt einen Discount von 1,67 GE auf den aktuellen Kurs der CFBT-Aktie von 20 GE und damit einen Preis des Discount-Zertifikates von 18,33 GE vor. Um diesen Discount finanzieren zu können, müssen die Anleger allerdings eine Kursobergrenze von 35 GE hinnehmen. Eugen Eumax ermittelt die Differenz von 5 GE zwischen maximal möglicher Kurssteigerung der Aktie (40 GE) sowie Kursobergrenze des Discount-Zertifikates (35 GE) mit Hilfe von Berechnungen, die auf der Optionspreistheorie basieren. So wird ein Discount von 1,67 GE genau durch die Differenz von 5 GE gegenfinanziert.

Steigt also der Kurs der dem Discount-Zertifikat zugrundeliegenden Aktie von zur Zeit 20 GE auf 40 GE in einem Jahr, so erhält der Anleger trotzdem nur eine Auszahlung von 35 GE.

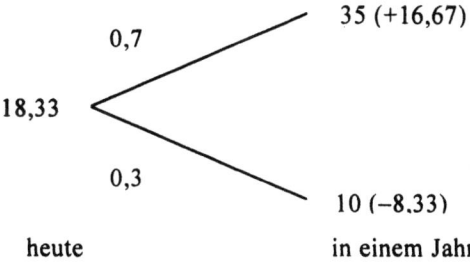

Abb. 3: Discount-Zertifikat

Für einen Gesamt- oder Endvermögensbetrachter stellt sich das Discount-Zertifikat daher als die folgende Lotterie dar:

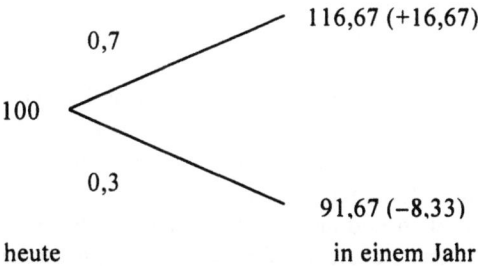

Abb. 4: Das Discount-Zertifikat als Lotterie aus der Perspektive eines Endvermögensbetrachters

Ein Erwartungsnutzenmaximierer bewertet diese Lotterie wie folgt:

$$EU(\text{Discount-Zertifikat}) = 0{,}7 \cdot \ln(116{,}67) + 0{,}3 \cdot \ln(91{,}67) = 4{,}687$$

Eugen Eumax schlussfolgert, dass die Aktie für sich genommen schon sehr attraktiv ist und deshalb einen höheren Erwartungsnutzen liefert als das Discount-Zertifikat. Die Aktie ist auch attraktiver als die Alternative „keine Investition tätigen" bzw. „Anlegen der 100 GE zum Marktzinssatz von r = 0", da gilt:

$$EU(\text{keine Investition tätigen}) = \ln(100) = 4{,}605 < EU(\text{Aktie}).$$

Es werde, so Herr Eumax, sehr schwierig, ein Finanzprodukt basierend auf der Aktie der CFBT AG zu konstruieren. Ein höherer Discount, welcher das Zertifikat für die Anleger interessanter macht, ist bei einer Obergrenze von 35 GE nicht zu finanzieren.

5. Ergebnisse des Projektteams „Behavioral Finance"

5.1 Deskriptive Entscheidungstheorie und Behavioral Finance

Die Leiterin des Projektteams „Behavioral Finance" gibt Eugen Eumax Recht, dass jeder Anleger die vom Projektteam „Rationales Entscheiden" durchgeführten Überlegungen anstellen sollte, um zu einer rationalen Entscheidung zu kommen. Anke Anker bezweifelt allerdings die aus der Analyse von Eugen Eumax abgeleitete Aussage, dass es schwierig werde, ein Finanzprodukt basierend auf der Aktie der CFBT AG zu konstruieren. Kunden verhalten sich häufig nicht so, wie es präskriptiv wünschenswert ist. Die Erwartungsnutzentheorie ist, so Frau Anker, entwickelt worden, um rationale Entscheidungen fundiert fällen zu können. Die Erwartungsnutzentheorie erhebt dabei nicht den Anspruch, das tatsächliche Verhalten der Investoren korrekt abzubilden.

Entscheider weichen vielmehr von der Erwartungsnutzentheorie häufig systematisch ab. Um ein Finanzprodukt konstruieren zu können, ist es daher weniger hilfreich zu analysieren, wie sich Anleger verhalten sollten, wenn sie die Auswahl zwischen verschiedenen Finanzprodukten haben. Vielmehr sollte das tatsächliche Verhalten der Kunden möglichst genau abgebildet werden, denn dieses tatsächliche Verhalten der Anleger bestimmt, so Anke Anker, letztendlich, welches Finanzprodukt von den Investoren nachgefragt wird. Anke Anker verdeutlicht, dass für Zwecke, bei denen das tatsächliche Entscheidungsverhalten berücksichtigt werden soll, die Erwartungsnutzentheorie weniger geeignet ist als deskriptive Entscheidungstheorien.

Anke Anker schlägt deshalb vor, die Erkenntnisse des „Behavioral Finance", einer verhaltenswissenschaftlichen Finanzmarktforschung, in den Produktentwicklungsprozess mit einfließen zu lassen. Behavioral Finance macht sich Erkenntnisse der deskriptiven Entscheidungstheorie, der Verhaltenswissenschaften und der Psychologie zunutze, um damit das Anlegerverhalten und andere Phänomene in den Finanz- und Kapitalmärkten zu erklären und wissenschaftlich fundiert zu prognostizieren. Die Behavioral-Finance-Theorie versteht sich dabei als Teilbereich der Finanztheorie. Sie geht von einem begrenzt rationalen Verhalten mit in der Psychologie der Finanzmarktteilnehmer bedingten systematischen Verhaltensbesonderheiten aus.

5.2 Gewinnung von vorläufigen Erkenntnissen über das Entscheidungsverhalten der Kunden mittels Befragung

Anke Anker stellt nach ihren einleitenden Worten, welche die Motivation der Verwendung der deskriptiven Entscheidungstheorie für das vorliegende Entscheidungsproblem erläutert haben, den Fragebogen dar (siehe Ende der Fallstudie), mit dessen Hilfe sie Informationen über das tatsächliche Entscheidungsverhalten der Kunden zu ermitteln versuchte. Zuerst erläutert sie den anwesenden Kollegen wichtige Konzepte wie referenzpunktabhängiges Entscheiden, Verlustaversion, das Bilden mentaler Konten sowie Framing-Effekte. Diese Abweichungen vom rationalen Verhalten hat die deskriptive Entscheidungstheorie in vielen Experimenten und empirischen Studien zu Tage gefördert. Diese Ergebnisse nahm Frau Anker zum Anlass, mit Hilfe der Befragung zu untersuchen, ob auch die Zielkundengruppe diesen Phänomenen unterliegt. Anke Anker weist ihre Kollegen darauf hin, dass diese Verhaltensweisen der Kunden beim Produktdesign ausgenutzt werden könnten.

Referenzpunktabhängiges Entscheiden steht der Endvermögensbetrachtung eines Erwartungsnutzenmaximierers entgegen. Investoren beurteilen beispielsweise bei ihrer Aktienanlage selten ihr gesamtes Vermögen, sondern eher Gewinne und Verluste bezüglich eines vorher wahrgenommenen Referenzpunktes. Häufig ist der Kaufkurs der Referenzpunkt, der von den Anlegern wahrgenommen wird.

Unter Verlustaversion versteht man die Tatsache, dass Verluste den Menschen stärker schmerzen, als sie Gewinne gleichen Betrages freuen.

Framing-Effekte treten auf, wenn Menschen unterschiedliche Entscheidungen bei verschiedenen Formulierungsmöglichkeiten für dasselbe Problem treffen. So kann beispielsweise ein Gewinn von 10 GE auch als Gewinn von 20 GE bei gleichzeitigem Verlust von 10 GE dargestellt werden und umgekehrt. Die beiden Situationen werden von Anlegern allerdings häufig verschieden wahrgenommen und bewertet.

Individuen tendieren darüber hinaus zur Bildung mentaler Konten, in die sie verschiedene Vermögenspositionen einordnen. Als Beispiel betrachte man ein Finanzprodukt, welches in einem Jahr eine Barauszahlung von 20 GE garantiert. Dieses Finanzprodukt wird von den Anlegern häufig anders wahrgenommen und bewertet als ein zweites Finanzprodukt, welches in einem Jahr eine Barauszahlung von 10 GE sowie einen Kapitalertrag von 10 GE garantiert. Individuen führen nicht selten verschiedene mentale Konten wie z.B. „Barausschüttungen, Zinszahlungen und Dividenden" zum einen sowie „Kapitalerträge" zum anderen. Häufig sind auch mentale Konten wie z.B. „Altersvorsorge" oder „spekulative Anlage" anzutreffen. Dabei optimieren die Individuen ihre Entscheidungen jeweils nur innerhalb der jeweiligen mentalen Konten und vernachlässigen oftmals Wechselwirkungen zwischen den Positionen in den verschiedenen Konten. Die Anleger verstoßen damit gegen die normativ wünschenswerte Gesamtvermögensbetrachtung und treffen dadurch häufig suboptimale Entscheidungen.

Anke Anker entwickelte einen Fragenkatalog, um die Anleger gezielt nach den genannten Elementen des individuellen Entscheidungsverhaltens zu befragen. Die einzelnen Fragen werden in der Besprechung von Anke Anker einzeln diskutiert.

Die Kunden sollen bei den folgenden Aussagen mittels einer Skala von 1 bis 9 angeben, ob sie mit der jeweiligen Aussage gar nicht (1) bis voll (9) übereinstimmen.

- *Ich weiß auch noch nach langer Zeit, zu welchen Kursen ich meine Aktien gekauft habe.*

Stimmen die Kunden dieser Aussage zu, deutet dies auf referenzpunktabhängiges Entscheiden hin. Die Anleger scheinen den Kaufkurs einer Aktie als Referenzpunkt wahrzunehmen.

- *Ich ärgere mich über 2000 Euro Verlust mehr, als ich mich über einen Gewinn von 2000 Euro freue.*

Stimmen die Anleger dieser Aussage zu, deutet dies auf Verlustaversion hin.

- *Bei meiner Kapitalanlage führe ich verschiedene Konten, wie z.B. „sichere Anlage" und „spekulative Anlage".*

Mit dieser Aussage kann untersucht werden, ob die Anleger der Bildung mentaler Konten unterliegen.

- *Zwei Gewinne von je 1000 Euro sind mir lieber als ein Gewinn von 2000 Euro.*

Stimmen die Investoren dieser Aussage zu, spricht dies für das Vorliegen von Framing-Effekten.

- *Zinsen und Dividenden gebe ich meistens zum Einkauf von Konsumgütern aus. Meinen Kapitalzuwachs auf Sparbüchern, Konten oder in meinem Aktiendepot kann ich allerdings nicht guten Gewissens ausgeben. Kapitalerträge sind für die langfristige Anlage gedacht.*

Trifft diese Aussage für die Kunden zu, so bilden die Anleger mentale Konten. Insbesondere wird zwischen „Barausschüttungen" und „Kapitalerträgen" unterschieden.

Die Ergebnisse der Befragung der Kunden hatten Frau Anker in ihrem Glauben bestärkt, dass das Verhalten der Anleger systematische Abweichungen von der Erwartungsnutzentheorie zeigt und dass damit die Verwendung eines deskriptiven Entscheidungsmodells zur Beschreibung des Verhaltens der Kunden gerechtfertigt ist. Frau Anker hat sich für die gängigste deskriptive Alternative zur Erwartungsnutzentheorie entschieden: die Prospekt-Theorie.

5.3 Prospekt-Theorie als Alternative zur Erwartungsnutzentheorie

Die Kumulative Prospekt-Theorie sowie ihre Vorgängerin, die Prospekt-Theorie, werden, so Anke Anker, heute als wichtigste deskriptive Präferenztheorien angesehen. Wesentliche Elemente dieser Theorien sind die

- Editing-Phase, in der alle Maßnahmen zusammengefasst sind, die ein Entscheider durchführt, bevor er eine Lotterie bewertet. Hierzu zählt insbesondere das Setzen oder Wahrnehmen eines Referenzpunktes bezüglich dessen die Konsequenzen der riskanten Alternativen bewertet werden (EISENFÜHR/WEBER 1999, S. 376ff.).

- Form der Wertfunktion v(x), die nicht mehr den Nutzen einer Endvermögensgröße angibt, sondern die Bewertung der Konsequenzen relativ zu dem wahrgenommenen Referenzpunkt.

- Wahrscheinlichkeitsgewichtungsfunktion π(p), die Wahrscheinlichkeiten transformiert und damit angibt, welches Gewicht ein Entscheider einer bestimmten Wahrscheinlichkeit p zuordnet.

Der erwartete Nutzen der Prospekt-Theorie (im Folgenden PT-Wert) für eine Alternative a ist definiert als

$$PT(a) = \pi(p_1) \cdot v(a_1) + \pi(p_2) \cdot v(a_2).$$

Ein großer Nachteil der Prospekt-Theorie, welcher unter anderem die Entwicklung der Kumulativen Prospekt-Theorie forciert hat, besteht in der Tatsache, dass sie nur in der Lage ist, das Entscheidungsverhalten bezüglich zwei bzw. drei Konsequenzen abzubilden. Frau Anker argumentiert, dass dieser Nachteil in diesem Entscheidungsproblem allerdings nicht von Bedeutung sei, da jeweils nur zwei Konsequenzen auftreten. Deshalb greift sie auf die ursprüngliche Form der Prospekt-Theorie zurück. Als parametrische Formen verwendet sie trotzdem die Funktionen, die erst in der späteren

Version der Prospekt-Theorie, also der Kumulativen Prospekt-Theorie, üblich sind. Der Hauptgrund für diese Entscheidung lag für Frau Anker in der Unstetigkeit der Wahrscheinlichkeitsgewichtungsfunktion der ursprünglichen Version der Prospekt-Theorie, die ihre Parameterbestimmung erschwert hätte.

5.4 Bestimmung der Wertfunktion

Zur Bestimmung der Wertfunktion der Prospekt-Theorie entscheidet sich Frau Anker für die Gamble Method von CURRIM/SARIN (1989), da diese Methode einfach und intuitiv nachvollziehbar ist und sich daher für die Präsentation vor den Kollegen besonders gut eignet.

Anke Anker nimmt folgende allgemeine parametrische Funktion für v(x) an, die sich in vielen empirischen Studien als besonders geeignete funktionale Form erwiesen hat:

$$v(x) = x^\beta \text{ für } x \geq 0,$$
$$v(x) = -\alpha(-x)^\lambda \text{ für } x < 0,$$

wobei üblicherweise $\alpha > 1$ und $\beta, \lambda \in]0,1[$ gilt.

In einem ersten Schritt ermittelt sie die Wertfunktion im Gewinnbereich. Einem Kunden werden folgende Lotterien vorgelegt: (x, 0,5; y, 0,5) und (z, 0,5; 0, 0,5), mit x, y > 0.

Ein Beispiel stellt dieser Lotterievergleich dar (weitere Lotterievergleiche sind im Fragebogen am Ende dieser Fallstudie zu finden):

Abb. 5: Beispiel für einen Lotterievergleich zur Bestimmung der Wertfunktion

Frau Anker verwendet die Wahrscheinlichkeit p=0,5 und nicht etwa p=0,4 und p=0,6, damit Wahrscheinlichkeit und Gegenwahrscheinlichkeit gleich sind. Anleger nehmen Wahrscheinlichkeiten verzerrt wahr (siehe Wahrscheinlichkeitsgewichtungsfunktion). Da die Wahrscheinlichkeitsgewichtungsfunktion zu diesem Zeitpunkt aber noch nicht bestimmt ist, wird die Wahrscheinlichkeit p=0,5 verwendet, so dass Wahrscheinlichkeit und Gegenwahrscheinlichkeit gleich verzerrt werden. Diese verzerrt wahrgenommenen Wahrscheinlichkeiten müssen daher bei der Bestimmung der Wertfunktion nicht berücksichtigen werden (siehe weiter unten). Der Befragungsteilnehmer wird dann gebeten, z so zu bestimmen, dass er indifferent zwischen den beiden Alternativen ist.

Angenommen, der Kunde sei indifferent bei $z = \hat{z}$. Dann folgt aus der Prospekt-Theorie und wegen v(0)=0:

$$\pi(0,5) \cdot v(x) + \pi(0,5) \cdot v(y) = \pi(0,5) \cdot v(\hat{z}) + \pi(0,5) \cdot v(0) \Leftrightarrow v(x) + v(y) = v(\hat{z}).$$

An die Datenpunkte wird die parametrische Funktion $v_\beta(x) = x^\beta$ durch Minimierung der absoluten Abstände zwischen den im Fragebogen ermittelten und durch obige Funktion vorhergesagten Daten angepasst. Frau Anker gibt für diese Vorgehensweise die folgende Intuition. Da für die Wertfunktion eine einfache funktionale Form angenommen wird, ist nicht zu erwarten, dass die exakte Wertfunktion der Anleger ermittelt werden kann. Nichtsdestotrotz ist die Zielsetzung, die gegebene parametrische Form durch geeignete Wahl des Parameters möglichst exakt an die im Fragebogen ermittelten Daten anzupassen. Man gibt sich daher mögliche Werte für β vor und berechnet für jeden Parameterwert die Summe der Abstände zwischen den von der parametrischen Form vorhergesagten Daten und den im Fragebogen tatsächlich ermittelten Daten. Würde die Wertfunktion der Anleger exakt durch die angenommene funktionale Form beschrieben, so ist die Summe der absoluten Abstände beim optimalen Parameterwert gerade Null. Davon ist aber, wie schon gesagt, nicht auszugehen. Es wird also für ein gegebenes β die Summe $\Sigma_q |\theta_q|$ berechnet, wobei der Index q für die verschiedenen Fragen steht. θ_q wird berechnet durch

$$\theta_q = v_\beta(x_q) + v_\beta(y_q) - v_\beta(\hat{z}_q) = x_q^\beta + y_q^\beta - \hat{z}_q^\beta .$$

Die Summe wird berechnet für β=0,1, 0,2, 0,3, ... 0,9. Der Wert für β, bei dem die Summe minimal ist, ist der gesuchte, optimale Parameterwert.

Beispiel: Bestimmung des Parameters β anhand der Antworten eines Kunden

Der Kunde hat folgende Angaben für $\hat{z}$ gemacht (x und y sind die entsprechenden Werte der jeweiligen im Fragebogen (siehe am Ende der Fallstudie) aufgeführten weiteren Lotterien):

x	y	$\hat{z}$
1	10	15
5	10	30
10	30	60
5	45	65

Tab. 1: Antworten eines Kunden

Damit ergibt sich für die Summe der absoluten Abweichungen in Abhängigkeit des Parameters β:

β	0,1	0,2	0,3	0,4	0,5	0,6	0,7	0,8	0,9
$\sum_{q=1}^{4} |\theta_q|$	4,2542	4,36402	4,19291	3,51883	2,14372	1,40038	6,23476	15,1948	30,0041

Tab. 2: Berechung der absoluten Abstände für verschiedene Parameterwerte

Der erste Wert berechnet sich beispielsweise durch:

$$\left|1^{0,1} + 10^{0,1} - 15^{0,1}\right| + \left|5^{0,1} + 10^{0,1} - 30^{0,1}\right| + \left|10^{0,1} + 30^{0,1} - 60^{0,1}\right| + \left|5^{0,1} + 45^{0,1} - 65^{0,1}\right| = 4,2542 .$$

Frau Anker führt diese Berechnungen mit der Tabellenkalkulation *Excel* durch. Der minimale Wert wird bei β=0,6 erreicht. Die Bestimmung des Parameters kann noch beliebig verfeinert werden. So könnte β auch in Schritten von 0,01 oder 0,001 statt in Schritten von 0,1 variiert werden. Anke Anker entscheidet sich jedoch gegen diesen größeren Rechenaufwand. Die Wertfunktion besitzt also im Gewinnbereich x≥0 die Form:

$$v(x) = x^{0,6}.$$

Häufig wird in empirischen Studien für Gewinn- und Verlustbereich der gleiche Exponent ermittelt. Anke Anker nimmt daher β=λ an. Es gilt also für den negativen Teil der Wertfunktion die Form $-\alpha(-x)^\beta = -\alpha(-x)^{0,6}$:

$$v(-x) = -\alpha v(x) \text{ mit } \alpha > 0.$$

Da die Wertfunktion im Verlustbereich steiler ist, als im Gewinnbereich (Verlustaversion), gilt α>1. Um α zu ermitteln, lässt man die Beantworter des Fragebogens $\hat{z}$ so bestimmen, dass sie zwischen (x,0,5;–x,0,5) und (–$\hat{z}$,0,5;0,0,5) indifferent sind. Daraus folgt:

$$v(x) - \alpha v(x) = -\alpha v(\hat{z}) \Leftrightarrow \alpha = v(x)/(v(x) - v(\hat{z})).$$

Beispiel: Bestimmung des Parameters α anhand der Antworten eines Kunden

Der Kunde ist indifferent zwischen (30,0,5;–30,0,5) und (–$\hat{z}$,0,5;0,0,5) bei $\hat{z}=13$. Damit ergibt sich

$$\alpha = v(x)/(v(x) - v(\hat{z})) = 30^{0,6}/(30^{0,6} - 13^{0,6}) = 2,5.$$

Insgesamt ergibt sich damit für diesen Kunden die Wertfunktion:

$$v(x) = x^{0,6} \text{ für } x \geq 0$$
$$v(x) = -2,5(-x)^{0,6} \text{ für } x < 0.$$

Abbildung 6 stellt den Verlauf der Wertfunktion graphisch dar.

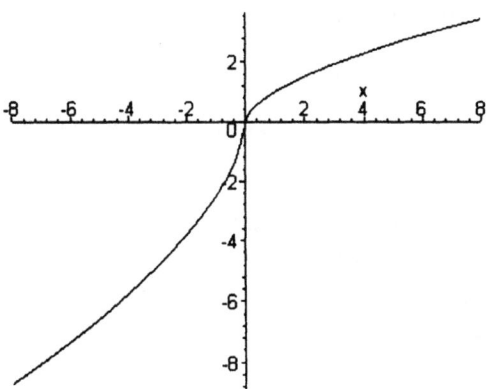

Abb. 6: Wertfunktion

Anke Anker hat außerdem ermittelt, dass die befragte Kundengruppe sehr homogen ist und die Präferenzen der einzelnen Anleger nur gering voneinander abweichen. Sie nimmt daher vereinfachend an, dass dies gleichzeitig auch die Wertfunktion der gesamten befragten Kundengruppe ist.

5.5 Bestimmung der Wahrscheinlichkeitsgewichtungsfunktion

Die Wahrscheinlichkeitsgewichtungsfunktion ermittelt Anke Anker mit Hilfe der Certainty Equivalent (CE) Methode. Für eine Lotterie (x, p; 0, 1–p) soll ein Befragungsteilnehmer das Sicherheitsäquivalent $\hat{x}$ angeben.

Ein Beispiel für eine solche Lotterie (weitere Lotterien befinden sich im Fragebogen am Ende der Fallstudie):

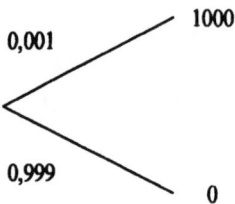

Abb. 7: Beispiel für eine Lotterie zur Bestimmung der Wahrscheinlichkeitsgewichtungsfunktion

Wegen v(0)=0 gilt:

$$\pi(p) \cdot v(x) + \pi(1-p) \cdot v(0) = v(\hat{x}) \Leftrightarrow \pi(p) \cdot v(x) = v(\hat{x}) \Leftrightarrow \pi(p) = v(\hat{x})/v(x).$$

Da v(x) schon bekannt ist, erhält man $\pi(p)$ durch Variieren von p und Auswerten der Antworten mit der analogen Vorgehensweise (Minimierung der absoluten Abstände zwischen den im Fragebogen ermittelten und theoretisch vorhergesagten Daten) wie bei der Bestimmung der Wertfunktion.

Als parametrische Form für die Wahrscheinlichkeitsgewichtungsfunktion nimmt Anke Anker in Einklang mit empirischen Studien an:

$$\pi_\gamma(p) = p^\gamma /((p^\gamma + (1-p)^\gamma)^{1/\gamma}$$

Beispiel: Bestimmung der Wahrscheinlichkeitsgewichtungsfunktion anhand der Antworten eines Kunden

Der Kunde hat folgende Angaben für $\hat{x}$ gemacht (die weiteren Lotterien sind im Fragebogen am Ende der Fallstudie zu finden):

Lotterie	$\hat{x}$
(1000, 0,001; 0, 0,999)	1
(50, 0,1; 0, 0,9)	3
(10, 0,9; 0, 0,1)	5
(30, 0,7; 0, 0,3)	10
(100, 0,98; 0, 0,02)	80

Tab. 3: Antworten eines Kunden

Behavioral Financial Engineering

Für die Summe der absoluten Abstände wird für ein gegebenes γ ermittelt:

γ	0,1	0,2	0,3	0,4	0,5	0,6	0,7	0,8	0,9
$\sum_{q=1}^{5}|\theta_q|$	2,23055	1,93794	1,29815	0,69361	0,2755	0,06561	0,43156	0,43156	0,54768

Tab. 4: Berechnung der absoluten Abstände für verschiedene Parameterwerte

Der erste Wert (mit γ=0,1 in $\pi_\gamma(p)$) der Summe der absoluten Abstände zwischen der durch die parametrische Form vorhergesagten sowie den tatsächlich ermittelten Werten wird beispielsweise berechnet durch:

$$\sum_{q=1}^{5}|\theta_q| = \sum_{q=1}^{5}\left|\pi_{0,1}(p_q) - \frac{x_q^{0,6}}{\hat{x}_q^{0,6}}\right| = \sum_{q=1}^{5}\left|\frac{p_q^{0,1}}{\left(p_q^{0,1} - (1-p_q)^{0,1}\right)^{1/0,1}} - \frac{x_q^{0,6}}{\hat{x}_q^{0,6}}\right|.$$

Es ergibt sich daher als Wahrscheinlichkeitsgewichtungsfunktion (bei diesem Parameterwert ist die Summe der absoluten Abstände am kleinsten):

$$\pi(p) = \frac{p^{0,6}}{\left(p^{0,6} + (1-p)^{0,6}\right)^{1/0,6}}.$$

Abbildung 8 stellt den Verlauf der Wahrscheinlichkeitsgewichtungsfunktion graphisch dar.

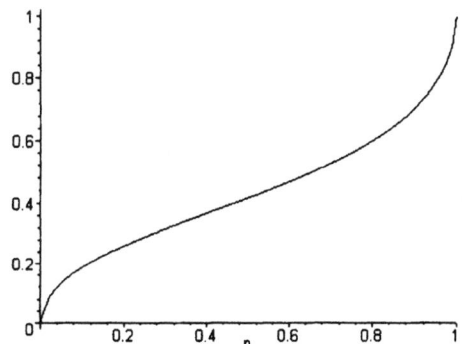

Abb. 8: Wahrscheinlichkeitsgewichtungsfunktion

5.6 Zusammenfassung der Ergebnisse der Kundenbefragung: Ansatzpunkte für das Behavioral Financial Engineering

Die wesentlichen Ergebnisse der Kundenbefragung über das Anlageverhalten, welche die im Folgenden diskutierten Ansatzpunkte für das Behavioral Financial Engineering darstellen, werden danach von Anke Anker stichwortartig zusammengefasst:

- Die Anleger wenden keine Gesamtvermögensbetrachtung an, sondern bewerten Gewinne und Verluste bezüglich eines Referenzpunktes mit der in den vorangegangenen Abschnitten ermittelten Wertfunktion.
- Die Kunden nehmen den Kaufpreis eines Wertpapiers als Referenzpunkt wahr.

- Die Investoren transformieren Wahrscheinlichkeiten. Aus der Form der Wahrscheinlichkeitsgewichtungsfunktion ergibt sich insbesondere die Überschätzung kleiner Wahrscheinlichkeiten.
- Die Anleger unterliegen Framing-Effekten.
- Die Kunden bilden mentale Konten. Insbesondere unterscheiden sie zwischen „Barausschüttungen" und „Kapitalerträgen". Barausschüttungen werden für kurzfristige Konsumausgaben verwendet. Kapitalerträge sind dagegen für die langfristige Perspektive.

5.7 Diskussion des Discount-Zertifikates aus der Perspektive von Behavioral Finance

Mit den beschriebenen Erkenntnissen des Behavioral Finance und den ermittelten Funktionen untersucht Anker Anker nun, wie die Anleger die Aktie und das Discount-Zertifikat tatsächlich wahrnehmen.

Die Anleger führen keine Endvermögensbetrachtung durch, sondern bewerten Gewinne und Verluste bezüglich eines Referenzpunktes. Die Kunden nehmen den Kaufkurs als Referenzpunkt wahr. Die Aktie stellt sich aus der Perspektive der Anleger daher als folgende Lotterie dar:

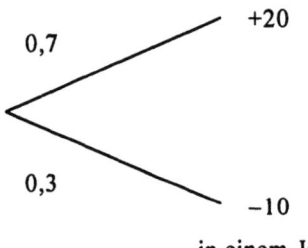

Abb. 9: Die Aktie als Lotterie aus der Perspektive eines PT-Entscheiders

Der PT-Wert errechnet sich daher als

$$PT(Aktie) = \pi(0{,}7) \cdot 20^{0{,}6} - \pi(0{,}3) \cdot 2{,}5 \cdot 10^{0{,}6} = 0{,}526 \cdot 20^{0{,}6} - 0{,}316 \cdot 2{,}5 \cdot 10^{0{,}6} = 0{,}029 \, .$$

Das Discount-Zertifikat stellt sich den Anlegern dagegen als folgende Lotterie dar:

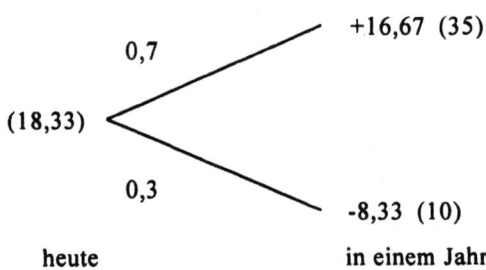

Abb. 10: Das Discount-Zertifikat als Lotterie aus der Perspektive eines PT-Entscheiders

Der PT-Wert ergibt sich daher als

$$PT(\text{Discount-Zertifikat}) = \pi(0{,}7) \cdot 16{,}67^{0{,}6} - \pi(0{,}3) \cdot 2{,}5 \cdot 8{,}33^{0{,}6}$$
$$= 0{,}526 \cdot 16{,}67^{0{,}6} - 0{,}316 \cdot 2{,}5 \cdot 8{,}33^{0{,}6} = 0{,}027$$

Auch Anke Anker kommt mit ihrer Analyse zu dem Schluss, dass das Discount-Zertifikat von den Anlegern als unattraktiver wahrgenommen wird als der Kauf der Aktie selbst. An dieser Stelle meldet sich Eugen Eumax zu Wort. Er habe Anke Anker aufmerksam zugehört. Die Argumente seien schlüssig und nachvollziehbar gewesen. Aber was solle all der Aufwand, wenn Frau Anker nun die gleichen Schlüsse aus ihrer Analyse ziehe? Frau Anker entgegnet, dass dies nur der Beginn ihrer Analyse wäre und dass sie am Ende ihres Vortrages zu völlig anderen Schlussfolgerungen als Eugen Eumax käme.

Anker Anker argumentiert daraufhin, dass alleine eine andere Darstellung der Zahlungsströme des Discount-Zertifikates, also ein anderes Framing, die Entscheidung der Anleger völlig verändert.

Wie kann man die Zahlungsströme des Discount-Zertifikates anders „framen"? Dazu ruft sie ihren Kollegen in Erinnerung, wie das Discount-Zertifikat aus der zugrundeliegenden Aktie entwickelt wurde. Um die Aktie attraktiver zu machen, wird den Kunden beim strukturierten Finanzprodukt ein Discount von 1,67 GE auf den aktuellen Aktienkurs von 20 GE gewährt. Um dies zu finanzieren, wird ermittelt, dass für dieses Entgegenkommen die Kunden eine Kursobergrenze von 35 GE statt der mit der Aktie möglichen 40 GE akzeptieren müssen.

Eine andere Darstellung dieses Zahlungsstroms ist die folgende. Die Anleger können die Aktie (oder ein entsprechendes Finanzprodukt) zum heutigen Preis von 20 GE kaufen. Mit 30 % Wahrscheinlichkeit sinkt der Kurs in einem Jahr auf 10 GE. Mit 70 % Wahrscheinlichkeit steigt allerdings der Kurs der Aktie. In diesem Fall werden in einem Jahr 35 GE ausgezahlt. Der Kunde verzichtet gegenüber der Aktie auf weitere 5 GE, falls der Kurs der Aktie auf 40 GE steigen sollte. Als Entschädigung erhält der Anleger aber eine weitere Einnahmequelle: Der Kunde bekommt schon nach kurzer Zeit eine Barauszahlung von 1,67 GE. Damit kann er also für 20 GE ein Finanzprodukt kaufen, welches einen Anstieg des eingesetzten Kapitals von 20 GE auf dann 35 GE zulässt und zudem die zweite Einnahmequelle in Form der sicheren Barausschüttung von 1,67 GE bietet.

Ein Erwartungsnutzenmaximierer, der nur Endvermögensgrößen betrachtet, sieht in diesem anderen Framing der Zahlungsströme keinen Unterschied gegenüber dem Discount-Zertifikat.

Völlig anders bewertet allerdings der tatsächliche Kunde als PT-Entscheider, erklärt Anke Anker ihren Kollegen.

Die folgende Graphik verdeutlich das durch oben beschriebenes Framing der Zahlungsströme hervorgegangene „neue" Finanzprodukt:

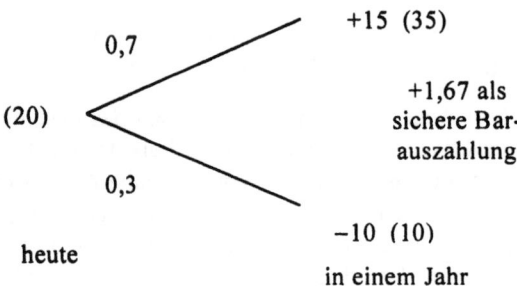

Abb. 11: Anderes Framing des Discount-Zertifikates

Anleger bewerten die Zahlungsströme in jedem Konto getrennt mit der ermittelten Wertfunktion der Prospekt-Theorie. Da der Anleger die Barauszahlung im Konto „Barausschüttung" wahrnimmt, ergibt sich aus der Perspektive des PT-Entscheiders der folgende PT-Wert des anders „ge*fram*eten" Discount-Zertifikates, des „Frame-Zertifikats":

$$PT(\text{Frame-Zertifikat}) = \pi(0,7) \cdot 15^{0,6} - \pi(0,3) \cdot 2,5 \cdot 10^{0,6} + 1,67^{0,6}$$
$$= 0,526 \cdot 15^{0,6} - 0,316 \cdot 2,5 \cdot 10^{0,6} + 1,67^{0,6} = 0,886 > PT(\text{Aktie})$$

Die Kollegen sind begeistert. Da hätte Anke Anker mit sehr einfachen Überlegungen schon ein neues Finanzprodukt erfunden. Anke Anker wiegelt jedoch ab. Das Produkt gibt es doch längst, sagt Frau Anker und erläutert noch die folgenden zwei weiteren Interpretationsmöglichkeiten der Ergebnisse.

Das angesprochene „Frame-Zertifikat" stellt aus der Perspektive des Kunden nichts anderes als den Kauf der Aktie bei gleichzeitigem Verkauf einer Kaufoption zum Basispreis von 35 GE an Cogni-Invest dar, wofür der Anleger 1,67 GE erhält. Als Kaufoption bezeichnet man dabei das Recht, die Aktie zu einem festgelegten späteren Zeitpunkt (in diesem Beispiel ein Jahr) zu einem vorher festgelegten Preis von 35 GE (dem sogenannten Basispreis) kaufen zu können. Cogni-Invest wird in einem Jahr natürlich nur denn von dem Recht Gebrauch machen, wenn der Kurs der Aktie 40 GE beträgt, denn dann lohnt es sich, die Aktie für 35 GE zu kaufen. Für dieses Recht bezahlt Cogni-Invest dem Anleger 1,67 GE. Das „Frame-Zertifikat" kann daher aus der Perspektive des Anlegers als Kauf einer Aktie bei gleichzeitigem Verkauf einer Kaufoption bezeichnet werden. Der englische Begriff für diese sogenannte gedeckte Kaufoption ist „Covered Call".

Das „Frame-Zertifikat" lässt allerdings noch eine zweite Interpretation als sogenannte Aktienanleihe zu. Eine Aktienanleihe ist ein an den Kursverlauf einer Aktie gekoppeltes strukturiertes Finanzprodukt. Es setzt sich zusammen aus

- einer hohen Zinszahlung (Kupon) während der Laufzeit, sowie
- einer Rückzahlung eines vorher festgelegten Betrages oder der Auszahlung des Wertes der zugrundeliegenden Aktie, wobei der Emittent die Wahl hat, welche Rückzahlung er leistet.

Behavioral Financial Engineering

Frau Anker verdeutlicht dies mit den vorliegenden Zahlen. Der Emittent (Cogni-Invest) kann in einem Jahr entweder den Wert der Aktie oder den vorher festgelegten Betrag von 35 GE an den Kunden auszahlen. Cogni-Invest wird natürlich dann den Betrag von 35 GE auszahlen, wenn in einem Jahr der Wert der Aktie bei 40 GE und damit höher als 35 GE liegt. Um diese Aktienanleihe dem Kunden schmackhaft zu machen, ist eine hohe Barauszahlung in Höhe von 1,67 GE (Zinszahlung oder Kupon) nötig.

Die Kollegen sehen an diesen Ausführungen darüber hinaus, so Frau Anker, dass es sich bei Discount-Zertifikaten und Aktienanleihen um dasselbe Produkt handelt. Der Unterschied liegt im jeweiligen unterschiedlichen Framing der Zahlungsströme. Frau Anker hat ermittelt, dass die Aktienanleihe deutlich attraktiver wahrgenommen wird als das Discount-Zertifikat und hat die Barauszahlung bzw. den Kupon von 1,67 GE, der in einem gesonderten mentalen Konto wahrgenommen wird, als Ursache identifiziert.

Um ihre Argument zu untermauern, verweist Frau Anker auf BEIKE (2000), S. 110, der dazu folgende Mutmaßungen anstellt:

Obwohl es sich bei Discount-Zertifikaten und Aktienanleihen im Grunde um dasselbe Produkt handelt, lassen sich Aktienanleihen besser verkaufen. Grund ist der hohe Kupon, der viele Anleger fasziniert. ... Zertifikate haben zwar einen entsprechend großen Kursabschlag („Discount"), der sich für Vermarktungszwecke erfahrungsgemäß allerdings nicht so gut eignet.

Frau Anker verdeutlich, dass ihre Analyse dieses Phänomen erklären kann. Eugen Eumax wendet an dieser Stelle des Vortrages ein, dass ihm die Feststellung Beikes durchaus bekannt sei. Aktienanleihen würden tatsächlich häufiger nachgefragt als Discount-Zertifikate. Auch er habe den hohen Kupon für diese Beobachtung als Ursache vermutet ohne sich genauer über den Grund Gedanken zu machen, warum Anleger ein solches Produkt bevorzugen. Eugen Eumax bewertet die Analyse Ankers als „sehr interessant". Er gibt zu, dass Erwartungsnutzenmaximierer zwischen Discount-Zertifikat und Aktienanleihe, so wie es normativ wünschenswert ist, keinen Unterschied erkennen können. Die Erwartungsnutzentheorie könne die empirische Beobachtung tatsächlich nicht erklären, so Eumax.

5.7 Cogni-Fonds-Zertifikat

Ein weiterer Ansatzpunkt für das Behavioral Financial Engineering ist das Bilden mentaler Konten durch die Anleger. Investoren unterscheiden häufig zwischen Barauszahlungen und Kapitalerträgen. Diese Erkenntnis wurde, erläutert Frau Anker, beispielsweise von SHEFRIN/STATMAN (1984) genutzt, um die Existenz von Dividendenzahlungen zu erklären. Bei Ausklammerung von steuerlichen Fragestellungen sollten aus normativer Sicht Dividenden (Barauszahlungen) sowie Kapitalerträge perfekte Substitute sein. Werden Dividenden und Kapitalerträge allerdings in unterschiedlichen mentalen Konten getrennt mit der Wertfunktion der Prospekt-Theorie bewertet, so ergibt dies aufgrund der Konkavität der Wertfunktion im Gewinnbereich einen höheren PT-Wert, womit sich der Wunsch der Anleger nach Dividendenzahlungen erklären lässt.

Diese Idee soll bei dem Entwurf des Cogni-Fonds-Zertifikates Verwendung finden. Beim Eintreten des Kursgewinns steigt die Aktie der CFBT AG von 20 GE auf

40 GE. Darauf aufbauend wird das Cogni-Fonds-Zertifikat entwickelt. Der Kapitalgewinn von 20 GE wird dem Kunden als Kapitalgewinn von 10 GE sowie einer Barauszahlung von 10 GE vermarktet. Der Kunde nimmt dann die Beträge in unterschiedlichen mentalen Konten wahr und bewertet die Beträge von jeweils 10 GE getrennt mittels der berechneten Wertfunktion.

Die graphische Darstellung der dem Cogni-Fonds-Zertifikat zugrundeliegenden Zahlungsströme als Lotterie sieht wie folgt aus:

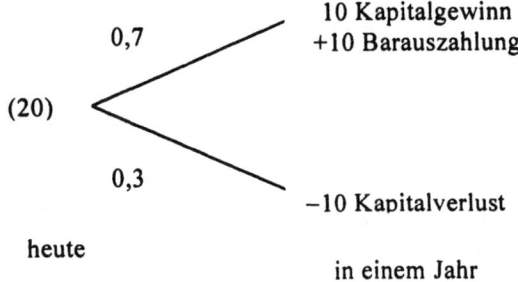

Abb. 12: Das Cogni-Fonds-Zertifikat als Lotterie aus der Perspektive des PT-Entscheiders

Das Konto „Kapitalerträge" wird von den Anlegern bewertet mit

$$PT(\text{Kapitalerträge}) = \pi(0{,}7) \cdot 10^{0{,}6} - \pi(0{,}3) \cdot 2{,}5 \cdot 10^{0{,}6}.$$

Das Konto „Barauszahlung" wird bewertet mit

$$PT(\text{Barauszahlung}) = \pi(0{,}7) \cdot 10^{0{,}6}.$$

Der PT-Wert des Cogni-Fonds-Zertifikates setzt sich aus der Summe der PT-Werte der einzelnen mentalen Konten zusammen:

$$PT(\text{Cogni-Fonds-Zertifikat}) = \pi(0{,}7) \cdot 10^{0{,}6} - \pi(0{,}3) \cdot 2{,}5 \cdot 10^{0{,}6} + \pi(0{,}7) \cdot 10^{0{,}6}$$
$$= 0{,}526 \cdot 10^{0{,}6} - 0{,}316 \cdot 2{,}5 \cdot 10^{0{,}6} + 0{,}526 \cdot 10^{0{,}6} = 1{,}043$$

Auch dieser PT-Wert ist größer als der PT-Wert der Aktie.

Der Erwartungsnutzenmaximierer dagegen sieht bei diesem Finanzprodukt keinen Unterschied zur Aktie, genauso, wie es normativ richtig wäre.

Frau Anker weist abschließend noch darauf hin, dass dieses Aufsplitten der Beträge nicht beliebig weitergehen kann. Eine noch höhere Bewertung ist durch weiteres Splitten wohl nicht zu erreichen. Es wird hier der Effekt ausgenutzt, dass Anleger die beiden Beträge im Gewinnbereich segregiert bewerten. Bei einer weiteren Aufsplittung ist aber wohl nicht mehr davon auszugehen, dass die Anleger die Beträge in verschiedenen mentalen Konten wahrnehmen, d.h. es ist nicht möglich, den Effekt beliebig oft auszunutzen.

5.8 Lottery-Zertifikat

Ein letzter Punkt, der in der vorangegangenen Darstellung Ankers noch keinen Platz fand, ist die Überschätzung kleiner Wahrscheinlichkeiten. Dieses Überschätzen kleiner Wahrscheinlichkeiten wird beispielsweise herangezogen, um die Teilnahme an

Lotterien oder Versicherungen gegen extrem seltene Ereignisse wie z.B. Flugzeugabstürze zu erklären.

Verwendung im Bereich von Finanzprodukten findet diese Überschätzung kleiner Wahrscheinlichkeiten laut Frau Anker beispielsweise beim Gewinnsparen einiger Banken und Sparkassen, bei den britischen Premium Bonds und den schwedischen Lottery Bonds.

Idee des Lottery-Zertifikates ist die Abtrennung eines Teils des möglichen Gewinns der zugrundeliegenden Aktie. Dieser Betrag wird durch eine weitere, unabhängig vom Kursverlauf der zugrundeliegenden Aktie ausgespielten Lotterie mit gleichem Erwartungswert an die Kunden zurückgegeben. Mit Hilfe der Graphik will Frau Anker ihren Kollegen die Gedankengänge verdeutlichen.

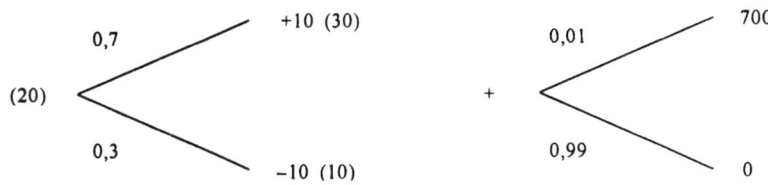

Abb. 13: Lottery-Zertifikat

Der Betrag in Höhe von 0,7·10=7 GE, der im Vergleich zum Aktienkursverlauf bei der ersten Lotterie abgetrennt wird, wird mit der zweiten Lotterie mit gleichem Erwartungswert 0,01·700=7 GE an die Kunden zurückgegeben.

Der PT-Entscheider nimmt die Auszahlungen der beiden Lotterien in getrennten Konten wahr, ähnlich wie beim Cogni-Fonds-Zertifikat. Es wird hier jedoch noch ein weiterer Aspekt ausgenutzt: die nichtlineare Wahrscheinlichkeitsgewichtungsfunktion, insbesondere die Überschätzung kleiner Wahrscheinlichkeiten, erklärt Frau Anker. Die Bewertung des Lottery-Zertifikates durch die Anleger ist daher:

$$PT(\text{Lottery-Zertifikat}) = \pi(0,7) \cdot 10^{0,6} - \pi(0,3) \cdot 2,5 \cdot 10^{0,6} + \pi(0,01) \cdot 700^{0,6}$$
$$= 0,526 \cdot 10^{0,6} - 0,316 \cdot 2,5 \cdot 10^{0,6} + 0,0575 \cdot 700^{0,6} = 1,878$$

Auch dieses Finanzprodukt besitzt eine höhere Wertschätzung aus der Perspektive der Anleger als die Aktie.

Zum Vergleich soll noch abschließend untersucht werden, wie ein Erwartungsnutzenmaximierer das Lottery-Zertifikat bewertet. Die möglichen Endvermögenszustände werden anhand von Abbildung 14 verdeutlicht.

Diesen Baum erhält Frau Anker, indem sie an beiden Enden der ersten Lotterie die zweite Lotterie ausspielt. Die Wahrscheinlichkeiten in der Graphik ergeben sich, indem auf jedem Pfad die einzelnen Wahrscheinlichkeiten miteinander multipliziert werden. Das Ereignis „Gewinn in der ersten Lotterie und Gewinn in der zweiten Lotterie" hat also die Wahrscheinlichkeit 0,7 · 0,01= 0,007. Diese Wahrscheinlichkeit ist auf dem obersten Ast der Lotterie aufgetragen. Das Endvermögen von 810 GE ergibt sich in dem Fall aus dem Ausgangsvermögen von 100 GE zuzüglich des Gewinns aus der ersten Lotterie in Höhe von 10 GE und dem Gewinn der zweiten Lotterie in Höhe von 700 GE. Alle anderen Werte werden analog berechnet.

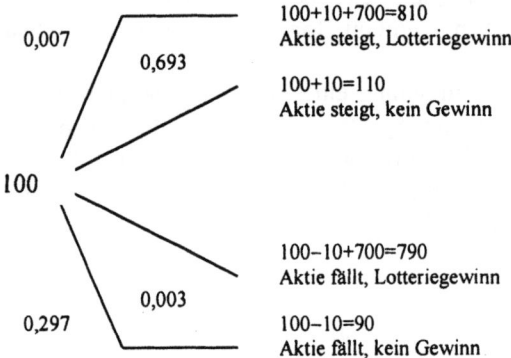

Abb. 14: Lottery-Zertifikat aus der Perspektive eines Endvermögensbetrachters

Als Erwartungsnutzen ergibt sich daher

$$EU(\text{Lottery-Zertifikat}) = 0{,}007 \cdot \ln(810) + 0{,}693 \cdot \ln(110)$$
$$+ 0{,}003 \cdot \ln(790) + 0{,}297 \cdot \ln(90) = 4{,}661$$

Ein Erwartungsnutzenmaximierer bewertet auch das Lottery-Zertifikat als unattraktiver als die Aktie, so die Leiterin der „Behavioral Finance"-Abteilung. An dieser Stelle bemerkt Eumax, dass man sich diese langen Berechnungen mit der folgenden Überlegung hätte sparen können. Das Lottery-Zertifikat ist aus der ursprünglichen Lotterie durch einen *Mean preserving spread* hervorgegangen. Risikoscheue Anleger besitzen daher immer eine Präferenz für die weniger riskante Lotterie (EISENFÜHR/WEBER 1999, S. 244.).

6. Zusammenfassung der Bewertungen der Finanzprodukte

Abschließend fasst Anke Anker die Ergebnisse zusammen. Ihre Tabelle zeigt die Bewertungen der Finanzprodukte durch Erwartungsnutzenmaximierer sowie PT-Entscheider:

Finanzprodukt	Bewertung durch Erwartungsnutzentheorie	Bewertung durch die Kunden (PT-Wert)
Aktie	4,701	0,029
Discount-Zertifikat	4,687	0,027
„Frame-Zertifikat", Covered Call, Aktienanleihe	4,687	0,886
Cogni-Fonds-Zertifikat	4,701	1,043
Lottery-Zertifikat	4,661	1,878

Tab. 5: Vergleich der Bewertungen der verschiedenen Finanzprodukte

Anke Anker weist erneut darauf hin, dass einige Veränderungen der Finanzprodukte von den Anlegern als Verbesserung wahrgenommen werden, im Gegensatz zu den Bewertungen eines rationalen Erwartungsnutzenmaximierers.

Die Mitarbeiter des Teams „Rationales Entscheiden" sind von der Präsentation Anke Ankers und der Fülle ihrer Argumente überwältigt. Auch Eugen Eumax gibt zu, dass er mit seiner Analyse nie auf die weiteren, von Anke Anker vorgeschlagenen Finanzprodukte gekommen wäre. Außerdem leuchten auch ihm die Ausführungen der Leiterin der „Behavioral Finance"-Abteilung ein. Er gibt zu, dass es wichtig ist, zu beachten, in welchem Kontext die Erwartungsnutzentheorie angewendet wird. Eumax sieht bei dieser Kundengruppe die Notwendigkeit ein, Erkenntnisse der deskriptiven Entscheidungstheorie in den Produktentwicklungsprozess einfließen zu lassen. Dafür spricht die Tatsache, dass die Anleger der Zielkundengruppe sehr deutliche Abweichungen von der Erwartungsnutzentheorie in ihrem Verhalten zeigen.

Anke Anker schlägt als strukturiertes Finanzprodukt für die relevante Kundengruppe das Lottery-Zertifikat vor, da dieses bei den Kunden die höchste Wertschätzung besitzt. Daher kann bei diesem Produkt bei den Kunden ein hoher Preis durchgesetzt werden. Zu beachten ist allerdings, dass dieses Produkt eventuell von „soliden" Kunden abgelehnt wird, da es durch die Verknüpfung mit einer Lotterie diesen Kunden „unsolide" erscheinen könnte. Alternativ wäre also zu überlegen, den Kunden das Cogni-Fonds-Zertifikat anzubieten. Hiermit könnte auch der immer stärker werdende Wunsch nach Fonds-Produkten befriedigt werden.

Abschließend sagt Frau Anker, die Hauptzielsetzung ihrer Analyse war, neben dem Vorschlagen einiger Finanzprodukte, den versammelten Kollegen die Notwendigkeit der Berücksichtigung der deskriptiven Entscheidungstheorie beim Produktentwicklungsprozess aufzuzeigen. Zudem wollte Frau Anker Ansatzpunkte für das Design des Finanzproduktes identifizieren, die auch in Zukunft genutzt werden können.

Offene, noch zu bearbeitende Fragen sind die Berechnung des maximal durchsetzbaren Preises, bei dem das Lottery-Zertifikat oder das Cogni-Fonfs-Zertifikat von den Anlegern der Zielkundengruppe gerade noch gegenüber der Aktie bevorzugt wird, sowie die Optimierung des Finanzproduktes, beispielsweise durch die Analyse weiterer möglicher Lotterien, die von der Ausgangslotterie abgetrennt werden können.

7. Ausblick

Anke Anker konnte mit ihrer Analyse Eugen Eumax von der Notwendigkeit der Berücksichtigung der deskriptiven Entscheidungstheorie beim Produktentwicklungsprozess überzeugen. Für die Zukunft wurde die folgende Vorgehensweise vereinbart.

Bevor ein neues Finanzprodukt entwickelt wird, soll die Marktforschungsabteilung von Cogni-Invest die Präferenzen der relevanten Zielkundengruppe durch Befragung ermitteln. Weisen die Ergebnisse der Befragung deutliche Abweichungen des Entscheidungsverhaltens der Kunden von der Erwartungsnutzentheorie auf, so soll die deskriptive Entscheidungstheorie maßgeblich für den Produktentwicklungsprozess sein. Sind jedoch nur geringe Abweichungen von der Erwartungsnutzentheorie zu beobachten, so sollen Erwartungsnutzentheorie und deskriptive Entscheidungstheorie gleichberechtigt im Produktentwicklungsprozess im Sinne einer Sensitivitätsanalyse Anwendung finden. Den Kunden wird das Produkt angeboten, das sowohl unter Erwartungsnutzentheorie als auch unter Berücksichtigung der deskriptiven Entscheidungstheorie bei den Kunden die höchste Wertschätzung genießt.

8. Fragebogen

Liebe Kundin, lieber Kunde des Bankhauses Cogni-Invest!

Sie schätzen als langjährige Kunden unseres Hauses unser Angebot an strukturierten und innovativen Finanzprodukten. Wir sind ständig bemüht, unsere Produktpalette zu erweitern und zu verbessern sowie diese optimal an Ihre Wünsche anzupassen. Uns ist es dabei sehr wichtig, mit Ihnen in Dialog zu treten.

In den letzten Jahren sind eine Vielzahl neuer Finanzprodukte auf den Markt gekommen. Hierzu zählen beispielsweise Aktienanleihen, Discount-Zertifikate, Doppel-Aktienanleihen und Basket-Anleihen, um nur einige wenige zu nennen. Selbst informierten und erfahrenen Anlegern oder gar Profis fällt es nicht immer leicht, den Überblick zu behalten.

Sie möchten in eine Finanzinnovation investieren. Wir möchten Ihnen einen langwierigen Suchprozess ersparen und schlagen Ihnen den folgenden Weg vor.

Wir bitten Sie, den folgenden Fragebogen auszufüllen, damit wir Ihre Ansprüche an ein neues Finanzprodukt, ihre Wünsche und Präferenzen sowie ihre Risikoeinstellung ermitteln können. Mit Ihren Angaben wollen wir ein Finanzprodukt konstruieren, dass speziell auf Sie und Ihre Wünsche zugeschnitten ist.

Nun kommen wir zu dem Fragebogen. Bitte beantworten Sie folgende Fragen:

Teil 1
Geben Sie in diesem Teil des Fragebogens zu den folgenden Aussagen bitte eine Zahl von 1 (stimme gar nicht zu) bis 9 (stimme voll zu) als Antwort.

1. Ich weiß auch noch nach langer Zeit, zu welchen Kursen ich meine Aktien gekauft habe.
2. Ich ärgere mich über 2000 Euro Verlust mehr, als ich mich über einen Gewinn von 2000 Euro freue.
3. Bei meiner Kapitalanlage führe ich verschiedene Konten, wie z.B. „sichere Anlage" und „spekulative Anlage".
4. Zwei Gewinne von je 1000 Euro sind mir lieber als ein Gewinn von 2000 Euro.
5. Zinsen und Dividenden gebe ich meistens zum Einkauf von Konsumgütern aus. Meinen Kapitalzuwachs auf Sparbüchern, Konten oder in meinem Aktiendepot kann ich allerdings nicht guten Gewissens ausgeben. Kapitalerträge sind für die langfristige Anlage gedacht.

Teil 2
In diesem Teil des Fragebogens möchten wir mehr über Ihre Einstellung zum Risiko erfahren. Wir geben Ihnen hierfür eine Reihe von Lotterien vor. Anhand Ihrer Be-

wertung dieser Lotterien können wir Ihre Risikoeinstellung ermitteln. Bitte geben Sie bei jedem der folgenden Lotterievergleiche an, wie groß z sein muss, damit Sie zwischen den beiden Lotterien indifferent sind.

Beim ersten Lotterievergleich erhalten Sie mit je 50 % Wahrscheinlichkeit eine Auszahlung von 1 oder von 10. Alternativ können Sie an der zweiten Lotterie teilnehmen, bei der Sie mit je 50 % Wahrscheinlichkeit einen Betrag von z oder 0 erhalten. Wie hoch muss z sein, damit es Ihnen gleichgültig ist, welche der beiden Lotterien Ihnen angeboten wird.

Die vier folgenden Lotterievergleiche funktionieren analog.

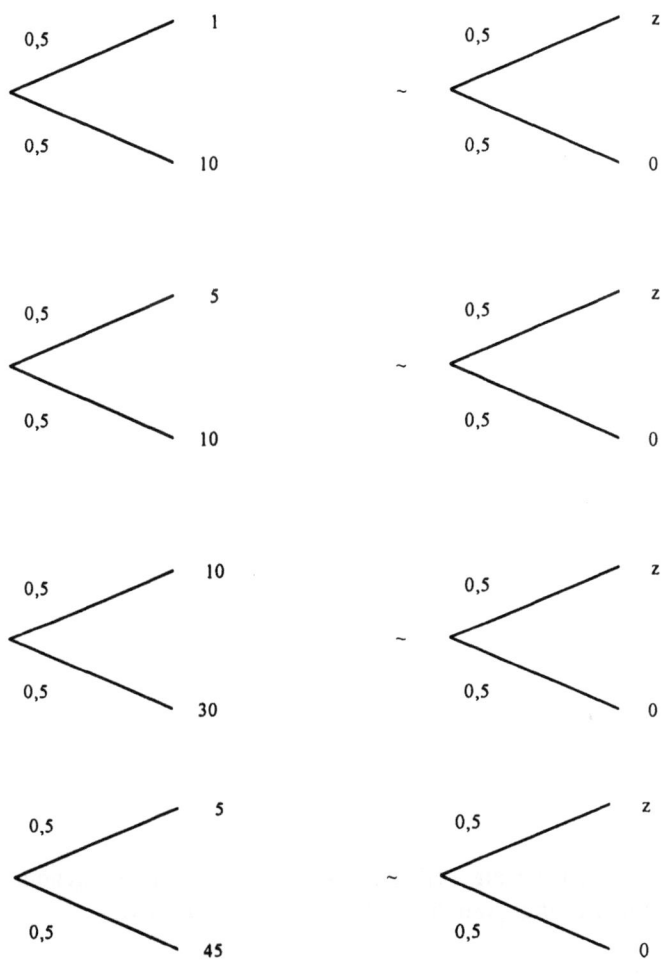

Gegeben sind nun die folgenden fünf Lotterien. Bitte geben Sie für jede der Lotterien an, wie viel Ihnen eine Teilnahme an der jeweiligen Lotterie wert ist.

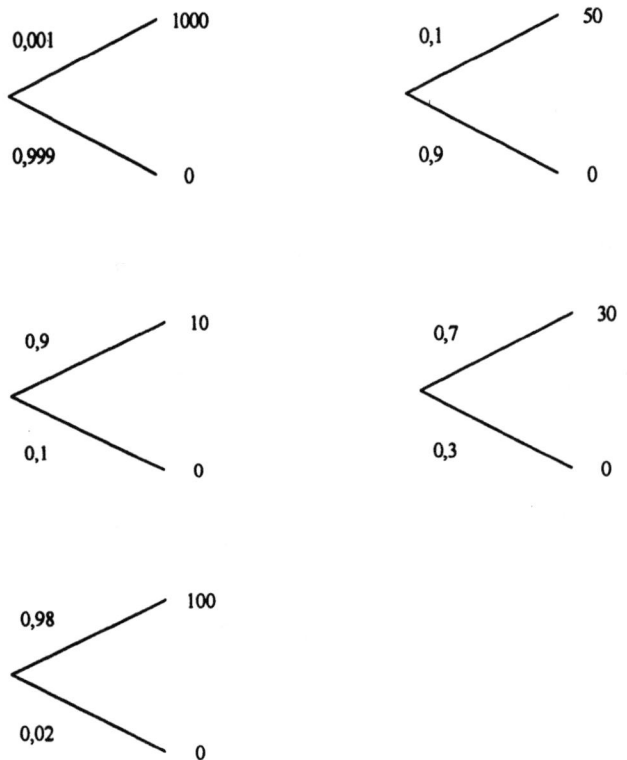

Vielen Dank, dass Sie sich für die Teilnahme an der Befragung Zeit genommen haben. Ihr Financial-Engineering-Team des Bankhauses Cogni-Invest.

FALLSTUDIE K

THOMAS LANGER

Contingent Valuation – der Fall der Exxon Valdez

Stichwörter: Bewertung von Zahlungsreihen – Zeitpräferenz – Sensitivitätsanalyse – Deskriptive Entscheidungstheorie – Befragungstechniken

1. Einleitung

In dieser Fallstudie werden Fragen der Zeitpräferenz diskutiert: die Bewertung von Zahlungsreihen, die Erfragung von Zeitpräferenzraten und insbesondere die Relevanz der dabei verwendeten Befragungsmethodik. Der Kontext „Contingent Valuation", in dem wir diese Überlegungen präsentieren, wurde nicht gewählt, weil dort Zeitpräferenzaspekte das zentrale Problem darstellen. Es handelt sich vielmehr um einen generell interessanten und relevanten Anwendungsbereich entscheidungstheoretischer Methodik, in dem Fragen intertemporaler Bewertung (zumindest theoretisch) auch eine wichtige Rolle spielen können.

1.1 Hintergrund

Als die Exxon Valdez am 23. März 1989 um 21:12 Uhr, beladen mit ca. 200 Millionen Litern Rohöl, das Alyeska Pipeline Terminal Nahe der Stadt Valdez verließ und auf den Golf von Alaska zusteuerte, ahnte niemand, dass der Name des 300m langen Supertankers schon bald traurige Berühmtheit erlangen würde. Durch Kommunikationsprobleme zwischen vermutlich übermüdeten Besatzungsmitgliedern und daraus resultierenden Navigationsfehlern lief die Exxon Valdez wenige Minuten nach Mitternacht am Bligh Reef auf Grund. Fast 40 Millionen Liter Öl liefen in den folgenden Stunden in den Prince William Sound und verschmutzten große Teile der angrenzenden Küstenstriche.

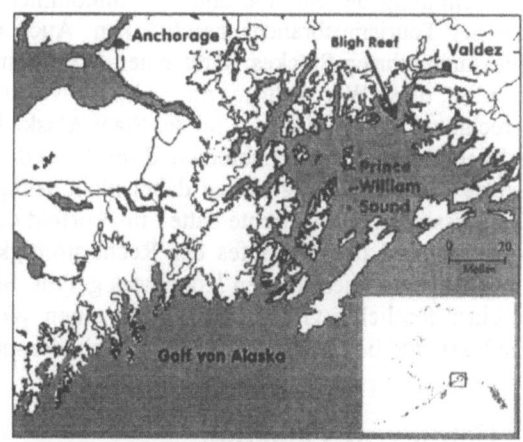

Abb. 1: Unglücksort Exxon Valdez

Die Havarie des Tankers vor der weitgehend unbewohnten Küste Alaskas erregte weltweit großes Aufsehen. Bis heute, mehr als zehn Jahre nach dem Unglück, ist der Name Exxon Valdez vielen Menschen als eine besonders tragische Ölkatastrophe in Erinnerung geblieben. Zwar gehörte das Unglück im Prince William Sound in Bezug auf die ausgetretene Ölmenge nicht einmal zu den besonders schwerwiegenden Ölkatastrophen (vgl. Tabelle 1), das Öl der Exxon Valdez verschmutzte jedoch eine bislang weitgehend unberührte Naturlandschaft. Der Prince Williams Sound wurde zum Sinnbild der hilflosen Natur, die der Profitgier eines Großkonzerns zum Opfer gefallen war. Exxon wurde im Anschluss an die Katastrophe von verschiedenen Seiten auf Zahlung von Schadensersatz verklagt. Besonders interessant ist

Tanker	Jahr	Ort	Ölverlust in Mio. l
Andras Patrio	1978	Spanien, Bay of Biscay	54
Amoco Cadiz	1978	Frankreich, Bretagne	254
Atlantic Empress	1979	Trinidad und Tobago	350
Castillo de Bellver	1983	Südafrika, Table Bay	290
Exxon Valdez	1989	USA, Alaska	40
Aegean Sea	1992	Spanien, La Coruña	81
Braer	1993	UK, Shetland Inseln	92
Haven	1994	Italien, Genua	155
Sea Empress	1996	UK, Wales	79
Erika	1999	Frankreich, Bretagne	18

Tab. 1: Übersicht über schwerwiegende Tankerunfälle

dabei die Klage des Staates Alaska, denn bei diesem Rechtsstreit spielten nicht nur Juristen, sondern auch Umweltökonomen und Entscheidungstheoretiker eine wichtige Rolle.

1.2 Der Wert öffentlicher Güter

Der Staat Alaska beabsichtigte, eine umstrittene Methode zur Bestimmung des von der Exxon Valdez verursachten Schadens, die sogenannte Contingent Valuation anzuwenden. Der Contingent Valuation liegt die Überlegung zugrunde, dass ein öffentliches Gut, wie es z.B. die Unberührtheit der Natur im Prince William Sound darstellt, auch für nicht direkt Betroffene (nicht aktive Nutzer) einen Wert besitzen kann. Eine Schadensberechnung dürfe sich demnach nicht nur auf die offensichtlichen Kosten der Reinigung der Strände und die Einkommensausfälle der ortsansässigen Fischer und der Tourismusbranche beschränken. Auch all die Menschen, die der Existenz eines unberührten Stückes Natur einen Wert beimessen, wären durch den Unfall geschädigt; diese Wertverluste (nicht aktive Nutzung) müssten in die Schadensgesamtberechnung mit einfließen. Und der Staat Alaska beabsichtigte, diesen Schadensersatz stellvertretend zu vereinnahmen und im Sinne der Umwelt zu verwenden. Das Ansinnen des Staates Alaska schien dabei nicht völlig hoffnungslos, denn amerikanische Kommissionen und Gerichte hatten im Vorfeld des Exxon Valdez Unglücks und auch noch während des Verlaufes der Rechtsstreitigkeiten Grundsatzentscheidungen zur Sinnhaftigkeit eines solchen Konzeptes gefällt: Selbst bei nicht aktiver Nutzung könne ein öffentliches Gut für Individuen einen Wert besitzen, der bei Kosten/Nutzen-Analysen und bei der Berechnung von Schadenshöhen zu berücksichtigen sei.

2. Contingent Valuation

Wie lässt sich der monetäre Wert eines Gutes bestimmen? Der in der Ökonomie übliche Ansatz leitet die Bewertung aus dem Preis ab, der sich aus Angebot und Nachfrage für das Gut innerhalb eines Marktes ergibt. Aber dieser Mechanismus lässt sich nicht für die monetäre Bewertung eines Stückes unberührter Natur im Prince Williams Sound verwenden? Für ein solches öffentliches Gut existieren keine Märkte, es liegen somit auch keine Preise vor.

Wenn Menschen allerdings eine klare Vorstellung darüber haben, was ihnen ein solches Gut persönlich wert ist, so müssten sich individuelle monetäre Äquivalente auch durch eine Befragung ermitteln und der Gesamtwert des Gutes durch Aufsummierung aller Individualbewertungen errechnen lassen. Wir wollen an dieser Stelle die Frage nicht vertiefen, ob Individuen tatsächlich wohldefinierte und monetär messbare Präferenzen über Güter wie „Stücke unberührter Natur" besitzen (was Kritiker anzweifeln), aber selbst wenn dies so wäre, ist nicht unmittelbar klar, wie diese Bewertungen den Betroffenen entlockt werden sollten. Die Antwort auf eine Frage: „Welchen Geldbetrag müsste man Ihnen geben, damit Sie akzeptieren könnten, dass die Exxon Valdez die unberührte Natur im Prince William Sound verschmutzen darf?" würde sicherlich eher den generellen Protest gegen den rücksichtslosen Umgang vieler Großkonzerne mit der Natur widerspiegeln als eine Bewertung des konkreten Schadens. Das Problem besteht hier offensichtlich in der Vorgabe einer hypothetischen, ja geradezu unsinnigen Entscheidungssituation („Es zahlt mir nun mal keiner etwas für die Erlaubnis, den Prince Williams Sound verschmutzen zu dürfen"), in denen die Befragten willkürliche Präferenzen konstruieren oder aus verwandten Entscheidungssituationen („Was ist mir der Umweltschutz generell wert?") entleihen. Durch die Contingent Valuation Methodik soll gerade dieses Problem gelöst werden.[1]

2.1 Schadensverhinderungsmaßnahme

Die zentrale Idee der Contingent Valuation besteht darin, nicht den Umweltschaden selbst monetär bewerten zu lassen, sondern die Durchführung einer Maßnahme, die einen solchen Schaden verhindern oder wieder rückgängig machen würde. Dieser Trick ermöglicht es, den Befragten ein einigermaßen realistisches und glaubhaftes Szenario vorzulegen, in dem sie eine (scheinbar bedeutsame) Entscheidung zu fällen haben. Die Einsicht, dass eine solche Bewertung (valuation) dann möglicherweise vom konkret beschriebenen Schadensverhinderungsszenario abhängig (contingent) ist, gab der Methode ihren Namen.

Zur Bestimmung der individuell empfundenen Schadenshöhe wird im Rahmen einer Contingent Valuation Studie üblicherweise ein drohender Umweltschaden (der im Ausmaß dem zu bewertenden entspricht) genau beschrieben und anschließend eine kostenverursachende Maßnahme zur Verhinderung des Schadens (und ausschließlich dieses spezifischen Schadens) vorgestellt.[2] Weiter wird erklärt, dass die Maßnahme durch eine Zusatzsteuer finanziert werden solle. Die Befragten müssen dann den maximalen Betrag nennen, den sie als Zusatzsteuer zu akzeptieren bereit wären, um die Schadensverhinderung zu ermöglichen. Dieser Betrag wird als ihr monetäres Äquivalent des Schadens interpretiert.

2.2 Akzeptanz der Contingent Valuation Methode

Bei den in Abschnitt 1.2 schon angesprochenen Grundsatzentscheidungen zur Relevanz individueller Wertschätzungen eines öffentlichen Gutes (selbst bei nicht aktiver Nutzung) war auch die Contingent Valuation Methode als grundsätzlich akzeptabel

---

[1] Die Einsatzmöglichkeiten für die Contingent Valuation beschränken sich dabei nicht auf die ex post Bestimmung von Schadenshöhen. Die Methodik kann auch ex ante verwendet werden, wenn z.B. bei öffentlichen Investitionsprojekten Kosten/Nutzen-Vergleiche verschiedener Alternativen erfolgen müssen.

[2] In Abschnitt 7 wird erläutert, wie diese Maßnahme in der Alaska Studie konkret aussah.

eingestuft worden, um die individuellen Bewertungen zu bestimmen. Es müsse allerdings sichergestellt sein, dass die individuell empfundenen Schadenshöhen verlässlich ermittelt werden könnten. Diese letzte Einschränkung sorgte dafür, dass Umweltökonomen und Entscheidungstheoretiker in dem Rechtsstreit Alaska gegen Exxon in den Blickpunkt rückten. In Anbetracht der enormen Geldbeträge, die auf dem Spiel standen, scheuten beide Seiten weder Kosten noch Mühen, die Solidität bzw. die Sinnlosigkeit des Contingent Valuation-Ansatzes aufzuzeigen. Der Staat Alaska griff auf Expertenwissen zurück, um eine möglichst hieb- und stichfeste state-of-the-art Contingent Valuation Studie zu entwickeln und durchzuführen. Der Konzern Exxon heuerte eine Reihe von Forschern an, die die Schwächen der Contingent Valuation Idee wissenschaftlich belegen und die Willkürlichkeit der berechneten Schadenshöhen vor Gericht aufzeigen sollten.

Wir können an dieser Stelle nicht ausführlicher auf die vielfältigen methodischen Probleme eingehen, die mit der Durchführung einer Contingent Valuation Studie verbunden sind (der interessierte Leser kann Details bei CARSON (2000) nachlesen oder Verweise auf kritischere Literatur der Webseite zu diesem Fallstudienbuch entnehmen). Probleme sind nicht nur im Rahmen der Schadenswertaggregation zu lösen,[3] sondern auch (und vor allem) bei der zuverlässigen Erfragung der individuellen Schadenseinschätzungen. Wir wollen zwei Punkte, die bei Befragungen auch generell zu beachten sind, aber zumindest kurz anreißen.

2.3 Kompensationsforderung vs. Zahlungsbereitschaft

Welcher Wert einem Objekt beigemessen wird, hängt u.a. davon ab, ob nach der Zahlungsbereitschaft, also dem maximalen Kaufpreis, oder der Kompensationsforderung, also dem minimalen Verkaufspreis, gefragt wird. Letzterer fällt üblicherweise (je nach Art des Objektes ein wenig oder sehr viel) höher aus. Dieses Phänomen wird als Besitztumseffekt bezeichnet (vgl. EISENFÜHR/WEBER (1999), Abschnitt 14.2.4). Bei einer Schadensbewertung sollte eigentlich eine Kompensationsforderung als die angemessenere Befragungsmethodik betrachtet werden (es geht ja darum, die monetäre Kompensation für den Verlust der unberührten Natur zu ermitteln). Wenn in Contingent Valuation Studien üblicherweise (wie im Falles der Alaska-Studie) nach der Zahlungsbereitschaft für eine Schadensverhinderung gefragt wird, wird die defensivere Befragungstechnik gewählt. Zumindest in dieser Hinsicht kann also von keiner unzulässigen Manipulation der Befragungsergebnisse gesprochen werden.

2.4 Anreizkompatibilität

Eine häufig geäußerte Kritik an den Ergebnissen einer Werterfragung bezieht sich auf den hypothetischen und unverbindlichen Charakter der Antworten: „Es wäre ein Leichtes, die Zustimmung zu einer 1000 DM Zusatzsteuer für eine gute Sache zu

---

[3] Aus Kostengründen kann nicht von jedem Individuum dessen Schadensbewertung erfragt werden. So müssen statistische Methoden eingesetzt werden, die es erlauben, aus möglichst kleinen Stichproben (bei der Alaska Studie wurden bspw. 1600 Haushalte befragt) Rückschlüsse auf die Grundgesamtheit (das waren in diesem Fall 93 Millionen Haushalte) zu ziehen. Hinzu kommt noch das grundlegendere Problem, den Umfang der Grundgesamtheit (der Betroffenen) überhaupt festzulegen. Sind nur die Schadensbewertungen US-amerikanischer Haushalte relevant oder müssen auch kanadische oder vielleicht sogar deutsche „Betroffene" berücksichtigt werden?

verkünden; über die tatsächliche Zahlungsbereitschaft in der realen Situation sage dies allerdings kaum etwas aus." In seriösen Contingent Valuation Studien muss daher dem Befragten der Eindruck der Verbindlichkeit seiner Antworten suggeriert werden. Dazu wird üblicherweise auf ein sogenanntes Referendum-Szenario zurückgegriffen. Dem Befragten wird erklärt, dass die Durchführung der dargestellten Maßnahme von den zuständigen Behörden tatsächlich geplant ist und mit dieser Studie die generelle Interessenlage in der Bevölkerung untersucht wird. Falls sich bei dieser Befragung genügend viele Bürger mit hinreichend hoher Zahlungsbereitschaft (die also über den bekannten Kosten der Maßnahme liegt) fänden, so würde die Zusatzsteuer verbindlich für alle Haushalte erhoben und die Maßnahme eingeleitet. Glaubt der Befragte diese Geschichte, so ist es für ihn sinnvoll, seine tatsächliche Zahlungsbereitschaft korrekt anzugeben.

3. Die Bewertung von Zahlungsreihen

Nun wollen wir uns endlich Fragen der Zeitpräferenz und einem konkreten (wenn auch hypothetischen) Zahlenbeispiel zuwenden. Zeitpräferenzüberlegungen können (und das ist nicht hypothetisch) im Rahmen von Contingent Valuation Studien eine wichtige Rolle spielen. Bisher hatten wir stets unterstellt, dass in der Studie nach einem einzelnen Betrag (z.B. nach der gerade noch akzeptablen Höhe einer in diesem Jahr fälligen Zusatzsteuer) gefragt wird, der als das monetäre Schadensäquivalent des Befragten zu interpretieren ist. Eine alternative Vorgehensweise besteht darin, nach der gerade noch akzeptablen Höhe einer mehrere Jahre lang anfallenden Steuer (also nach einer Zahlungssequenz) zu fragen. Dies kann sich vor allem dann anbieten, wenn eine langjährige Steuer besser zum Schadensverhinderungsmechanismus passt und das beschriebene Szenario damit realistischer und glaubhafter wird.[4] Die Erfragung von Zahlungssequenzen birgt aber auch ein grundlegendes Problem. Es ist nicht unmittelbar klar, wie die ermittelte Zahlungsreihe in den tatsächlich gesuchten monetären Einzelwert transformiert werden sollte. Hier setzt unser Zahlenbeispiel an.

3.1 Die Ausgangssituation

Versetzen wir uns hinein in die Gruppe von Juristen, Umweltökonomen und Entscheidungsanalysten, die vom Staat Alaska den Auftrag erhalten haben, eine Contingent Valuation Studie zur Bestimmung des von der Exxon Valdez verursachten Umweltschadens zu entwickeln und durchzuführen. Methodische Probleme des Aggregationsprozesses (Festlegung der Grundgesamtheit und Auswahl der repräsentativen Stichprobe) seien bereits gelöst. Es muss nun nur noch herausgefunden werden, welches monetäre Äquivalent der durchschnittliche amerikanische Haushalt dem Schaden zuweist, welcher Betrag also mit 93 Millionen (der Zahl amerikanischer Haushalte) zu multiplizieren ist, um vor Gericht die Höhe des Gesamtschadens zu beziffern. Die Ziele, die bei der Entwicklung des hierfür zu verwendenden Fragebogens verfolgt werden, sollten noch einmal klar herausgestellt werden. Natürlich wird das Team

---

4 Auch das Problem von Budgetrestriktionen (die Befragten können selbst bei einer höheren individuellen Schadenseinschätzung keine Zahlungsbereitschaft äußern, die ihr aktuell verfügbares Budget übersteigt) wird durch die Erfragung von Zahlungsreihen abgeschwächt. Derartige Budgetprobleme wollen wir in unserem Zahlenbeispiel jedoch ausschließen.

versuchen, im Sinne des Auftraggebers, des Staates Alaska, eine möglichst hohe Schadensbewertung zu generieren. Allerdings darf dabei nicht aus den Augen verloren werden, dass die Solidität und Seriosität der Untersuchung in Anbetracht der unklaren Rechtslage absolute Priorität besitzen muss. Mit all zu offensichtlichen Manipulationsversuchen würde man sich der Gefahr aussetzen, dass die gesamte Studie als unzuverlässig und deren Ergebnisse somit als irrelevant eingestuft würden. Aus diesem Grund waren neben den Entscheidungstheorie-Experten Emily, Eddy und Errol bewusst auch die zwei „Laien" Lucy und Larry ins Team aufgenommen worden. Sie sollten die Studie aus der Sicht eines Normalbürgers, quasi als Test für die Meinung der Richter und Geschworenen, bezüglich ihrer Solidität beurteilen.

Eine erste Version der Befragung war bereits entwickelt und in umfangreichen Voruntersuchungen getestet worden. Details zum Design dieser Studie sind im Weiteren nicht von Belang. Wichtig ist nur, dass in der Studie nach der maximal akzeptablen Höhe einer *einmaligen* Zusatzsteuer zur Schadensverhinderung gefragt wurde (im Folgenden wird diese Studie als Typ 1 bezeichnet). Es hatte sich bei den Voruntersuchungen im Durchschnitt eine Zahlungsbereitschaft von $z=\$30$ ergeben. Dies würde, zur Freude der Auftraggeber, zu einer Gesamtschadenshöhe von 2,8 Mrd. Dollar ($\$30 \times 93$ Mio. Haushalte) führen, für die Exxon Schadensersatz leisten müsste.

3.2 Variation der Studie: Mehrmalige Zahlungen

Errol weist allerdings darauf hin, dass in den Voruntersuchungen etliche Befragte Zweifel am vorgestellten Zahlungsmechanismus und der Glaubwürdigkeit der ganzen Befragung geäußert hätten. Die Schadensverhinderungsmaßnahme (mit laufenden Kosten) und der Zahlungsmechanismus (einmalige Zusatzsteuer) würden nicht zusammen passen und Verwirrung auslösen. Um diesbezüglicher Kritik der Gegenpartei (der von Exxon angeheuerten Experten) aus dem Weg zu gehen, empfiehlt Errol, in der Studie nach einer über mehrere Jahre anfallenden Steuer und nicht nach einer einmaligen Zusatzsteuer zu fragen. Obwohl Emily und Eddy bezweifeln, dass die bisherige Studie in dieser Hinsicht wirklich angreifbar wäre, stimmen sie zu. Die Studie vom Typ 1 soll nur in diesem einen Punkt modifiziert und in einer weiteren Feldstudie getestet werden. Ein Vergleich der Voruntersuchungsergebnisse soll dann entscheiden, welche Methodik in der Hauptstudie zum Einsatz kommt.

Errol kümmert sich um die Durchführung dieses Planes. In der modifizierten Studie (im Folgenden Typ 2 genannt) wird den Befragten erklärt, dass die Schadensverhinderungsmaßnahme eine über den Zeitraum von fünf Jahren anfallende Zusatzsteuer erfordere (also eine Steuer in diesem Jahr und in den folgenden vier Jahren). Dann wird nach der gerade noch akzeptablen Höhe der jährlichen Zusatzsteuer gefragt. Bei dieser Befragung ergibt sich im Durchschnitt eine jährliche Zahlungsbereitschaft von $y=\$6{,}90$. Für einen repräsentativen Befragten, und auf einen solchen wollen wir uns im Folgenden konzentrieren (da er die Gesamtschadenshöhe bestimmt), ist eine Reihe von Zahlungen ($-6{,}9$; $-6{,}9$; $-6{,}9$; $-6{,}9$; $-6{,}9$) demnach ein monetäres Äquivalent für den durch die Exxon Valdez verursachten Schaden. Der erste Eintrag entspricht dabei der diesjährigen Steuerzahlung ($t=0$), die weiteren Einträge bezeichnen die Zahlungen der folgenden Jahre ($t=1$ bis $t=4$).

3.3 Kapitalwertberechnung

Um die Frage zu klären, ob sich durch die modifizierte Studie ein höheres oder ein geringeres monetäres Schadensäquivalent ergibt, muss die Zahlungsreihe (–6,9; –6,9; –6,9; –6,9; –6,9) in eine entsprechende Sofortzahlung transformiert werden. Errol erläutert den Laien, dass die Einzelzahlungen nicht einfach zur Summe –34,5 aufaddiert werden dürfen, sondern mithilfe der Kapitalwertmethode in einen Gegenwartswert zu transformieren sind. Dabei werden die in den späteren Zeitpunkten t=1,2,3,4 anfallenden Zahlungen abgezinst und dadurch mit in t=0 anfallenden Zahlungen vergleichbar gemacht. Hinter diesem Verfahren steckt die Idee, dass ein Geldbetrag, der heute zum Marktzins angelegt würde, zu einem späteren Zeitpunkt mit Zins und Zinseszins zur Verfügung stünde.

Für einen angenommenen Marktzins von r=4% führt Errol die Berechnung des Kapitalwertes vor. Zur Abdiskontierung einer im Zeitpunkt t anfallenden Zahlung ist ein Faktor $w_t = \frac{1}{q^t} = \frac{1}{1,04^t}$ zu verwenden. Die sich daraus ergebenden Abzinsungsfaktoren sind Tabelle 2 zu entnehmen:

t=	0	1	2	3	4
w_t	1	0,9615	0,9246	0,8890	0,8548

Tab. 2: Abzinsungsfaktoren im Kapitalwertmodell für q =1,04.

Die in t=4 anfallende Zahlung in Höhe von $6,9 wird also beispielsweise einer in t=0 anfallenden Zahlung in Höhe von ca. $5,9 (=$6,9*0,8548) gleichgesetzt.
Der Kapitalwert der Zahlungsreihe ergibt sich hiermit als:

$$C(-6,9; -6,9; -6,9; -6,9; -6,9) = \sum_{t=0}^{4} w_t (-6,9) = \sum_{t=0}^{4} \frac{1}{1,04^t}(-6,9) = -31,95.$$

Der mit der modifizierten Methodik (Typ 2) bestimmte durchschnittliche Schadenswert ist also um $1,95 größer als der ursprünglich bestimmte. Das mag auf den ersten Blick nicht besonders viel erscheinen; es ist jedoch zu bedenken, dass dieser Durchschnittswert letztendlich mit der Zahl der amerikanischen Haushalte multipliziert wird, also 175 Mill. Dollar zusätzliche Schadensersatzzahlungen bedeuten könnte. In jedem Fall scheint die Lage jedoch eindeutig zu sein. Die Studie vom Typ 2 beseitigt das Problem des inkonsistenten Szenarios und generiert zusätzlich auch höhere Schadenswerte.

3.4 Sensitivitätsanalyse bezüglich der Zahlungsbereitschaft y

Errol muss allerdings einräumen, dass bei dieser zweiten, schnell durchgeführten Voruntersuchung kein ausreichend großer Stichprobenumfang vorlag, um sich bezüglich des Wertes y=$6,90 absolut sicher zu sein. Nach seinen Berechnungen könne bei der späteren Hauptstudie die durchschnittliche jährliche Zahlungswilligkeit um 40 Cents nach oben oder unten schwanken (y wird zwischen $6,50 und $7,30 liegen). Auch der Kapitalwert könne sich daher noch geringfügig von dem oben berechneten unterscheiden.

Larry kann als ein mit diesen Konzepten wenig vertrauter Laie die Relevanz dieser Aussage nicht richtig einschätzen und möchte gerne wissen, ob man dennoch sicher sein könne, dass sich bei Verwendung der modifizierten Methodik (Typ 2) ein höherer Schadenswert als bei der ursprünglichen Methodik (Typ 1) ergibt.[5] Die Beantwortung dieser einfachen Frage wollen wir dem Leser überlassen. Bei Interesse kann er sich dann auch gleich einmal überlegen, wie groß die Schwankungsbreite um den Wert y=$6,90 maximal sein dürfte, um bezüglich der Vorteilhaftigkeit der modifizierten Methode (Typ 2) sicher sein zu können.

3.5 Die Relevanz des Marktzinses

Lucy, die zwar ein entscheidungstheoretischer Laie ist, sich aber in Finanzmärkten gut auskennt, möchte nun von Errol wissen, wie sensitiv das Ergebnis in Bezug auf den verwendeten Marktzins sei. Ihr persönlich erscheine die Verwendung eines Zinssatzes von 4% bei der Kapitalwertberechnung als äußerst bedenklich. Es entstünde der Eindruck, hier würde bewusst manipuliert, um einen möglichst hohen Schadensersatz zu errechnen. Um kein negatives Licht auf die ganze Studie zu werfen, müsse man deutlich höhere Diskontraten bei der Berechnung des Kapitalwertes verwenden. Errol führt daraufhin schnell einige Beispielberechnungen durch:

- Bei einer Diskontrate von r=6% ergibt sich bei der modifizierten Methode immer noch ein höherer Schadenswert ($30,8 zu $30), allerdings nicht mehr für das gesamte Intervall [$6,50; $7,30] möglicher jährlicher Zahlungsbereitschaften y.
- Bei r=8%, einer Diskontrate, bei der jegliche Manipulationsverdächtigungen ausgeschlossen wären, wäre die modifizierte Methode nicht einmal mehr für den mittleren Wert y=$6,90 vorteilhaft ($29,75 zu $30).

Errol erkennt bereits an diesen Beispielen, dass sein ursprüngliches Ergebnis in Bezug auf Variationen des Marktzinssatzes nicht sehr robust ist. Um detailliertere Erkenntnisse zu liefern, will er eine Sensitivitätsanalyse in zwei Dimensionen (Zinssatz r und Zahlungsbereitschaft y) durchführen. Dazu bietet es sich an, ein Tabellenkalkulationsprogramm, wie z.B. Microsoft Excel [R], einzusetzen, das die notwendigen Berechnungen nicht nur schnell und effizient erledigen kann, sondern auch bei der wichtigen Aufgabe unterstützt, die Ergebnisse grafisch und anschaulich zu präsentieren. Im Folgenden wird gezeigt, wie eine solche zweidimensionale Sensitivitätsanalyse mit Hilfe von Excel durchgeführt werden kann.[6]

3.6 Zweidimensionale Sensitivitätsanalyse mit Excel

Für jeden Zinssatz r und für jede Zahlungsbereitschaft y kann der zugehörige Kapitalwert der Zahlungsreihe (–y; –y; –y; –y; –y) berechnet und mit dem bekannten Wert –$30 verglichen werden. Es gilt dabei:

$$C(-y; -y; -y; -y; -y) = \sum_{t=0}^{4} \frac{1}{(1+r)^t}(-y) = -y \sum_{t=0}^{4} \frac{1}{(1+r)^t} = -y \frac{\frac{1}{(1+r)^5}-1}{\frac{1}{(1+r)}-1}.$$

---

[5] Dabei nehmen wir an, dass aufgrund eines grösseren Stichprobenumfangs bei der ersten Voruntersuchung die Unsicherheit bezüglich des Wertes z= $30 vernachlässigbar ist.
[6] Die dabei verwendeten Excel-Sheets finden sich auf der Webseite zu diesem Fallstudienbuch.

Dabei ist die letzte Umformung rein technischer Natur und vermeidet, dass die fünf Summanden explizit aufaddiert werden müssen. In Excel wird eine Tabelle angelegt, in der in jeder Spalte ein Zinssatz r und in jeder Zeile eine Zahlungsbereitschaft y eingetragen ist. In der durch Spalte und Zeile definierten Zelle wird dann berechnet, um wie viel der sich bei diesen Parametern ergebende Kapitalwert über dem Vergleichswert $30 liegt. Für den Fall r=4% und y=$6,50 ergibt sich in Zelle J7 der Abbildung 2 eine Differenz von $0,09; die modifi-

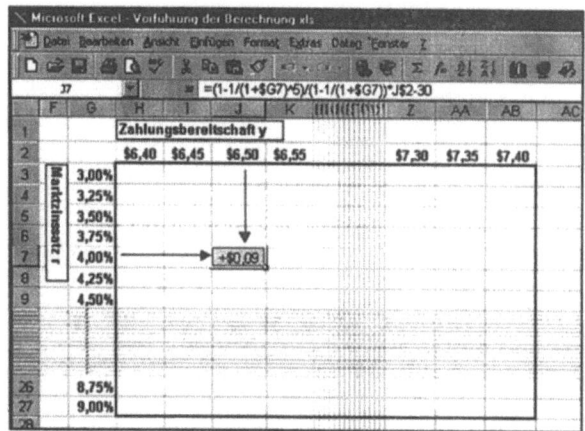

Abb. 2: Microsoft Excel-Tabelle zur Berechnung der Schadenswertdifferenzen

zierte Methode (Typ 2) liefert einen um 9 Cents höheren Schadenswert als die ursprüngliche Methode (Typ 1). Die Formel in Zelle J7 kann nun einfach in jede andere Zelle der Tabelle kopiert werden und liefert dann für jede (y,r)-Kombination die gesuchte Schadenswertdifferenz.

Errol hat sämtliche Tabelleneinträge errechnet und überlegt jetzt, wie sich die Ergebnisse am anschaulichsten darstellen und kommunizieren lassen. Excel bietet hierfür die Möglichkeit, in einem (y,r)-Raster die berechneten Schadenswertdifferenzen durch Niveau-Linien zu verdeutlichen. Abbildung 3 zeigt ein solches Diagramm. Jeder Punkt in der Ebene ist eine Kombination von Zinssatz r und Zahlungsbereitschaft y; das von Errol ursprünglich betrachtete Szenario mit einem Marktzins von r=4% und einer Zahlungsbereitschaft von y=$6,90 ist durch einen schwarzen Punkt gekennzeichnet. Dieser Punkt liegt ungefähr auf der Niveau-Linie +$2, dies deckt sich mit der früheren Berechnung des Schadenswertes $31,95, der knapp $2 über dem Vergleichswert $30 liegt.

Die entscheidende Niveau-Linie ist mit $0 gekennzeichnet. Im hellen Bereich oberhalb dieser Linie liegen die (y,r)-Kombinationen, für die die modifizierte Methode (Typ 2) höhere Schadenswerte errechnet, im unteren dunklen Teil wäre die Verwendung der ursprünglichen Methode (Typ 1) sinnvoller. Im Inneren des Quadrats findet man diejenigen Kombinationen, die im gegebenen Entscheidungskontext relevant sind (Zins r zwischen 4% und 8%, Zahlungsbereitschaft y zwischen $6,50 und $7,30). Die Tatsache, dass die linke Kante des Quadrats vollständig im hellen Bereich liegt, liefert die Antwort auf die in Abschnitt 3.4 gestellte Frage. Bei Annahme eines Marktzinses von r=4% zur Kapitalwertberechnung ergeben sich durch die modifizierte Studie mit Sicherheit höhere Schadenswerte. Aber bereits bei einem geringfügig höheren Marktzins (z.B. 4,25%) ist die Vorteilhaftigkeit nicht mehr sicher. Bei einem Marktzins von über 7,52%, ist selbst für die Zahlungsbereitschaft y=$6,90 die modifizierte Methode nicht mehr vorteilhaft. Lucy ist der Meinung, dass eine Diskontrate von mindestens 7%, besser sogar 8% zur Kapitalwertberechnung verwendet werden sollte. Die Vorteilhaftigkeit der Typ 2 Methode ist dann keineswegs mehr klar.

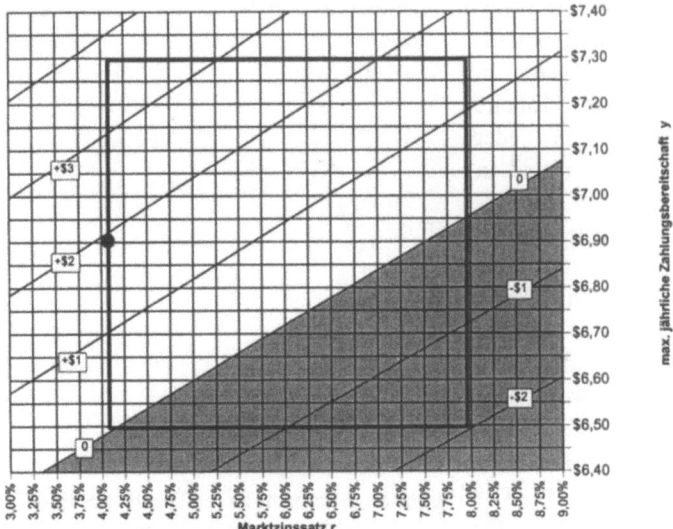

Abb. 3: Darstellung der Ergebnisse der Sensitivitätsanalyse durch Excel-Grafik

4. Berücksichtigung individueller Zeitpräferenzraten

Experten und Laien diskutieren noch über den durch unterschiedliche Diskontraten verursachten Trade-Off zwischen höherer Schadensbewertung und Seriosität der Studie, als sich Emily mit einem alternativen Vorschlag zu Wort meldet: Es solle für jeden Befragten dessen individuelle Zeitpräferenzrate bestimmt und statt eines Marktzinses zur Abdiskontierung seiner speziellen Zahlungssequenz verwendet werden (im Folgenden Studie vom Typ 3 genannt). Es ginge hier doch schließlich darum, welche einmalige Sofortzahlung für den individuellen Befragten bewertungsäquivalent zu der von ihm geäußerten Zahlungsreihe (und damit auch zum Umweltschaden) sei und nicht darum, wie der Markt dessen Zahlungsreihe transformieren könnte.

Studie Typ 1	Studie vom Typ 2	Studie vom Typ 3
• Zahlungsbereitschaft y bei einmaliger Zusatzsteuer	• Zahlungsbereitschaft z bei 5jähriger Zusatzsteuer • Kapitalwertberechnung für Marktzins	• Zahlungsbereitschaft z bei 5jähriger Zusatzsteuer • Erfragung von Zeitpräferenzrate • Schadenserrechnung durch indiv. Diskontierungsmodell

Tab. 3: Übersicht über die unterschiedlichen Befragungsmethodiken

Lucy und Larry finden den Vorschlag interessant, haben aber zwei grundsätzliche Fragen:

- Zum einen interessiert sie, warum das eine seriöse und wissenschaftlich fundierte Vorgehensweise wäre?
- Zum anderem befürchten sie, dass eine Bestimmung von Zeitpräferenzraten sehr aufwendig wäre und die ohnehin umfangreiche Studie weiter aufblähen würde.

Auch Eddy steht dem Vorschlag eher kritisch gegenüber: Wenn die Zahlungsreihen-Studie nun so kompliziert (und damit auch wieder angreifbarer) würde, solle man lieber das kleine Problem mit der Studie vom Typ 1 in Kauf nehmen. Er sähe nämlich auch in Bezug auf die zu erwartenden Schadenshöhen nicht:

- warum ein Studie vom Typ 3 geeigneter als eine Studie vom Typ 1 sein sollte (also höhere Schadenswerte ergeben würde).

Emily geht zuerst auf die Fragen der Laien ein.

4.1 Eignung des Diskontierungsmodells mit individuellen Diskontfaktoren

Emilys Erläuterungen zum ersten Punkt können wir hier sehr kurz wiedergeben, da sich alle grundlegenden Argumente im Lehrbuch (EISENFÜHR/WEBER (1999), Kapitel 11) finden und die hier vorliegende Situation in keiner Weise speziell oder ungewöhnlich ist. Es geht darum, Zahlungsreihen zu bewerten, bzw. zu einer gegebenen Zahlungsreihe eine bewertungsgleiche Sequenz zu finden, bei der ausschließlich in t=0 eine Zahlung anfällt. Ein solches mehrperiodiges Entscheidungsproblem ist ein spezieller Fall eines multiattributiven Entscheidungsproblems, und um ein additives Bewertungsmodell unterstellen zu können, müssen gewisse Bedingungen bzgl. der Präferenzen erfüllt sein. Emily empfindet dabei insbesondere die Forderung wechselseitiger Präferenzunabhängigkeit für nicht ganz unkritisch, bestätigt den Laien aber, dass diese Annahme üblicherweise akzeptiert wird.

Die weiterführende Annahme linearer Periodenwertfunktionen hält Emily hingegen für eine sinnvolle und problemlose Vereinfachung, da es um geringe Beträge geht und Sättigungseffekte bei monetären Ausprägungen ohnehin eine eher untergeordnete Rolle spielen. Damit wäre die Bewertungsfunktion bereits zur Form:

$$v(a_0, a_1, a_2, a_3, a_4) = \sum_{t=0}^{4} w_t \cdot a_t$$

reduziert. Zur Begründung, warum die Periodengewichte mit einer konstanten Rate fallen sollten, verweist Emily auf Überlegungen dynamischer Konsistenz. Identische Periodengewichte folgen unmittelbar aus dem Stationaritätsaxiom, nach dem sich Präferenzen zwischen Zahlungsreihen nicht allein durch das Voranschreiten der Zeit verändern sollten. Damit bleibt die Frage, ob der Entscheider nicht durch die Transformationsmöglichkeiten des Marktes gezwungen würde, seine Zeitpräferenzrate dem Marktzins anzupassen (vgl. EISENFÜHR/WEBER (1999), Abschnitt 11.4). Hier weist Emily darauf hin, dass es dem einzelnen Individuum nicht möglich sei, kleinere Geldbeträge ohne weitere Transaktionskosten zu einem gegebenen Marktzins beliebig zwischen den Perioden zu verschieben. Die dem Kapitalmarkt unterstellte „disziplinierende" Wirkung in Bezug auf Zeitpräferenzen muss daher nicht zum Tragen kommen.

Und in Anbetracht Larrys fragender Blicke fügt sie noch einmal hinzu, dass es nicht relevant sei, ob z.B. der Grosskonzern Exxon diese Transformationsmöglichkeit besitzt. Ziel der Contingent Valuation sei es, den monetären Gegenwartswert der individuellen Schädigung zu bestimmen und auf die Grundgesamtheit der Geschädigten hochzurechnen. Welcher Diskontsatz zu verwenden sei, wenn Exxon den festgelegten Schadensersatz später nicht auf einen Schlag, sondern in Raten zahle, sei eine völlig andere Frage.

4.2 Bestimmung der Periodengewichte

In einem Diskontierungsmodell ist die Bestimmung der Periodengewichte einfach. Durch einen einzigen Parameter, den Diskontfaktor q, sind sämtliche Periodengewichte gemäß der Formel $w_t = 1/q^t$ festgelegt. Der Diskontfaktor q kann i.a. aus einer einzelnen Indifferenzaussage des Befragten errechnet werden. Um robustere Ergebnisse zu erhalten, ist es allerdings empfehlenswert, mehrere Indifferenzaussagen zu erheben und daraus einen Diskontfaktor (z.B. als Mittelwert der Einzelwerte) abzuleiten. Emily zeigt verschiedene Möglichkeiten auf, wie aus Indifferenzaussagen der gesuchte Parameter errechnet werden kann:

A. Der Entscheider könnte gebeten werden, denjenigen Betrag X_{01} zu nennen, bei dem er indifferent zwischen der Zahlungsreihe (100; 0; 0; 0; 0) und der Zahlungsreihe (0; X_{01}; 0; 0; 0) ist. Indifferenz zwischen zwei Zahlungsreihen bedeutet identische Werte im Bewertungsmodell und bei der angenommenen Bewertungsfunktion

$$v(a_0, a_1, a_2, a_3, a_4) = \sum_{t=0}^{4} \frac{1}{q^t} \cdot a_t \text{ ergibt sich: } \frac{1}{q^0} \cdot 100 = \frac{1}{q^1} \cdot X_{01} \text{ und } q = \frac{X_{01}}{100}$$

B. Es könnte auch nach demjenigen Betrag X_{04} gefragt werden, bei dem Indifferenz zwischen der Zahlungsreihe (100; 0; 0; 0; 0) und der Zahlungsreihe (0; 0; 0; 0; X_{04}) vorliegt. Hier ergibt sich die Gleichheit:

$$\frac{1}{q^0} \cdot 100 = \frac{1}{q^4} \cdot X_{04} \text{ und } q = \left(\frac{X_{04}}{100}\right)^{1/4}.$$

Der Vorteil der Methode B besteht darin, dass sich kleine Fehler bei der Indifferenzaussage (z.B. weil nur in ganzen Dollarbeträgen geantwortet wird) nicht wie bei Methode A bei der Extrapolation auf die späteren Perioden vervielfachen.

Viele weitere Ansätze sind denkbar; weder muss die Indifferenz eine Zahlung im Zeitpunkt t=0 beinhalten noch muss der zu bestimmende Betrag zeitlich hinter dem gegebenen liegen.

C. So könnte auch nach demjenigen Betrag X_{43} gefragt werden, bei dem Indifferenz zwischen der Zahlungsreihe (0; 0; 0; 0; 100) und der Zahlungsreihe (0; 0; 0; X_{43}; 0) vorliegt. Auch hieraus ergibt sich sofort:

$$\frac{1}{q^4} \cdot 100 = \frac{1}{q^3} \cdot X_{43} \text{ und } q = \frac{100}{X_{43}}.$$

Die in der Literatur zuweilen vorgeschlagenen Methoden, bei denen die Geldbeträge festliegen und der Entscheider durch die Wahl der Zahlungszeitpunkte seine Zeitpräferenz verdeutlicht (vgl. z.B. die Ausführungen zur Halbwertperiode in EISENFÜHR/WEBER (1999) hält Emily für weniger geeignet. Sie persönlich glaubt, dass Individuen große Schwierigkeiten haben, ihre Zeitpräferenz in einer so ungewohnten Form auszudrücken.

Larry findet Emilys Ausführungen zur Bestimmung des Diskontfaktors interessant, versteht aber nicht, warum dieser Umweg überhaupt beschritten werde. Offenbar würde hier doch angenommen, dass Individuen in der Lage sind, ihre Präferenzen zwischen Zahlungsreihen in solchen Indifferenzaussagen auszudrücken. Dann könnte aber auch gleich der gesuchte Betrag X erfragt werden, bei dem Indifferenz zwischen der individuellen Zahlungsbereitschaft (-y; -y; -y; -y; -y), und der Zahlungsreihe (-X; 0; 0; 0; 0) besteht. Damit wäre die gesuchte Indifferenz direkt gegeben, und man könnte sich den Umweg über das Diskontierungsmodell ersparen.

Bevor Emily antworten kann, wirft Errol ein, dass er ein solches Vorgehen für sehr gefährlich halte. Aus seiner Erfahrung mit Contingent Valuation Studien wüsste er, dass solche scheinbar mit dem ursprünglichen Problem verwandte Zusatzfragen, die aber nicht zum dargestellten Szenario passen, Verwirrung auslösen und zu Verdächtigungen und Fehlinterpretationen der Fragestellung führen. („Gerade wurde noch behauptet, man brauche das Geld erst in einigen Jahren und jetzt will man es offenbar doch sofort haben. Wahrscheinlich ist das alles wieder nur ein Vorwand..." etc.) Er würde auf jeden Fall empfehlen, die Zeitpräferenzen durch völlig unverfängliche Indifferenzen, wie in den Methoden A bis C zu erfassen.

5. Der Einfluss auf die errechnete Schadenshöhe

Emily hat (den Laien) damit erläutert, dass sich individuelle Zeitpräferenzraten mit geringem Aufwand erfragen lassen und dass für eine Bewertung durch ein Diskontierungsmodell mit individuellen Diskontraten eine theoretische Fundierung vorliegt, die allgemein akzeptiert wird. Aus dieser Sicht spräche also kaum etwas gegen eine Studie vom Typ 3, eine Studie mit zusätzlicher Erfassung individueller Zeitpräferenzraten: Wenn sich durch eine solche Befragung niedrige Diskontraten und damit höhere Schadenssummen ergeben würden, wäre das Ergebnis sicherlich weniger angreifbar, als wenn im Rahmen des Kapitalwertmodells niedrige Diskontraten einfach angenommen würden.

Emily ist bisher allerdings noch nicht auf die zentrale Frage von Eddy eingegangen: Warum sollte man erwarten, bei einer solchen Befragung auch tatsächlich niedrige Diskontraten vorzufinden? Eddy hat seinen Einwand mittlerweile sogar noch expliziter gemacht. Ihm erscheint es klar, dass bei einer Studie vom Typ 3 genau die gleichen Schadenssummen errechnet werden wie bei der ursprünglichen Studie (Typ1). Er begründet seine Meinung so:

5.1 Eddys Argumente für unveränderte Schadenshöhen

Betrachten wir den repräsentativen Befragten, der bei der Studie vom Typ 1 die Zahlungsbereitschaft z=$30 äußert und bei einer Studie vom Typ 3 die jährliche Zahlungsbereitschaft y=$6,90. Besitzt dieser Entscheider transitive Präferenzen, muss er indifferent zwischen den Zahlungsreihen (-6,9; -6,9; -6,9; -6,9; -6,9) und (-30; 0; 0; 0; 0) sein, denn er ist jeweils indifferent zwischen diesen Zahlungsreihen und dem Umweltschaden. Nehmen wir nun weiter an, dass die Präferenzen des Entscheiders durch ein Diskontierungsmodell abgebildet werden, so muss seine persönliche Zeitpräferenzrate 7,52% betragen. Nur dann ergeben sich identische Bewertungen für beide Zeitreihen, wie sich leicht nachrechnen läßt (vgl. auch Abbildung 3).

Als konsistenter Entscheider würde er diese interne Diskontrate auch verwenden, um auf die Fragen zur Bestimmung seiner Zeitpräferenzrate (vgl. Abschnitt 4.2.) zu antworten. Auf Frage A würde er beispielsweise antworten:

$$(100; 0; 0; 0; 0) \sim (0; \boldsymbol{107{,}52}; 0; 0; 0)$$

Es ist klar, dass aus dieser Indifferenzaussage gerade wieder die individuelle Zeitpräferenzrate 7,52% abgeleitet wird. Verwendet man diese zur Transformation der Zahlungsreihe (−6,9; −6,9; −6,9; −6,9; −6,9), so ergibt sich der Schadenswert $30. Bei der Studie vom Typ 3 ergibt sich also der gleiche Schadenswert wie bei der ursprünglichen Studie vom Typ 1.

Eddy macht für die Laien die simple Intuition hinter diesem Ergebnis noch einmal klar: Die externen Umformungen (Transformation der Zahlungsreihe in eine sofortige Einmalzahlung) unterstellen die Verwendung eines Diskontierungsmodells. Wenn der Entscheider nun intern auch tatsächlich ein Diskontierungsmodell verwendet, wird durch die externe Prozedur die tatsächliche monetäre Bewertung des Umweltschadens korrekt (wenn auch auf Umwegen) bestimmt. Aufgrund ungenauer Antworten wird es zwar im Einzelfall zu geringfügigen Abweichungen kommen, diese sind aber unsystematisch und gleichen sich im Mittel wieder aus. Die unterschiedlichen Befragungstechniken (Typ 1 und Typ 3) werden daher zum gleichen Ergebnis führen.

5.2 Präskriptive vs. deskriptive Entscheidungstheorie

An dieser Stelle greift Emily ein und weist Eddy vorsichtig (denn er ist ja auch ein Experte) auf den Unterschied zwischen einem präskriptiven und einem deskriptiven Ansatz hin. Die Überlegungen in Abschnitt 4.1 waren präskriptiver Natur. Es wurde erläutert, wann und warum eine Bewertung von Zahlungsreihen mithilfe des Diskontierungsmodells als rational und sinnvoll angesehen werden kann. In Abschnitt 5.1. hatte Eddy die Anwendung des Diskontierungsmodells jedoch als deskriptive Einsicht interpretiert. Er hatte angenommen, dass Individuen tatsächlich so entscheiden wie durch das Diskontierungsmodell vorhergesagt wird. Die deskriptive Entscheidungsforschung zeigt jedoch, dass tatsächlich zu beobachtendes Entscheidungsverhalten häufig (und auch im Rahmen intertemporaler Entscheidungen) systematisch vom rationalen Verhalten abweicht. Solch systematische Verzerrungen zu kennen, ist nicht nur wichtig, um eigene Entscheidungsfehler zu vermeiden. Das Wissen kann auch – wie Emily plant – dazu genutzt werden, um Entscheidungssituationen unauffällig zum eigenen Vorteil zu manipulieren.

5.3 Nichtlineare Zeitwahrnehmung

Glücklicherweise besitzt Emily gerade im Bereich intertemporalen Entscheidens ein fundiertes Wissen über deskriptive Erkenntnisse. So kann sie den Laien und den weniger gut informierten Expertenkollegen die zentralen Einsichten erläutern:

Wie stark ein Entscheider eine Zahlung bei einer zeitlichen Verschiebung (Verzögerung) abdiskontiert, hängt davon ab, als wie lang er diese Verzögerung empfindet. In der deskriptiven Entscheidungsforschung wurde herausgefunden, dass Individuen den Zeitverlauf i.a. nicht linear wahrnehmen. Je weiter in der Zukunft zwei Zeitpunkte liegen, als umso geringer wird deren zeitliche Distanz empfunden und umso weniger stark wird bei einer entsprechenden Zahlungsverzögerung abdiskontiert. Diese etwas abstrakte Idee erläutert Emily den Teamkollegen anhand von Abbildung 4. Im linken Bild ist eine lineare Zeitwahrnehmung $\alpha(t)$ abgetragen. Die gleich großen Zeitintervalle T_{01} und T_{23} auf der x-Achse werden als gleich lang wahrgenommen, sie werden auf gleich große Intervalle auf der y-Achse abgebildet. Dies entspricht der Situation des Diskontierungsmodells. Für eine Verzögerung einer Zahlung von t=0 nach t=1 wird der gleiche Diskontfaktor q verwendet wie für die Verzögerung von t=2 nach t=3.

Eher den deskriptiven Erkenntnissen entsprechend, zeigt das rechte Bild eine konkave Zeitwahrnehmung. Im Bild werden die Zeitintervalle T_{01} und T_{24} als gleich lang wahrgenommen, obwohl das Intervall T_{24} tatsächlich doppelt so lang ist wie das Intervall T_{01}. Die Konsequenzen einer solch verzerrten Zeitwahrnehmung für die Zeitpräferenzen sind klar. Für weiter in der Zukunft liegende Zahlungsverzögerungen werden geringere Abzinsungsfaktoren verwendet.

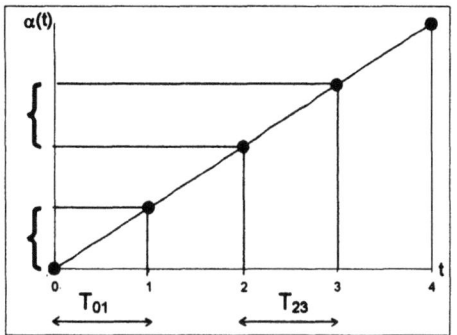 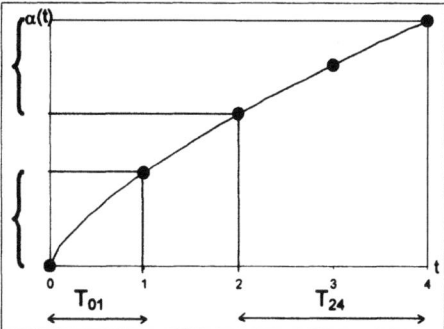

Abb. 4: Lineare und konkave Zeitwahrnehmung

Nichtlineare Zeitwahrnehmung kann recht einfach in ein formales Bewertungsmodell integriert werden. In einer Verallgemeinerung des Diskontierungsmodells wird statt der absoluten Zeit t die wahrgenommene Zeit $\alpha(t)$ verwendet:

$$v(a_0, a_1, a_2, a_3, a_4) = \sum_{t=0}^{4} \frac{1}{q^{\alpha(t)}} \cdot a_t$$

Für den Spezialfall linearer Zeitwahrnehmung $\alpha(t)=t$ ergibt sich hieraus gerade wieder das präskriptive Diskontierungsmodell. Für konkave Zeitwahrnehmung $\alpha(t)$ enstehen Bewertungsmodelle, die deskriptiv geeigneter sind (also die tatsächlichen Präferenzen von Entscheidern besser abbilden).

Den Einfluss nichtlinearer Zeitwahrnehmung auf Zeitpräferenzraten bzw. Periodengewichte verdeutlicht Emily an einem konkreten Beispiel. In Tabelle 4 hat sie Periodengewichte für $\alpha(t)=t^{0,8}$ errechnet und denen für $\alpha(t)=t$ gegenübergestellt (dabei hat sie q=1,06 angenommen). Bei einer konkaven Zeitwahrnehmung fallen die Periodengewichte langsamer. Damit ist Eddys Argument aus Abschnitt 5.1, dass in beiden Studien (Typ 1 und Typ3) identische Schadenshöhen zu erwarten sind, widerlegt. Wenn der Befragte intern ein nichtlineares $\alpha(t)$ verwendet, die externe Prozedur zur Errechnung der Schadenshöhe aber ein lineares $\alpha(t)$ annimmt, so werden die Ergebnisse systematisch verzerrt.

t	0	1	2	3	4
$\alpha(t)=t^{0,8}$	0,000	1,000	1,740	2,410	3,030
w_t für $\alpha(t)=t$	1,000	0,943	0,890	0,840	0,792
w_t für $\alpha(t)=t^{0,8}$	1,000	0,943	0,904	0,869	0,838

Tab. 4: Periodengewichte für $\alpha(t)=t$ und für $\alpha(t)=t^{0,8}$ (bei q=1,06)

5.4 Eddys erneuter Versuch (sein Gesicht zu wahren)

Eddy hat Emilys Ausführungen mit Interesse verfolgt und stellt auch die Relevanz der deskriptiven Erkenntnisse nicht in Frage. Allerdings glaubt er jetzt erst recht, dass die von Emily vorgeschlagene Methode ungeeignet sei, höhere Schadenssummen zu erzeugen. Nach seinen Überlegungen würde die konkave Zeitwahrnehmung gerade in die falsche Richtung wirken, also sogar zur Errechnung geringerer Schadenshöhen führen.

Interne Bewertung:

Wieder betrachtet er zur Verdeutlichung seiner Überlegungen den repräsentativen Befragten mit z=\$30 und y=\$6,90. Jetzt berücksichtigt er allerdings die deskriptive Einsicht konkaver Zeitwahrnehmung und nimmt an, dass die Präferenzen des Befragten durch die von Emily vorgeschlagene Bewertungsfunktion

$$v(a_0, a_1, a_2, a_3, a_4) = \sum_{t=0}^{4} \frac{1}{q^{\alpha(t)}} \cdot a_t \quad \text{mit } \alpha(t) = t^{0,8}$$

abgebildet werden. Wieder folgt aus der Indifferenz zwischen dem Umweltschaden und beiden Zahlungsreihen eine identische Bewertung von (–6,9; –6,9; –6,9; –6,9; –6,9) und (–30; 0; 0; 0; 0). Eddy rechnet vor, dass hierzu q=1,0925 gelten muss (auf der Webseite zu diesem Fallstudienbuch findet sich ein Excel-Sheet, anhand dessen die entsprechenden Berechnungen leicht nachvollzogen werden können). Der repräsentative Befragte bewertet dann also Zahlungsreihen mit der Funktion

$$v(a_0, a_1, a_2, a_3, a_4) = \sum_{t=0}^{4} \frac{1}{1,0921^{t^{0,8}}} \cdot a_t \;.$$

Bestimmung der Zeitpräferenzrate:

Diese Bewertungsfunktion verwendet er auch für die Indifferenzaussage zur Bestimmung der Zeitpräferenzrate. Auf Frage A würde er beispielsweise antworten:

(\$100; \$0; \$0; \$0; \$0) ~ (\$0; *\$109,21*; \$0; \$0; \$0),

denn beiden Zahlungsreihen weist er den Wert 100 zu.

Interpretation der Befragungsergebnisse:

Bei der Auswertung der Studie wird allerdings unterstellt, dass die Präferenzen des Befragten durch ein Diskontierungsmodell abgebildet werden können, und die Indifferenzaussage wird aus dieser Sicht interpretiert. Dem Befragten wird die Verwendung einer Bewertungsfunktion der Form

$$v(a_0, a_1, a_2, a_3, a_4) = \sum_{t=0}^{4} \frac{1}{1,0921^t} \cdot a_t$$

unterstellt, denn dies ist das spezielle Diskontierungsmodell, das die obige Indifferenz erklären kann. Dadurch ergeben sich deutlich geringere Periodengewichte für die späteren Perioden (im Vergleich zu den internen Periodengewichten des Befragten). Angelehnt an Emilys Tabelle 3 errechnet Eddy in Tabelle 5 die konkreten Periodengewichte für das hier zugrundeliegende q=1,0921. Da er, wie Errol, weiß, dass Infor-

Contingent Valuation – der Fall der Exxon Valdez   207

mationen durch Grafiken noch klarer zu vermitteln sind, fügt er auch gleich noch ein Bildchen hinzu.

t	0	1	2	3	4
$\alpha(t)=t^{0,8}$	0,000	1,000	1,740	2,410	3,030
w_t für $\alpha(t)=t$	1,000	0,943	0,890	0,840	0,792
w_t für $\alpha(t)=t^{0,8}$	1,000	0,943	0,904	0,869	0,838

Tab. 5: Periodengewichte für $\alpha(t)=t$ und für $\alpha(t)=t^{0,8}$ (bei q=1,0921)

Die Gewichtsunterschiede in den Perioden t=2, 3 und 4 führen dazu, dass die externe Prozedur eine geringere Schadenshöhe ermittelt ($29,15) als die vom Befragten tatsächlich empfundene ($30). Eddy weist abschließend noch darauf hin, dass sich der Effekt für andere Zeitwahrnehmungsfunktionen quantitativ verändern mag; qualitativ wird eine konkave Zeitwahrnehmung aber immer zur Errechnung geringerer Schadenshöhen führen.

6. Emilys Vorschlag zur konkreten Gestaltung der Studie

Emily bestätigt Eddy die Korrektheit seiner Berechnungen. Es sei in der Tat so, dass die errechnete Schadensbewertung grundsätzlich geringer als die korrekte Bewertung ($30) ausfalle, wenn bei der externen Umformung (dem Diskontierungsmodell) geringere Periodengewichte unterstellt werden als im internen Bewertungsmodell des Befragten (dem $\alpha(t)$-Modell) tatsächlich verwendet werden. Allerdings sei Eddys Schluss falsch, dass das Diskontierungsmodell grundsätzlich zu geringeren Periodengewichten führe. Vielmehr käme es entscheidend darauf an, wie die Zeitpräferenzrate bestimmt wird. Um den Laien ein Nachvollziehen der grundlegenden Argumente zu ermöglichen, greift auch Emily jetzt auf graphische Hilfsmittel zurück. Sie legt eine Sequenz von Bildern vor, um Eddys Argumentation noch einmal darzustellen (vgl. Abbildung 5).

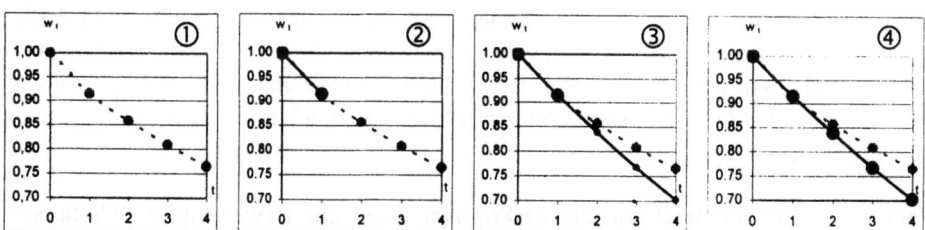

Abb. 5: Bestimmung der Periodengewichte bei Verwendung von Frage A.

6.1 Graphische Veranschaulichung von Eddys Argumentation

In Bild ① sind die Periodengewichte des repräsentativen Befragten (wie sie intern vorliegen) zu sehen. Aus der Indifferenzaussage A können die beiden ersten Periodengewichte bestimmt werden (Bild ②). Dann wird das Diskontierungsmodell bestimmt, das diese beiden Gewichte erklären kann (Bild ③). Schließlich werden die noch unbekannten Periodengewichte so festgelegt, dass sie ebenfalls in dieses spezielle Diskontierungsmodell passen (dicke dunkle Punkte in Bild ④). Diese liegen unterhalb der internen Gewichte (oder sind gleich), wie Eddy bereits erläuterte.

6.2 Emilys alternativer Designvorschlag

Nun zeigt Emily eine zweite Serie von Bildern (Abbildung 6). Wieder sind zuerst die internen Gewichte des repräsentativen Befragten zu sehen (Bild ❶). Jetzt wird aber mithilfe einer Indifferenzaussage das Gewicht der Periode 4 bestimmt (Bild ❷). Hierzu kann die Frage B aus Abschnitt 4.2 verwendet werden (Indifferenz zwischen der Zahlungsreihe (100; 0; 0; 0; 0) und der Zahlungsreihe (0; 0; 0; 0; X_{04})). Erneut wird das spezielle Diskontierungsmodell ermittelt, das die bekannten Periodengewichte (jetzt also w_0 und w_4) erklären kann (Bild ❸). Schließlich werden die anderen Gewichte errechnet (Bild ❹). Es ist zu erkennen, dass die Gewichte für t=1, t=2 und t=3 über den internen Gewichten liegen, es wird demnach ein Schadenswert von mehr als \$30 errechnet. Wird also in einer Studie vom Typ 3 die Diskontrate durch Frage B bestimmt (was sich ja nach den Überlegungen in Abschnitt 4.2 durchaus begründen lässt), lassen sich höhere Schadenwerte als in einer Studie vom Typ 1 erzielen. Auch dies ist ein allgemeines Ergebnis, das nicht von speziellen Eigenschaften der Zeitwahrnehmungsfunktion $\alpha(t)$ abhängt, sondern nur deren Konkavität benötigt.

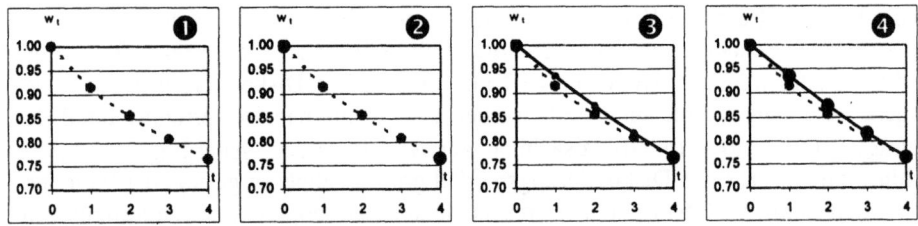

Abb. 6: Bestimmung der Periodengewichte bei Verwendung von Frage B.

6.3 Berechnung der zu erwartenden Schadenserhöhung

Larry ist von Emilys Scharfsinn begeistert und möchte jetzt gerne wissen, welche konkreten Schadensbewertungen bei der Anwendung dieser Methode zu erwarten wären. Emily will gerne eine solche Berechnung durchführen, hält die bisher angenommene Zeitwahrnehmungsfunktion $\alpha(t)=t^{0,8}$ aber für noch nicht ganz optimal.

Das Harvey Modell:

Nach ihren Erkenntnissen ist aus deskriptiver Sicht ein Bewertungsmodell besser geeignet, das auch als Harvey-Modell bezeichnet wird. Auch das Harvey-Modell ist ein Spezialfall des allgemeinen Bewertungsmodells

$$v(a_0, a_1, a_2, a_3, a_4) = \sum_{t=0}^{4} \frac{1}{q^{\alpha(t)}} \cdot a_t ,$$

allerdings ist die zugehörige Zeitwahrnehmungsfunktion $\alpha(t)$ etwas kompliziert in der Notation. Emily verzichtet daher darauf, $\alpha(t)$ explizit hinzuschreiben (vgl. hierzu

EISENFÜHR/WEBER (1999), S. 302) und gibt stattdessen direkt die Periodengewichte w_t an. Sie lauten beim Harvey-Modell:

$$w_t = \frac{1}{(1+t)^s},$$

wobei s der freie Parameter ist, der für verschiedene Entscheider unterschiedlich ausfallen kann.

Schadenswertvorhersage für das Harvey Modell:

Emily betrachtet nun erneut den repräsentativen Befragten und nimmt zusätzlich an, dass dessen Zeitpräferenzen durch das Harvey-Modell abgebildet werden.

Die durch Transitivität gefolgerte Indifferenz zwischen den Zahlungsreihen (–30; 0; 0; 0; 0) und (–6,9; –6,9; –6,9; –6,9; –6,9) führt zu der Bewertungsgleichung:

$$-30 = -6{,}9 \cdot \sum_{t=0}^{4} \frac{1}{(1+t)^s}$$

Diese Gleichung ist für s=0,15 erfüllt, der repräsentative Befragte verwendet demnach Periodengewichte wie in Tabelle 6 aufgeführt. Aufgrund des Periodengewichts w_4 = 0,7855 wird er die Indifferenzaussage B aus Abschnitt 4.2 mit dem Betrag $127,30 = \frac{\$100}{0{,}7855}$ beantworten. Aufgrund dieser Antwort wird ihm die Verwendung eines Diskontierungsmodells mit q = 1,0622 unterstellt. Die entsprechenden Periodengewichte sind ebenfalls in Tabelle 6 aufgeführt.

t	0	1	2	3	4	
Harvey: $w_t = \frac{1}{(1+t)^s}$ für s = 0,150.	1,000	0,901	0,848	0,812	0,786	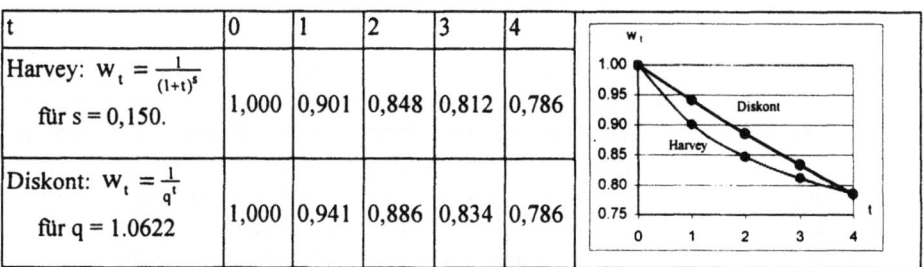
Diskont: $w_t = \frac{1}{q^t}$ für q = 1.0622	1,000	0,941	0,886	0,834	0,786	

Tab. 6: Periodengewichte für Harvey-Modell und zugehöriges Diskontierungsmodell (für Methode B)

Mit diesen Gewichten wird eine Schadensbewertung von $30,69 errechnet. Unter der Annahme, dass der repräsentative Befragte tatsächlich ein Harveymodell verwendet, lässt sich die Schadensbewertung also durch eine Studie vom Typ 3 und eine Bestimmung der Zeitpräferenzrate mit Methode B um 69 Cents (das sind in der Aggregation über 60 Millionen Dollar) steigern. Eddys ursprüngliche Vermutung, dass die Studie vom Typ 3 methodisch ähnlich problematisch wie die Studie 1 sei, und auch keine Vorteile in Bezug auf die zu erwartenden Schadenshöhen bringen würde, ist damit widerlegt.

6.4 Weiterführende Überlegungen zum Üben

Larry ist begeistert und glaubt den zugrundeliegenden Effekt nun vollständig durchschaut zu haben. Um dies zu demonstrieren, schlägt er vor, nicht Methode B, sondern

Methode C aus Abschnitt 4.2 zur Bestimmung der Zeitpräferenzrate zu verwenden. Nach seinen Berechnungen müsste sich die Schadensbewertung dadurch sogar auf $32,30 erhöhen lassen. Wir überlassen es dem interessierten Leser, die Korrektheit von Larrys Berechnungen zu überprüfen.

Emily freut sich über Larrys Begeisterung, hält seinen Vorschlag aber für problematisch, weil die Stoßrichtung der ungewöhnlichen Befragungsmethode vielleicht doch zu offensichtlich wäre. Sie weist aber darauf hin, dass in der Studie noch eine zweite Indifferenzaussage erfragt werden sollte, um der errechneten Diskontrate den Anschein größerer Robustheit zu verleihen. Sie schlägt vor, den Wert X_{03} (gemäß der Notation des Abschnitts 4.2) zusätzlich bestimmen zu lassen. Der interessierte Leser kann sich überlegen, um welchen Betrag die durchschnittliche Schadensbewertung sinken wird, wenn der Mittelwert der beiden so bestimmten Diskontraten verwendet wird.

Schließlich wirft Larry noch eine herausfordernde Frage auf: Er würde – rein interessehalber – gerne wissen, ob der Effekt der trickreichen Zeitpräferenzbestimmung schwächer oder stärker wäre, wenn die Zahlungsbereitschaft des repräsentativen Befragten vom Mittelwert z=$6,90 nach oben oder unten abwiche (also bspw. $6,50 oder $7,30 betrüge). Über diese Frage kann der Leser allgemein nachdenken oder aber die konkreten Werte berechnen.

7. Zum Ausgang des Falles Alaska gegen Exxon

Nach umfangreichen Voruntersuchungen wurde die endgültige Contingent Valuation Studie des Staates Alaska Anfang des Jahres 1991 durchgeführt. 1600 repräsentative Haushalte waren für die Befragung ausgewählt worden, 1043 davon waren bereit, an der Befragung teilzunehmen. In persönlichen Gesprächen erhielten die Teilnehmer detaillierte Informationen über das Exxon Valdez-Unglück und die resultierenden Umweltschäden. Weiter wurde erläutert, dass Experten in den nächsten 10 Jahren ein weiteres vergleichbares Unglück im Prince Williams Sound vorhersagen. Zur Vermeidung der Umweltschäden würde über ein sogenanntes Begleitboot-Programm nachgedacht, bei dem Spezialboote die Tanker durch die gefährlichen Stellen geleiten. Die Boote könnten mit ihrer speziellen und sehr teuren Ausrüstung die Verbreitung auslaufenden Öles sicher verhindern. Das Programm solle zum Teil durch die Ölfirmen, z.T. aber auch durch eine Zusatzsteuer finanziert werden. Die Zahlungsbereitschaft der Befragten wurde dann im Referendum-Stil (vgl. Abschnitt 2.4) erfragt.[7] Die Frage, ob nach einer einmaligen oder langjährigen Steuer gefragt werden sollte, war im Vorfeld der Studie in der Tat ein zentraler Diskussionspunkt, der auch mehrere Voruntersuchungen zur Folge hatte. Diese beschäftigten sich allerdings weniger mit Feinheiten der Zeitpräferenz, wie sie hier in den letzten Abschnitten diskutiert wurden, sondern mit wesentlich grundlegenderen Problemen. Empirische Untersuchungen (der Gegenpartei) hatten eine weitgehende Insensitivität der Befragten bzgl. des Zahlungszeitraums festgestellt (die jährliche Zahlungsbereitschaft wurde also kaum davon beeinflusst, ob die Steuer für zwei oder fünf Jahre anfallen würde). Auch in den Voruntersuchungen der Alaska-Gruppe fanden sich Zahlungsbereitschaften, für

---

[7] Details dieser Studie finden sich im „Report an den Attorney General des Staates Alaska" (vgl. die Literaturverweise auf der Webpage zum Fallstudienbuch).

deren Erklärung erhebliche Budgetbeschränkungen oder extrem hohe Zeitpräferenzraten notwendig waren.[8] Um jeglicher Kritik aus dem Weg zu gehen, wurde in der Studie letztendlich auf das Zahlungsinstrument der langjährigen Steuer ganz verzichtet.

Als zentrales Ergebnis der Studie, deren Planung und Durchführung über 3 Mill. Dollar gekostet hatte, wurde für die amerikanischen Haushalte nach komplizierten statistischen Überlegungen und Bereinigungen im Median eine Schadensbewertung in Höhe von $32 errechnet. Durch Multiplikation mit der Zahl der amerikanischen Haushalte (93 Mill.) ergab sich eine Gesamtschadenssumme von 2,8 Mrd. Dollar. Zu welcher Einschätzung das zuständige Gericht bzgl. der Solidität der Studie und der Aussagekraft des errechneten Gesamtschadenswertes kam, lässt sich aber leider nicht sagen. Schon im Vorfeld der Verhandlung (als gerade die ersten Ergebnisse der Studie intern vorlagen), hatten sich Exxon und der Staat Alaska außergerichtlich auf Zahlung eines Schadensersatzes von 1,2 Mrd. Dollar geeinigt. Das Vertrauen der Verantwortlichen auf Seiten Alaskas in die Unanfechtbarkeit Ihrer Contingent Valuation Ergebnisse war offenbar doch nicht grenzenlos. Es ist zu vermuten, dass Exxon mit einem solchen Deal der Gefahr aus dem Weg zu gehen versuchte, dass die recht sorgfältig durchgeführte Studie einen Präzedenzfall schaffen würde. So war es auch Teil der Vereinbarung, dass die Ergebnisse der Contingent Valuation Studie vom Staat Alaska nicht veröffentlicht werden durften. Diese Geheimhaltung konnte jedoch nicht durchgesetzt werden. Durch ein gerichtliches Urteil wurde Alaska verpflichtet, die Ergebnisse der Schadensbewertung publik zu machen, dass es sich um „Informationen von höchstem öffentlichen Interesse" handele. Und so verkündeten die Anchorage Daily News am 10. Januar 1993:

When Americans coast to coast were asked to put a price tag on the dead seabirds, injured otters, tainted wilderness and damaged shorelines caused by the Exxon Valdez oil spill, they said $2.8 billion ....

---

[8] Die im Fallbeispiel der Abschnitte 3 und 4 angenommenen „recht vernünftigen" Präferenzen waren also starke Vereinfachungen, die dort unterstellt wurden, um eine Diskussion genereller Zeitpräferenzkonzepte zu ermöglichen.

Literaturverzeichnis

ARROW, KENNETH J. (1951, 1963): Social Choice and individual values, 2nd ed. 1963, Wiley

BEIKE, R. (2000): Aktienanleihen, Schäffer-Poeschel

CARSON, R. T. (2000): Contingent Valuation: A User's Guide, in: *Environmental Science & Technology*, vol. 34 (8), S. 1413-1418

CURRIM, I./SARIN, R. (1989): Prospect versus Utility, in: *Management Science*, 35.1, S. 22-41

EISENFÜHR, F./WEBER, M. (1999): Rationales Entscheiden, 3., neub. u. erw. Aufl., Springer

FIFA (2000): Statuten, Zürich

KEENEY, R.L./RAIFFA, H. (1993): Decisions with Multiple Objectives, 2. Aufl., Wiley

KRAHNEN, J.P./WEBER, M. (2000): Generally Accepted Rating Principles: A Primer, in: *Journal of Banking & Finance*, vol. 25, S. 3-23

WEBER, M./KRAHNEN, J.P./WEBER, A. (1995): Scoring-Verfahren – häufige Anwendungsfehler und ihre Vermeidung, in: *Der Betrieb*, Jg. 48, S. 1621-1626

WEBER, M./KRAHNEN, J.P./VOßMANN, F. (1999): Risikomessung im Kreditgeschäft: Eine empirische Analyse bankinterner Ratingverfahren, in: *Zeitschrift für betriebswirtschaftliche Forschung*, Sonderheft 41, S. 117-142

SCHAUENBERG, B.(1992): Die Hare-Regel und das IOC, in: *Zeitschrift für betriebswirtschaftliche Forschung*, 44, 426 – 444

SHEFRIN, H./STATMAN, M. (1984): Explaining Investor Preference for Cash Dividends, in: *Journal of Financial Economics*, 13, S. 253-282

W. Domschke, A. Scholl
Grundlagen der Betriebswirtschaftslehre
Eine Einführung aus entscheidungsorientierter Sicht

2000. XVIII, 400 S. 104 Abb., 80 Tab. Brosch.
DM 39,90; sFr 37,-
ISBN 3-540-66578-1

Dieses Buch bietet eine komprimierte und anschauliche Darstellung der Grundlagen der modernen Betriebswirtschaftslehre und ist für einführende Vorlesungen im Grund- und Hauptstudium geeignet. Durch ein umfangreiches Sachregister kann es als Nachschlagewerk dienen.

H.J. Drumm
Personalwirtschaft
4., überarb. u. erw. Aufl. 2000. XXXIV, 868 S. 73 Abb. Brosch.
DM 79,-; sFr 72,-
ISBN 3-540-67753-4

Dieses wichtige Standardwerk erschließt das immer komplexer werdende unternehmerische Funktionsfeld "Personalwirtschaft" in anspruchsvoller, systematischer und zugleich gut verständlicher Weise.

R. Olbrich
Marketing
Eine Einführung in die marktorientierte Unternehmensführung

2000. XVIII, 305 S. 51 Abb. Geb. **DM 69,-**; sFr 63,-
ISBN 3-540-67881-6

Das Buch führt in komprimierter und verständlicher From in die wichtigsten Planungsprozesse des Marketing ein.

M.P. Zerres (Hrsg.)
Handbuch Marketing-Controlling
2., erw. Aufl. 2000. XXVIII, 628 S. 157 Abb. Geb.
DM 149,-; sFr 129,- ISBN 3-540-67813-1

Ein effizientes Marketing gilt heute in den meisten Unternehmen als die entscheidende Erfolgsursache. Gleichzeitig stellt ein umfassendes Controlling - gerade auch in Zeiten stagnierender Märkte - das wichtigste betriebliche Steuerungsinstrument dar. Ziel dieses Handbuchs ist es, Managern in leitenden Funktionen von Unternehmen und Organisationen einen fundierten Überblick über den aktuellen Wissensstand zu vermitteln.

Springer · Kundenservice
Haberstr. 7 · 69126 Heidelberg
Tel.: (0 62 21) 345 - 217/-218
Fax: (0 62 21) 345 - 229
e-mail: orders@springer.de

Preisänderungen und Irrtümer vorbehalten. d&p · BA 41337/2

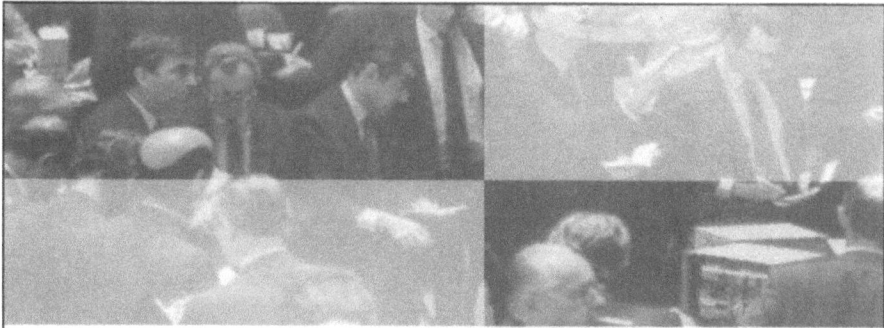

K.V. Auer

Externe Rechnungslegung

Eine fallstudienorientierte Einführung in den Einzel- und Konzernabschluss sowie die Analyse auf Basis von US-GAAP, IAS und HGB

2000. XXVIII, 605 S. 77 Abb., 315 Tab. Brosch.
DM 65,-; sFr 59,50
ISBN 3-540-67763-1

Im Sinne einer integrierten Sichtweise werden alle Instrumente des externen Jahresabschlusses auf Basis einer einheitlichen, durchgehenden Fallstudie erläutert, wobei diese Fallstudie sowohl den Einzelabschluss als auch den Konzernabschluss umfasst.

R. Ewert, A. Wagenhofer

Interne Unternehmensrechnung

4., überarb. u. erw. Aufl. 2000. XXI, 753 S.
51 Abb., 42 Tab. Brosch.
DM 69,90; sFr 64,-
ISBN 3-540-66702-4

Dieses Lehrbuch befaßt sich mit der konzeptionellen Gestaltung und den Einsatzbedingungen von Rechnungssystemen, insbesondere der Kosten- und Leistungsrechnung im Unternehmen.

K. Sandmann

Einführung in die Stochastik der Finanzmärkte

2., verb. u. erw. Aufl. 2000. XX, 522 S.
82 Abb., 21 Tab. Brosch. **DM 59,-**; sFr 52,-
ISBN 3-540-67954-5

Die Darstellung beinhaltet Modelle mit diskreter und stetiger Zeit und befasst sich mit dem Aktienkurs-, Wechselkurs- und Zinsänderungsrisiko.

T. Hartmann-Wendels, A. Pfingsten, M. Weber

Bankbetriebslehre

2., überarb. Aufl. 2000. XXX, 814 S.
150 Abb., 113 Tab. Brosch.
DM 68,-; sFr 62,-
ISBN 3-540-66611-7

Dieses Buch integriert die Entwicklungen in der Informationsökonomik und Kapitalmarkttheorie in die traditionelle Bankbetriebslehre und bietet so eine solide Grundlage für Aussagen über die Rolle von Banken und der von ihnen betriebenen Geschäfte in einer sich wandelnden Umwelt.

P. Steiner, H. Uhlir

Wertpapieranalyse

4., vollst. überarb. u. erw. Aufl. 2000. XII, 370 S.
52 Abb., 28 Tab. Brosch. **DM 55,-**; sFr 50,50
ISBN 3-7908-1302-8

Springer · Kundenservice
Haberstr. 7 · 69126 Heidelberg
Tel.: (0 62 21) 345 - 217/-218
Fax: (0 62 21) 345 - 229
e-mail: orders@springer.de

Preisänderungen und Irrtümer vorbehalten. d&p · BA 41337/1

MIX
Papier aus verantwortungsvollen Quellen
Paper from responsible sources
FSC® C105338

If you have any concerns about our products,
you can contact us on
ProductSafety@springernature.com

In case Publisher is established outside the EU,
the EU authorized representative is:
**Springer Nature Customer Service Center GmbH
Europaplatz 3, 69115 Heidelberg, Germany**

Printed by Libri Plureos GmbH
in Hamburg, Germany